tornando-se
LIVRE

"... um livro de autoajuda abrangente que encoraja a leitora a pensar, refletir e avaliar a compreensão de si mesma e dos outros." — Jean Kunz, Ph.D

Christy Monson

tornando-se LIVRE

O guia da mulher para a conquista da força interior

Tradução de Mayara Leal e Thayná Neto

MAGNITU^DDE

MAGNITU^DDE

Tornando-se livre – O guia da mulher para a conquista da força interior
Título original: *Becoming free – A woman's guide to internal strength*
Copyright © 2013 Christy Monson
Copyright desta tradução © 2015 Lúmen Editorial Ltda.

Magnitudde é um selo da Lúmen Editorial Ltda.

1ª edição - maio de 2015

Direção editorial: *Celso Maiellari*
Direção comercial: *Ricardo Carrijo*
Preparação de originais e revisão: *Lótus Traduções*
Projeto gráfico, capa e diagramação: *Ricardo Brito | Estúdio Design do Livro*
Imagens de capa: *Rudchenko | Dreamstime e Mountain Beetle | Shutterstock*
Impressão: *Gráfica Yangraf*

Dados Internacionais de Catalogação na Publicação (CIP)
(Câmara Brasileira do Livro, SP, Brasil)

Monson, Christy.
Tornando-se livre : o guia da mulher para a conquista da força interior / Christy Monson ; tradução de Mayara Leal e Thayná Neto. -- São Paulo : Magnitudde, 2015.

Título original: Becoming free: A woman's guide to internal strength.

ISBN 978-85-65907-35-4

1. Autoajuda 2. Conduta de vida - Aspectos psicológicos 3. Mulheres - Psicologia I. Título.

15-04278 CDD-155.633

Índices para catálogo sistemático:
1. Mulheres : Autoajuda : Psicologia aplicada 155.633

Lúmen Editorial Ltda.
Rua Javari, 668
São Paulo - SP
CEP 03112-100
Tel/Fax (0xx11) 3207-1353

visite nosso site: www.lumeneditorial.com.br
fale com a Lúmen: atendimento@lumeneditorial.com.br
departamento de vendas: comercial@lumeneditorial.com.br
contato editorial: editorial@lumeneditorial.com.br
siga-nos nas redes sociais:
@lumeneditorial
facebook.com/lumen.editorial1

2015

Proibida a reprodução total ou parcial desta obra sem prévia autorização da editora

Impresso no Brasil - *Printed in Brazil*

Eu sou grata ao meu marido e aos meus filhos por seu amor e apoio incondicionais. Obrigada também ao meu grupo de crítica por me ajudar a me tornar uma escritora melhor: Drieniem Hatting, Lynda Scott, Patricia Bossano e Michelle McKinnon. Minha mais profunda gratidão também vai à minha editora, Aven Rose. A sua competência, as suas boas ideias e o seu feedback crítico melhoraram a redação deste livro. Eu sou muito grata ao seu apoio e orientação na organização e montagem do manuscrito.

Prefácio

Liberte-se das perspectivas distorcidas originadas de crenças infantis arcaicas. Essas concepções juvenis errôneas podem servir como barreiras na vida adulta, mantendo o amor e a energia positiva fora do seu alcance, negando a você a qualidade de vida que você merece.

Através de um planejamento de metas concreto, do entendimento das concepções infantis erradas, da criação de diários e de conversas interiores positivas, as suposições antigas podem ser afastadas e a energia positiva pode ser sua – levando-a em direção à paz e a relacionamentos saudáveis.

Este livro vai guiá-la através de um processo passo a passo, com tarefas específicas ao final de cada capítulo para ajudá-la a melhorar a sua qualidade de vida. As técnicas descritas foram desenvolvidas ao longo dos anos em que eu trabalhei em um consultório particular. Para mim, foi muito animador ver cada uma das minhas clientes se libertar de sentimentos associados a ilusões e traumas juvenis, bem como adquirir uma nova perspectiva em relação a elas mesmas.

Eu me sinto grata por cada pessoa a quem eu aconselhei. Eu aprendi muito com elas, incluindo o que é sofrer, resistir e sobreviver a circunstâncias difíceis. Uma pessoa jamais entra em um relacionamento sem adquirir um novo ponto de vista.

Este livro contém algumas histórias de clientes minhas. Eu as apresento aqui para que você também possa, talvez, encontrar uma nova perspectiva. Os nomes foram mudados, é claro, e as circunstâncias de cada incidente foram alteradas para que elas não possam mais ser reconhecidas.

O material oferecido nesta publicação não deverá ser usado para tratar, diagnosticar ou aconselhar sobre doenças ou dificuldades. Se você estiver precisando de assistência médica ou consultoria especializada para serviços psicológicos, médicos, jurídicos ou financeiros, por favor, consulte um especialista na área.

Sumário

Introdução. Em Busca da Liberdade, 13

Parte 1. Em Busca da Liberdade, 17

1. Metas em Longo Prazo, 19

2. Metas em Curto Prazo, 27

3. Diminuindo a Procrastinação, 37

4. Sendo Responsável Pelas Escolhas de Vida, 45

Parte 2. Cuidando de Si Mesma, 53

5. Os Presentes de Uma Vida Imperfeita, 55

6. Curando o Medo, 65

7. Encontrando o Poder Pessoal, 73

8. Tomada de Decisões: Libertando-se da Confusão, 83

9. Tomada de Decisões: Autoconfiança, 89

10. Honestidade Pessoal, 99

11. Sendo Autossuficiente, 109

12. Tornando-se Positiva, 117

13. Permita Imperfeições na Vida, 123

14. Livrando-se da Depressão, 129

Parte 3. Proficiência na Comunicação, 143

15. Desapegando-se da Negatividade em Relacionamentos, 145

16. Encontrando Padrões Positivos de Pensamento, 153

17. Recuperando a Capacidade de Ouvir, 165

18. Controlando a Emocionalidade, 175

19. Pense Antes de Falar, 187

20. Controle *vs.* Confiança, 197

21. Responsabilidade Própria, 205

22. Positividade nos Relacionamentos, 217

23. Sentindo-se Livre nos Relacionamentos, 229

Parte 4. Praticando o Processo, 241

24. As Chaves para o Sucesso, 243

25. Meditação, 247

26. Escrevendo o Seu Próprio Script, 253

27. Sabedoria Interior, 265

28. Gratidão, 267

29. Criando Dádivas, 275

30. Escreva, Escreva, Escreva, 281

31. Interrupção e Substituição de Pensamento, 289

32. Renovando-se, 293

33. Dessensibilização, 299

34. Riso, 305

35. Comunicação: Ouvindo e Refletindo, 309

36. Grupos de Acompanhamento, 317

37. O que as Pessoas de Sucesso Têm, 321

38. Um Poder Superior, 329

39. O Ato de Servir, 335

40. Amor, 339

Conclusão, 345

Bibliografia, 347

Citações, 351

Introdução
Em Busca da Liberdade

Eu me sentei sob o calor do sol, observando uma delicada borboleta azul voar de flor em flor, seguida por uma monarca laranja e preta, então por uma criatura branca vibrante com asas que lembravam um mármore verde. As três amigas flutuaram das zínias até os jacintos, depois até as margaridas, pousando na minha moita de borboletas, onde se deleitaram com o doce néctar das flores.

Enquanto eu observava aquelas criaturas vibrantes, eu desejei que fosse tão despreocupada quanto elas.

Eu sabia que elas nem sempre foram da mesma forma que eram agora. Elas haviam começado sua vida em pequenos ovos, virado lagartas e trocado de pele cinco vezes. Eu sabia que elas deveriam ter precisado de muita energia para criar a frágil, mas resistente proteção crisálida na qual elas viveram por algum tempo no início de suas vidas.

Eu me perguntei como seria ficar confinada e aprisionada por uma proteção externa que havia se tornado pequena demais.

Essas criaturas delicadas, mas tenazes, criaram suas próprias limitações, regenerando-se desde o início. Elas se contorceram, pressionaram, empurraram e lutaram para se livrarem de seus casulos. Que trabalho exaustivo!

E, no processo, elas se tornaram mais belas do que os ovinhos ou as lagartas minúsculas jamais sonhariam! Os desafios, a incubação, o trabalho duro e a perseverança lhes proporcionaram a recompensa da beleza e da liberdade, que elas compartilham com aqueles ao seu redor. Uma recompensa que elas não teriam apreciado se não tivessem experimentado antes o confinamento.

As três amigas partiram para outra cama de flores.

Eu me recostei na cadeira para apreciar a dança delas. Enquanto eu assistia, refleti sobre os paralelos entre a vida delas e a minha. Quando jovem, eu desenvolvi um escudo para me proteger do perigo. Eu trabalhei duro para manter minhas defesas no lugar enquanto me relacionava com o mundo ao meu redor. Mas, à medida que surgiam dificuldades no meu caminho, eu crescia e mudava. Eu pressionava o casulo. Muitas vezes, a forma como eu encarava a vida me aprisionava. Mas eu aprendi a desenvolver as minhas asas e voar. Agora eu posso voar de flor em flor e aproveitar a liberdade que encontrei. Algumas vezes, eu volto para a minha crisálida, mas consigo encontrar minhas asas de novo rapidamente.

Voe comigo. Encontre as suas asas e me acompanhe. A jornada é espetacular.

> *"Nós nos deleitamos com a beleza da borboleta, mas raramente admitimos as mudanças pelas quais ela passou para alcançar tal beleza."*
> *– Maya Angelou*

A fuga vem em muitos disfarces: depressão, autodepreciação ou incapacidade de agir. Ele tem muitas faces. Você desenvolveu defesas exclusivamente suas. Você pode ter uma vida abundante, mas deve identificar e desfazer os bloqueios que a mantém afastada da sabedoria e da prosperidade.

O propósito deste livro é discutir um processo passo a passo para expandir o seu pensamento positivo, bem como melhorar a sua capacidade de dar e receber.

Seja proativa para que você possa crescer com energia positiva. Torne-se o melhor de você. Livre-se das prisões que a protegem.

Cada seção deste livro permitirá que você desenvolva um programa para descartar as suas defesas. Já que suas defesas pessoais são únicas, você precisará moldar a cura para que ela funcione para você.

Que muitas bênçãos venham até você durante esta jornada. Permita que Deus, ou a energia superior na qual acredita, entre em sua vida. Encontre a chave para se abrir e acessar novos sonhos e visões. Alcance as estrelas através da energia positiva.

Como usar este livro:

No início de cada seção, será escrita uma declaração negativa. Às vezes, é mais fácil pensar em "O que eu não quero" do que em "O que eu quero". Pegue a declaração negativa no começo de cada capítulo e transforme-a em uma que seja positiva para você. Comece a escrever um diário apenas com este propósito. Ele também será um ótimo lugar para escrever os seus pensamentos e memórias. Adapte a sua escrita às suas necessidades e revise-a frequentemente. Escreva as suas afirmações positivas conforme for pensando nelas, diga-as em voz alta e comece a acreditar nelas. Você atrairá a luz e o otimismo para si.

Ao final de cada capítulo, a descrição dos passos não é necessariamente um resumo do capítulo, mas uma amostra de lista de tarefas que a ajudará a registrar os seus próprios passos e a estabelecer as suas próprias metas.

Quantos de nós leem livros de autoajuda e se sentem entusiasmados em estabelecer metas, mas acabam se sentindo sobrecarregados e desistindo delas alguns meses depois? Este livro não é simplesmente algo que deve ser lido – ele é interativo. Estude-o de capa a capa se quiser, mas depois volte e trabalhe seção por seção – conforme tiver tempo – para trazer influências positivas para a sua vida.

Parte 1
Em Busca da Liberdade

Capítulo 1
Metas em Longo Prazo

Eu não quero esperar para ver o que acontece sem ter um plano.

Aristóteles definiu a nossa conexão com metas da seguinte forma: "O homem é um animal que busca metas. Sua vida só tem sentido se ele está lutando e se esforçando pelos seus objetivos." Anime-se com a direção que você quer que a sua vida tome. Encontre um caminho que lhe trará alegria e felicidade. Seja a artista de sua própria pintura.

NÓS NOS TORNAMOS AQUILO EM QUE PENSAMOS

Todos nós participamos da definição de metas, seja em um nível consciente ou inconsciente.

"Nós somos moldados pelos nossos pensamentos. Nós nos tornamos aquilo que pensamos."

– Buda

Samantha, de dezessete anos de idade, veio à terapia por causa da depressão. Ela se descrevia constantemente como grande e gordinha. Palavras como essas eram uma parte tão expressiva de seu processo de pensamento que ela nem mesmo estava ciente do próprio pensamento negativo. Ela havia se tornado aquilo no que ela pensava. Ela até comprava roupas um tamanho maior porque sentia muita vergonha do próprio corpo. Para que Samantha mudasse de vida, ela teve que definir uma meta de longo prazo para mudar seu pensamento.

Conscientize-se de seus próprios pensamentos como Samantha fez. Eles são positivos ou negativos? Você gosta deles como são, ou gostaria de mudá-los? Mantenha o positivo e deixe de lado o negativo. Decida de maneira proativa a direção que você quer que a sua vida tome para que você não seja simplesmente arrastada pela maré diária da vida.

MIRE NOS OBJETIVOS EM LONGO PRAZO

As metas não precisam ser definidas no início do ano. Seja criativa e esteja disposta a pensar fora da caixa. Olhe para sua vida: quando é o melhor momento para definir e avaliar as suas metas? Se você é estudante ou professora, seria o fim do ano um momento melhor para avaliar a sua situação? Se você possui um negócio próprio, você pode querer definir metas e estratégias de marketing logo antes das férias. Só você pode saber o que é melhor para você.

Indivíduos, casais e grupos podem reservar um tempo de férias, longe da rotina diária, para estabelecer metas. Eu conheço um círculo de amigos que se reúnem uma vez por ano para discutir os progressos que fizeram em direção a seus objetivos e definir os novos. A participação em seminários ou conferências é mais uma grande ocasião para definir prioridades.

A vida fica agitada e complicada. Nós podemos ser puxados em várias direções. Muitos de nós continuam correndo atrás das metas por algum tempo, mas depois outras coisas encobrem a nossa visão e nos fazem perdê-las de vista. O que podemos fazer para melhorar a nossa consistência?

ESTEJA CONSCIENTE DOS SEUS PADRÕES

Nós precisamos estar atentos ao nosso modo de planejamento. Veja calendários e diários antigos. Do que você gosta na forma como define as suas metas? O que você mudaria? Liste as mudanças que você deseja fazer e coloque-as em um lugar de destaque, onde você as veja com frequência. Analise-as cuidadosamente em um momento de rotina, como no primeiro dia de cada mês.

"Deixe-me contar a você o segredo que me levou a alcançar a minha meta: minha força reside unicamente em minha tenacidade."
– Louis Pasteur

Quais distrações a afastam das tarefas? Férias, feriados, visitas familiares, convidados, tempo com os amigos? Mas e se, em vez de encarar essas coisas como distrações, você as incorporasse em seu plano? Torne-as parte de seus objetivos em longo prazo. Se você receber visitas inesperadas que interrompam o seu objetivo semanal de serviço, inclua a assistência que você deu aos seus visitantes inesperados como um substituto. As distrações podem ser incorporadas em seus sucessos, se você as incluir no seu programa em longo prazo.

ENVOLVA OS OUTROS EM SUAS METAS

Inclua os outros em seus objetivos. Se ler é uma de suas metas, leia um bom livro com a sua família ou amigos. Tirar um tempo para refletir pode ser pessoal, mas também pode ser feito em conjunto.

Metas que envolvem comida se prestam para o esforço coletivo. A filosofia do pensamento positivo pode render sucesso se incorporada em uma situação familiar, com os amigos ou no ambiente de trabalho. Compartilhar objetivos com outras pessoas nos dá apoio adicional – e, muitas vezes, facilita as amizades. Se você tem como objetivo ler um bom livro todo mês, inclua outras pessoas da sua vizinhança ou da sua igreja em seus planos. Forme um clube do livro. Você não apenas alcançará o seu objetivo de leitura, como fará grandes amizades no caminho.

Discutir os seus objetivos com aqueles que a cercam faz com que o seu comprometimento seja maior, porque outra pessoa sabe o que você pretende fazer. Isso faz com que você tenha tal responsabilidade aos olhos de alguém e traz para você um grande apoio. Muitas vezes, as pessoas ao seu redor possuem metas parecidas e estão dispostas a dividir as suas lutas e os seus sucessos. Elas também podem estar dispostas a fazer observações valiosas que favorecerão o seu progresso.

Duas cabeças sempre pensam melhor que uma. Peça feedback dos outros e pensem em ideias para completar as suas metas. É ótimo ouvir as ideias daqueles que estão ao seu redor. Isso vai expandir a sua lista de possibilidades e proporcionar muitas escolhas para definir o seu plano de ação.

SEJA FLEXÍVEL AO FAZER PLANOS

Esteja aberta à mudança. Ela é parte da vida consistentemente.

Uma cliente jovem e solteira, Sophia, era dona de um próspero serviço de bufê. Para conseguir gerenciar seu tempo, ela tentava estabelecer metas pessoais incluindo tanto coisas profissionais quanto pessoais. Ela frequentemente se sentia frustrada por não conseguir realizar o seu plano. Alguns dias, ela não tinha tempo para malhar tanto quanto gostaria, e sua meta de leitura tinha que ser completamente esquecida quando ficava muito ocupada com o trabalho. Ela estava sempre trabalhando. Feriados, celebrações religiosas, casamentos – por mais que ela adorasse o trabalho dela, o ritmo alucinante que ele impunha estava roubando todo o tempo que ela tinha para si mesma. Como ela poderia ser consistente? Como ela conseguiria acompanhar?

Ela teve dificuldades enquanto dividia comigo o seu dilema, mas acabou bolando um plano. Ela pegou o calendário anual, verificou o volume de trabalho para cada mês do ano anterior e definiu os seus objetivos de acordo com ele. Durante os meses em que tinha mais trabalho, ela desenvolvia uma lista menor de objetivos. Por exemplo, ela limitava a sua leitura espiritual a quinze minutos por dia e passava os seus horários de almoço na academia. Quando o trabalho diminuía, ela passava uma hora por dia fazendo os seus estudos espirituais e meditando, e completava o circuito de exercícios na academia depois do expediente.

A Sophia está no período mais agitado de sua vida profissional. Conforme a empresa dela cresce, ela pode contratar mais empregados e reestruturar seu tempo como deseja. Avaliação, *brainstorming* e acompanhamento ajudam Sophia a determinar consistentemente as suas metas em curto prazo para conseguir cumprir as metas em longo prazo.

REFLITA ANTES DE ESCOLHER AS SUAS METAS

> *"As pessoas que possuem metas são bem-sucedidas porque sabem para onde estão indo".*
>
> *– Earl Nighttengale*

A definição de metas pode ser difícil. Eu tenho uma amiga jovem que não conseguia decidir o que cursar na faculdade, de modo que nunca estabelecia metas de longo prazo. Durante os dois primeiros anos de curso, ela mudou de Inglês para Física, Negócios, Medicina Veterinária e, finalmente, Introdução ao Direito. Quando eu a vi pela primeira vez em uma consulta de aconselhamento, tudo o que ela conseguia fazer era se censurar por estar desperdiçando seu tempo e dinheiro. Ela considerava desistir de vez dos estudos, simplesmente porque ela não conseguia tomar uma decisão.

Conforme nós conversamos sobre a situação dela, ela decidiu tirar um semestre para visitar especialistas das áreas que ela considerava interessantes. Assim, ela poderia voltar para a escola com um plano em mente, um que ela soubesse que realmente gostaria de explorar.

Depois de alguma introspecção, ela trocou a perspectiva de sua falta de foco por um período de descoberta. Ela se desapegou da culpa, porque sabia que essa não era uma decisão que ela deveria fazer de forma leviana. Ela passaria pelo menos trinta anos trabalhando na área que escolhesse, e precisava ser alguma coisa que ela amasse.

Ela decidiu estudar cada possibilidade cuidadosamente antes de estabelecer suas metas em longo prazo.

AS METAS PODEM MUDAR

É saudável alterar os seus desejos à medida que você avança pela vida. Alguns dos objetivos de quando você tinha vinte anos não serão os mesmos aos sessenta anos de idade. Aproveite o passeio ao longo do caminho e reajuste quando achar necessário.

Quando eu era uma mãe jovem, meus filhos pareciam me consumir. Quando eles se tornaram mais autossuficientes, eu voltei para a escola e realizei meu objetivo de me tornar terapeuta. Agora, como avó, eu sou capaz de seguir os meus interesses como escritora. Eu amo esse momento da minha vida e sou grata por ter a oportunidade de equilibrar meu tempo entre a família e os objetivos pessoais.

Avalie o seu lugar na vida e visualize o seu panorama geral. Seja proativa na direção que você quer para a sua vida. Defina as suas metas em longo prazo e preencha os seus dias com metas em curto prazo que correspondam ao que você quer se tornar. Certifique-se de desfrutar de cada passo ao longo do caminho.

DEFINA UMA PRIORIDADE PARA CADA DIA

Se você se encontrar começando muito bem, mas depois deixando os seus objetivos de lado, volte para o programa. *Avalie o seu progresso em um momento determinado de cada mês.* Lembre-se: todos nós nos somos inconsistentes de vez em quando. Conforme você avalia o seu progresso, ajuste o percurso para que você não se desvie.

O ovinho está agarrado à parte de baixo das asclépias. Dentro dele, ela olhava para as lindas criaturas pairando nos galhos acima. Aqui estava ela, presa nessa pequena cápsula com uma proteção de cera. Será que algum dia ela se tornaria tão elegante e bela quanto as borboletas acima de si? O ovinho sonhava tornar-se tão belo. Ela determinou essa meta com a certeza de que conseguiria alcançá-la. A sua visão era clara. Um dia ela voaria livremente.

Elabore os seus objetivos em longo prazo. Mantenha-os fixos em sua visão como o ovinho fez – você está no processo de se tornar livre.

A ALEGRIA INTERIOR É A CHAVE PARA O SUCESSO

Descrição dos Passos:
- Estabeleça metas anuais.
- Estabeleça metas mensais.
- Crie uma lista de metas específicas para cada mês.
- Planeje cronogramas de trabalho e feriados como parte do estabelecimento de metas.

- Adicione às suas metas ações para ajudar o próximo.
- Inclua os outros em suas metas.
- Estabeleça um momento para verificar o seu progresso.
- Peça feedback.
- Entenda que as metas podem mudar.
- Dê continuidade.
- Coloque a sua lista em um local em que você possa vê-la.
- Seja consistente em seus esforços.
- Se você escorregar, concentre-se novamente nas suas metas em longo prazo.

Capítulo 2

Metas em Curto Prazo

Eu não quero viver sem um plano.

Escreva uma declaração positiva que você possa usar como afirmação. Declarações e pensamentos afirmativos repetidos continuamente podem tornar a sua vida mais positiva, assim como pensamentos negativos podem deixá-la para baixo.

Você estabelece metas em curto prazo quer se dê conta disso ou não. Se você não planejar uma direção para o seu dia proativamente assim que acordar, a inatividade vai guiá-la por onde seus pensamentos decidam ir.

As metas em curto prazo completam
as metas em longo prazo.

"O homem que move a montanha começa removendo pequenas pedras do caminho."

– Confúcio

Para avançar no caminho das metas em longo prazo, crie degraus utilizando as ações em curto prazo. Faça uma lista e risque cada uma das tarefas assim que completá-la. Planeje, planeje, planeje.

A NECESSIDADE DE CONSTÂNCIA

Existe um *continuum* para a constância, e cada um de nós deve encontrar a sua própria zona de conforto.

Algumas pessoas beiram a compulsão na rigidez das suas rotinas diárias. Normalmente, quando as palavras "compulsivo" e "rígido" são usadas, nos vêm à mente conotações negativas. Algumas vezes, essas pessoas também são chamadas de neuróticas ou obsessivas, mas pode ser que esse não seja o caso.

Às vezes, eu me encontro nesse extremo do *continuum*. Eu gosto de ter minha casa arrumada, e meu marido sempre me provoca dizendo que eu lavo a louça antes mesmo da comida esfriar. Ele diz que eu sou obcecada por limpeza, mas eu não me sinto assim. É apenas um hábito que eu adquiri, com o qual eu me sinto confortável e que não prejudica a energia positiva que eu sinto.

Seus sentimentos criam a energia ao seu redor.

Na outra extremidade desse *continuum* estão aqueles espíritos livres que conseguem se deixar levar pela vida e ser espontâneos com êxito. Eu tenho uma amiga artista que trabalha assim. Ela não conseguiria criar se estruturasse seus dias rigidamente.

A maioria de nós provavelmente encontra um lugar entre esses dois extremos. Pode ser que eu seja mais voltada para a realização de tarefas do que a minha amiga, mas esse é o meu jeito, e eu me sinto confortável assim. No entanto, se eu não separar um tempo para a minha criatividade, a minha vida se torna frustrante e chata. A minha amiga pode ser mais artística e ter o espírito mais livre, e isso funciona para ela. Ela é uma artista incrível, e as comissões dela podem ser substanciais. Mas, se ela não tiver algum tipo de cronograma, ela não conseguirá terminar as pinturas a tempo para receber a comissão.

ESTABELEÇA PADRÕES DE TRABALHO DIÁRIOS E SEMANAIS

"O trabalho dignifica o homem."
– Autor desconhecido

Mantenha-se organizada com uma lista que mostre o que deve ser priorizado de alguma forma. Coloque-a no espelho do banheiro ou na geladeira – algum lugar em que você a veja com frequência. Você pode trabalhar no seu plano cinco dias por semana, tirando o fim de semana de folga. Às vezes, pode ser que você trabalhe durante a noite ou nos fins de semana para atingir metas específicas que você pode não conseguir cumprir durante o dia.

Para começar, mantenha um diário de tarefas em um caderninho de bolso. Registre cada uma das tarefas com os quatro componentes a seguir:
- Horário
- Tarefa
- Sentimento (enquanto você trabalha na tarefa)
- Conclusão

Isso vai ajudá-la a identificar o seu padrão de trabalho, bem como os sentimentos que a ajudam ou impedem de alcançar as suas metas. Esse sistema é bastante demorado, portanto faça uso dele apenas até descobrir os problemas com a forma como você trabalha. Eu só o aplico quando me vejo com problemas para completar o meu trabalho, porque esse método me ajuda a identificar o que está me atrasando.

Aqui está um exemplo de como o seu diário pode ficar:

8:00/tarefas domésticas/deprimida/tarefa não concluída
8:30/meditação/paz/tarefa concluída
18:30/exercício físico/animadíssima/tarefa concluída

Depois que encontrar o seu estilo diário geral, procure por padrões específicos de conclusão de tarefas para ver como você cumpre tarefas individuais.

Conforme você identifica os seus comportamentos, procure por tarefas que tragam energia positiva para a sua vida. Algumas vezes, pode ser que você encontre uma energia negativa associada ao processo. Nesse caso, procure pelas tarefas específicas que "chamam" essa negatividade.

GATILHOS EMOCIONAIS

Os gatilhos emocionais podem ser definidos como tarefas, situações ou experiências que carregam sentimentos negativos da sua juventude ou infância. Quando você perceber que está se sentindo pessimista ou deprimida, escreva sobre isso. Permita-se sentir essa energia. Tente se lembrar da primeira vez que você experimentou esse sentimento. Escreva sobre ele. Então, libere a energia negativa e a substitua por sentimentos positivos.

Por exemplo, trabalho antes de diversão é uma coisa que foi ensinada a mim tão solidamente quando criança que eu tenho dificuldade em me divertir até terminar todo o trabalho. Algumas vezes, não é possível terminar todas as tarefas de uma vez só. Eu aprendi que, mesmo que eu tire algum tempo para descansar, o trabalho não vai fugir. Não há problema em fazer uma pausa e depois voltar ao trabalho sem me sentir culpada. Às vezes, nós precisamos de um intervalo para manter nossas mentes frescas e a energia positiva em nosso trabalho. Tanto o trabalho quanto a diversão podem estar disponíveis sem que seja associado algum tipo de negatividade a eles.

Depois que eu reconheci os meus gatilhos emocionais e identifiquei quando esses sentimentos de "tenho que" relacionados ao trabalho apareceram em minha vida, eu me permiti senti-los e liberá-los. Eu faço isso até hoje. As minhas formas preferidas de me desapegar deles são: visualizar a mim mesma relaxando, rindo e almoçando com os meus amigos. Agora, eu sou capaz de separar um tempo todos os dias para fazer algo divertido usando uma afirmação positiva como:

- Eu terei tempo de completar essa tarefa amanhã.
- Eu me sinto alegre em fazer algo por mim mesma.
- Eu sinto prazer em passar tempo com os outros.
- Rir libera a minha tensão.

Eu me desapeguei da culpa e da tensão que eu sentia por dentro, e comecei a substituir aqueles sentimentos negativos por outros positivos que combinassem com as minhas afirmações.

Conforme você encontra os seus gatilhos emocionais, use a Parte 4 deste livro, "Praticando o Processo", para estabelecer um plano específico de cura que funcionará para você.

Eu tinha uma cliente, Jane, cuja mãe era muito exigente com a limpeza. Os temperos de cozinha eram arrumados na prateleira em ordem alfabética e de acordo com a data de validade. As facas e os garfos tinham que estar alinhados na gaveta, e as roupas e sapatos no *closet* eram arrumados por cor. A Jane se lembra do ato de limpar a casa como um momento de crítica e raiva, quando a tensão entre ela e a mãe ficava nas alturas.

Quando adulta, Jane sentia dificuldade de organizar a casa por causa de seus sentimentos negativos. Depois que Jane descobriu os gatilhos emocionais da sua infância, ela escreveu sobre aquelas experiências. Então, enquanto fazia as tarefas domésticas, ela usava exercícios de energia positiva como visualização e conversas interiores. Logo a energia positiva que ela sentia foi relacionada à limpeza, apagando muito da negatividade da infância.

Durante esse processo, Jane começou a escolher viver em um ambiente "pra cima" e foi capaz de cumprir as suas metas nessa área. Ela não teve escolha enquanto criança, mas tinha como adulta. Usando energia construtiva e reestruturando os seus padrões de pensamento, ela agora é capaz de manter uma casa limpa e se divertir com isso!

Depois que você encontrar os gatilhos em sua própria vida, agradeça pela ajuda que recebeu deles. Depois, Jane expressou gratidão pelos seus problemas com a limpeza, porque ela cresceu como pessoa durante o processo de se desapegar da negatividade. Ela desenvolveu uma força interior que não teria encontrado se não tivesse passado pelo problema para início de conversa. Os desafios na vida podem nos trazer bênçãos.

> *"Oh, Senhor, que me dá a vida, dai-me um coração repleto de gratidão."*
> *– Shakespeare*

UM PASSO DE CADA VEZ

Se você se sente sobrecarregada pelas suas tarefas, dê um passo para trás e se concentre em um trabalho pequeno de cada vez. Eu faço isso para evitar o sentimento de como se eu estivesse me afogando. Depois que eu me livro dos pensamentos negativos, eu penso em algo positivo.

Por exemplo, quando eu e meu marido estávamos instalando portas de armário no quarto do nosso porão, nós tivemos problemas com a primeira porta, que ficou pendurada de um jeito estranho e não fechava. Nós dois nos sentimos sobrecarregados. Se tivéssemos problemas com todas as portas como tivemos com aquela, nunca terminaríamos. Eu sugeri que começássemos a instalar outra porta que não tivesse problemas, mas ele sentia que precisávamos resolver aquele dilema para que pudéssemos ganhar confiança e instalar o resto das portas. Ele mediu a porta novamente e a cortou para que se encaixasse na abertura, e pouco depois ela se fechou perfeitamente. Aquela sensação de dever cumprido era o impulso de que precisávamos, e logo todas as portas estavam instaladas. Nós não apenas conseguimos concluir a tarefa, mas nos sentimos mais confiantes no trabalho que tínhamos feito.

FAÇA UM CRONOGRAMA REALISTA

Uma mãe ocupada pode fazer uma lista com dez metas e conseguir completar apenas quatro ou cinco delas. Isso acontece porque, quando se tem filhos, outras prioridades entram no jogo, como almoços esquecidos, jogos de futebol, trabalhos sobre livros ou várias outras coisas. Ela pode alterar a lista de metas para incluir os almoços e os jogos de futebol. Ela sabe que seus filhos estão no topo da lista de prioridades.

Da mesma forma, uma executiva ocupada pode fazer uma lista de dez metas e só conseguir cumprir algumas porque teve que viajar a trabalho, participar de workshops ou de reuniões com o(a) chefe. Ela pode incluir as viagens de negócios e os workshops em suas metas.

Para ser consistente, é importante levar em consideração as barreiras esperadas e inesperadas que sempre aparecem. Inclua-as em suas metas. Seja flexível o bastante para saber que as pessoas em sua vida são mais importantes, e elas não são sempre previsíveis.

AVALIE FREQUENTEMENTE O SEU PROGRESSO

Não há problema em ler este livro e se sentir animada com as suas metas, mas como você vai sustentar mudanças duradouras?

Padrões de pensamento e comportamento são hábitos. Para a maioria das pessoas, são necessárias várias semanas para mudar um hábito. A primeira coisa que eu faço quando decido mudar um hábito é revisitar os sentimentos proativos que eu tenho quando estabeleço as minhas metas. Escrever uma descrição dos seus sentimentos quando você define seus objetivos vai ajudar. Então, conforme você consultá-la, vai se lembrar exatamente de como se sentiu e por quê.

Toda semana eu consulto o meu diário de sentimentos para me colocar no mesmo estado mental em que eu estava enquanto estabelecia as minhas metas. Então, eu avalio o meu progresso e modifico as minhas aspirações.

Combine esse processo com algo que você adore fazer. Eu avalio o meu desenvolvimento semanalmente no domingo à tarde, antes de começar a ler um romance, que é algo que eu adoro fazer. Pegue essa ideia e modifique-a para se encaixar às suas necessidades. Seja criativa.

Coloque a sua lista em algum lugar no qual você a veja com frequência. Combine um "eu tenho que" com um "eu quero". Conclua uma meta em curto prazo antes de ir ao cinema. Seja flexível o suficiente para cumprir aquilo que pode e permitir que isso seja o suficiente. Você é o suficiente do jeito que é.

> *"Eu sou apenas uma, mas ainda sou uma. Eu não posso fazer tudo, mas eu posso fazer alguma coisa. Eu não vou me recusar a fazer algo que eu posso fazer."*
> – Helen Keller

O ovinho está se transformando em uma lagarta cinza, mudando e crescendo. A cada dia, ela tem uma pequena meta para se tornar mais – cada aspiração levando à sua visão da borboleta que ela se tornará algum dia. Ela coloca a cabecinha para fora do casulo protetor e olha à sua volta, alimentando-se da asclépia e ganhando força e propósito para o seu sonho.

Mantenha seu objetivo em longo prazo sempre em mente, buscando-o diariamente por meio das suas metas em curto prazo. Use-as como degraus para subir a montanha ou chegar aos seus sonhos, nunca perdendo de vista os seus desejos.

A ALEGRIA INATA É A BASE DA REALIZAÇÃO PESSOAL

Descrição dos Passos:
- Registre o planejamento do dia em um diário.
  - Horário
  - Tarefa
  - Sentimentos
  - Conclusão
- Procure por gatilhos emocionais.
- Procure por padrões que você gostaria de mudar.
- Procure por padrões que você gostaria de manter.
- Procure por gatilhos emocionais que a mantêm presa.
- Estabeleça tarefas que possam ser cumpridas.
- Coloque a lista onde você possa vê-la.
- Estabeleça um tempo de trabalho.
- Dê um passo para trás se você se sentir sobrecarregada.
- Trabalhe em uma tarefa pequena até que ela seja concluída.
- Enxergue-se como uma pessoa bem-sucedida.
- Os sentimentos serão construídos por si mesmos.
- Encha-se de energia positiva.
- Permita-se dias em que as tarefas não sejam cumpridas por causa de outras prioridades.

Capítulo 3
Diminuindo a Procrastinação

Eu não quero ser uma procrastinadora.

Escreva uma afirmação. Encha-se de energia positiva.

> *"O que pode ser feito a qualquer hora não demorará a ficar pronto."*
>
> – *Provérbio escocês*

A procrastinação bloqueia a energia positiva. Alguma vez você não conseguiu chegar às coisas que realmente queria fazer em sua lista? Você se sentiu frustrada ou com raiva?

O bem está em todos os lugares no campo de energia positiva criado por você.

Reba e seu marido estavam ansiosos para o seu cruzeiro para as Ilhas Gregas há mais de um ano. Reba sabia que precisava pagar algumas contas e lavar a roupa antes de partirem, mas ela as empurrou até a noite antes do voo deles para Roma. Ela trabalhou até tarde da noite – sentindo-se muito estressada. Na manhã seguinte, ela se arrastou para fora da cama, atrasada, para se arrumar. Ela e o marido foram discutindo até o aeroporto. O trânsito congestionado e as longas filas de segurança contribuíram para a ansiedade dela, e eles quase perderam o voo.

Reba começou a viagem com uma energia negativa, que parecia se espalhar por tudo à sua volta. A luta para reaver a energia positiva a atormentou durante vários dias. Ela perdeu temporariamente a bênção da serenidade por adiar as coisas. Dali em diante, ela se tornou determinada a parar com aquele padrão em sua vida. Ela começou a analisar o próprio comportamento e, gradualmente, voltou a conseguir ter paz em sua vida.

Como Reba mudou o seu comportamento? Ela começou a combinar uma tarefa positiva com outra que ela não queria fazer. Ela se forçava a lavar a roupa antes de fazer compras. Ela escrevia bilhetinhos para trazer a sua mente de volta à paz e serenidade que ela queria. As mudanças não ocorreram todas de uma vez, mas devagar, com o passar do tempo. Ela permaneceu grata pela energia negativa que sentiu antes do cruzeiro. Ela diz que foi um dos maiores presentes que já recebeu, pois isso a levou à sua meta de ter alegria e tranquilidade.

> *"Um obstáculo pode ser tanto um degrau quanto uma desculpa. A escolha é sua..."*
> – Autor desconhecido

SENDO PERFECCIONISTA

A Isabella era uma pessoa perfeccionista. Ela caiu em uma armadilha comum da procrastinação adiando um projeto até o último minuto para que tivesse uma desculpa para não ser perfeita. Ela sabia que, se esperasse até o último minuto, não precisaria fazer o seu melhor. Ela poderia dizer a si mesma que poderia ter se saído melhor se tivesse dedicado mais tempo.

O gerente de Isabella deu a ela um projeto que deveria ser concluído até o fim da semana. Isabella queria impressionar o seu chefe e se preocupou com a tarefa durante toda a semana, mas não iniciou o projeto até o dia anterior à sua entrega. Ela precisou passar a noite em claro para terminá-lo, porque ela tinha procrastinado.

No dia seguinte, ela foi trabalhar cansada, mas aliviada por ter conseguido completar a tarefa. No entanto, havia algumas falhas gritantes no trabalho dela, porque ela tinha deixado tudo para o último minuto, e o chefe dela ficou desapontado. Isabella saiu do trabalho aquela noite com um nó no estômago. Ela odiava se sentir um fracasso, mas isso era algo pelo que ela havia passado durante a vida inteira.

Esse incidente foi um presente para Isabella. Ela voltou à primeira vez que se sentiu sem valor e relacionou vários incidentes na infância que espelhavam esses sentimentos atuais. Ela comprou um diário de sentimentos e escreveu sobre a sua apreensão. Então, ela substituiu as declarações negativas por outras positivas.

Crenças da Infância	Afirmação da Vida Adulta
Eu nunca serei boa o suficiente.	Eu sou incrível.
Eu sou inadequada.	Eu sou um ser humano milagroso.
Eu carrego a vergonha onde quer que eu esteja.	Eu sempre carrego a energia positiva e o amor comigo

Depois de completar essa tarefa, ela disse que uma faísca positiva começou a crescer dentro dela. Era como se a sua criança interior precisasse de alguém para lhe dizer que ela era boa e capaz.

Isabella continuou fazendo suas afirmações positivas e conseguia sentir-se mais curada por dentro cada vez que as repetia. Ela se sentia como outra pessoa e começou a mudar seu comportamento, um passo de cada vez. Quando o chefe deu a ela um novo projeto, ela o começou imediatamente. A qualidade do trabalhou dela melhorou, e a relação dela consigo mesma e com o seu chefe também.

SENDO EXCESSIVAMENTE VOLTADA PARA AS SUAS TAREFAS

Olivia era muito meticulosa com o seu trabalho. Ela trabalhava em casa como transcritora médica para um psiquiatra local. Ela sempre se atrasava para buscar os filhos na escola ou levá-los a uma consulta médica, porque ela tinha que terminar "só mais um" ditado. Ela se repreendia e se criticava por se concentrar em pequenas tarefas, em vez de olhar o panorama geral do seu dia.

Apesar de ser excessivamente voltada para as suas tarefas, Olivia se distraía com facilidade. Ela adorava ler sobre os casos que digitava. Muitas vezes, ela ficava entretida pesquisando algum tópico e perdia a noção do tempo. Ela se sentia como uma criança quando o marido tinha que ligar para ela do trabalho para lembrá-la dos horários dela.

Olivia não queria mais se sentir como uma criança. Ela queria mudar de comportamento. Então, ela passou a usar o seu calendário e os lembretes no telefone para ajudá-la a se concentrar. Ela escreveu várias afirmações que a ajudaram a mudar a forma como pensava.

- Eu sou responsável.
- Eu sou pontual.
- Eu gosto de ter uma agenda.
- Eu me importo com a minha família.

Olivia começou a olhar para o seu planejamento diário como um todo. Ela trabalhava até que o telefone a lembrasse de ir buscar as crianças. Já que ela adorava pesquisar sobre os casos que ela digitava, ela se permitiu estudar as particularidades deles mais a fundo todas as noites. A relação que ela tinha com o marido melhorou, porque ela se transformou de uma pessoa que assumia o papel de uma criança que precisava ser lembrada de suas obrigações em uma adulta que podia cuidar de si mesma.

SENTINDO CULPA E ANSIEDADE

Uma cliente, Sally, disse que estava sentindo culpa e ansiedade em todos os aspectos de sua vida. Ela começou a fazer terapia porque a sua vida parecia estar "fora de ordem". Ela queria uma casa limpa, mas nunca conseguia fazer isso. As contas bancárias dela nunca estavam balanceadas, porque era necessário muito esforço. Ela se sentava no meu consultório e chorava, porque se sentia sobrecarregada. Como ela manteve um diário, ela conseguiu ver o padrão. A procrastinação a mantinha ansiosa e em um estado caótico. Ela parecia ter o peito tão cheio de culpa por ter deixado muitas tarefas por fazer que mal conseguia respirar. Ela escolheu mudar a negatividade que esse comportamento lhe trazia por meio da visualização da forma como ela queria que tudo fosse.

Visualizar é criar uma imagem em sua mente. Pense em um filme que você tenha acabado de assistir. Imagine a cena mais assustadora dele. Agora, imagine a mais bela paisagem. Visualize a parte mais engraçada do filme. Você está visualizando. Criar imagens em sua mente é como sonhar acordado. Isso pode ser relaxante, positivo e divertido.

Conforme Sally visualizava uma casa mais arrumada, as suas ações seguiam seus pensamentos. Antes de sair para trabalhar, ela começou a guardar rapidamente as coisas para que a casa estivesse arrumada quando ela voltasse do trabalho. Ela notou uma diferença drástica em seu nível de energia quando a casa estava arrumada.

Desapegar-se da negatividade foi desconfortável no início, mas, através da criação de imagens positivas e de conversas interiores encorajadoras, ela foi capaz de cumprir suas metas.

Sally se parabenizava quando conseguia ver as mudanças. No começo, dar um tapinha nas próprias costas fazia com que ela sentisse que estava mentindo para si mesma, mas ela continuou fazendo isso. Quanto mais ela lançava mão da visualização positiva e das conversas interiores, melhor elas pareciam.

SENDO "CONTRA-DEPENDENTE"

Algumas vezes, os jovens se rebelam contra a autoridade. Eles crescem com padrões de "contra-dependência" em vez de se tornarem independentes. Contra-dependência significa agir contra alguém ou algo em vez de a favor de si mesmo. Se um adolescente fica preso nesse padrão, ele pode carregá-lo para a vida adulta.

Amber era uma jovem inteligente. Ela sabia que, se discutisse com a mãe a respeito de tarefas domésticas, a mãe perderia a cabeça, se sentiria culpada e faria a tarefa sozinha. O padrão de Amber para fugir das tarefas continuou ao longo da sua adolescência. No entanto, quando Amber, já adulta, tentou usar essa tática com o chefe dela, ela acabou sendo demitida. Ela começou a fazer terapia arrasada e assustada, porque precisava pagar o aluguel e comprar comida, mas não sabia como. Ela queria ser independente.

A personalidade amigável e a boa comunicação de Amber fizeram com que ela arrumasse outro emprego rapidamente. Mas ela tinha pânico de perder esse emprego. Mesmo quando ela passou a entender a verdadeira diferença entre a contra-dependência e a verdadeira independência, ela ainda se perguntava se poderia ser bem-sucedida.

Ela escreveu uma lista de metas em seu computador no trabalho e olhava frequentemente para ela. A lista era mais ou menos assim:

- Eu posso ouvir meu chefe.
- Eu posso começar uma tarefa imediatamente.

- Eu trabalho duro.
- Eu posso cuidar de mim mesma.

Amber precisou de tempo para mudar seu comportamento. Ela sabia que mudar um hábito levava algumas semanas, mas estava motivada a manter o seu emprego e mudou rapidamente as suas atitudes no ambiente de trabalho. Em seu apartamento, ela precisava se esforçar um pouco mais para completar certas tarefas, já que ninguém estava olhando. Ela deixava a louça suja na pia durante dias, até que as formigas encontrassem um jeito de chegar às sobras dos pratos.

Foi difícil para Amber ensinar a si mesma a ser independente, mas ela se sentia grata por essa luta, porque ela recebeu a bênção da autodisciplina.

DESCUBRA O SEU PADRÃO COMPORTAMENTAL

Estude os seus padrões de procrastinação. Todos os comportamentos acarretam uma consequência. Comportamentos negativos têm consequências negativas como crises, culpa, ansiedade e nervosismo. Comportamentos positivos têm consequências positivas como paz, serenidade e sentimento de realização. Olhe para dentro de si mesma e escreva o seu comportamento em um diário para ver qual é a consequência do seu comportamento procrastinador. Permita-se sentir a negatividade dentro de si. Depois, escreva sobre isso.

"Esperar é uma armadilha. Sempre haverá razões para esperar. A verdade é que existem apenas duas coisas na vida: razões e resultados; e as razões simplesmente não importam."

– Dr. Robert Anthony

Crie afirmações e visualizações positivas a respeito da sua negatividade da forma que for melhor para você. Combine uma tarefa que você não goste de fazer com outra que você adore. Gere energia otimista, e a sua vida será abençoada.

Permita que a luz cure a sua procrastinação. Existem muitos outros métodos terapêuticos que funcionarão. Procure aqui aquele que lhe agrade.

A pequena lagarta se libertou do seu casulo, usado para nutri-la e para que ela pudesse crescer. Chega de adiar as suas metas – ela se tornou uma criatura que come e cresce.

Da mesma forma, você descartou os hábitos de procrastinação que tinha no passado e está seguindo em frente, em direção à luz e à energia positiva – para se tornar a criatura elegante que sempre sonhou ser.

O COMPROMETIMENTO INTERIOR É A CHAVE PARA A REALIZAÇÃO

Descrição dos Passos:
- Crie um diário para os seus pensamentos.
- Procure por um padrão em seu comportamento.
- Encontre a consequência negativa:
  - Animação
  - Ansiedade
  - Culpa
- Combine uma tarefa positiva com uma que seja possível que você empurre para depois.
- Converse consigo mesma de maneira positiva.
- Use visualizações positivas.
- Adicione quaisquer métodos dos quais você gostar da seção de cura.

Capítulo 4

Sendo Responsável Pelas Escolhas de Vida

Eu não quero culpar os outros pelos meus problemas.

Algumas pessoas tendem a culpar os outros pela sua situação. Elas estão com raiva da vida e têm pena de si mesmas. Em vez de assumir a responsabilidade pelas circunstâncias em que se encontram, elas culpam fontes externas pelos seus problemas. Algumas podem estar irritadas com Deus, porque Ele não conserta a vida delas. Outras podem estar sobrecarregadas por problemas de saúde e esperar que os outros sintam pena delas. Algumas podem até ver as fontes externas como a raiz de seus problemas.

UMA VIDA PERFEITA

Eu tive clientes de muitos cenários religiosos diferentes que vinham à terapia com raiva de Deus, porque Ele não tornava as suas vidas perfeitas. Elas eram praticantes de suas religiões e não entendiam por que Deus não consertava seu casamento problemático, não aliviava o luto por um membro da família ou não as livrava do vício. Deus não vai salvá-la como se você fosse uma criancinha indefesa. Como adulta, você é responsável por agir, e não por sofrer a ação. Você deve aprender a ser proativa e se esforçar para resolver os seus problemas. Algumas vezes, você conseguirá sozinha; outras, precisará da ajuda de outros – inclusive líderes religiosos, se você assim decidir –, mas ninguém vai tirar a responsabilidade de você. Ninguém vai "consertá-la" sem que haja esforço da sua parte.

Andréa procurou a terapia por recomendação de seu pastor, depois que seu marido a deixou e fugiu para o México com a secretária. Ela estava em crise, mas tinha certeza de que Deus acabaria com os problemas dela se ela fosse mais correta. Ela acreditava que as coisas na vida dela estavam dando errado porque ela não era tão boa quanto poderia ser.

Andréa tinha dificuldade em aceitar o fato de que ela precisaria encontrar um lugar para viver e se virar para sustentar a si mesma e aos filhos, em vez de esperar que Deus tomasse conta dela.

Como ela era cristã, nós conversamos sobre Tiago 2:17-20 no Novo Testamento:

> *"Assim também a fé, se não tiver obras, é morta em si mesma... Mas, ó homem vão, queres tu saber que a fé sem obras é morta?"*
>
> *– Tiago 2:17-20*

Andréa começou a perceber que não poderia simplesmente ficar esperando sentada que alguém – nem mesmo Deus – resolvesse o problema dela. Deus a abençoaria, mas ela tinha que trabalhar por si mesma. Como recebera uma boa educação, ela começou a se candidatar a vagas na mesma hora e rapidamente conseguiu um trabalho como professora.

Ela se encontrava frequentemente com o seu pastor, e ele a guiou através dessa nova perspectiva de relacionamento com Deus. Ela desenvolveu uma atitude positiva em relação à vida. A paz adentrou seu coração assim que ela aprendeu a se concentrar nas soluções – agradecida pelo presente da responsabilidade.

TORNANDO-SE PROATIVA

Várias clientes deixaram a terapia, incapazes de entender o conceito de cuidar de si mesmas. Algumas se afastaram de suas religiões porque Deus não resolvia os seus problemas. O desencanto preenchia as suas vidas, quando elas poderiam ter tido as bênçãos da luz e do amor.

Eu desejo o bem dessas pessoas. Eu espero que algum dia a luz da proatividade brilhe em suas vidas e elas comecem a mudar do lado de dentro, em vez de procurar uma força externa para mudá-las do lado de fora.

"O homem deve parar de atribuir os seus problemas ao seu ambiente e aprender novamente a exercer sua vontade – sua responsabilidade pessoal."

– Dr. Albert Schweitzer

NOSSA ATITUDE E PROBLEMAS DE SAÚDE

Algumas vezes, as pessoas sentem pena de si mesmas, concentrando-se em suas doenças ou problemas. Uma vez, quando fui atender em uma cidade distante, eu almocei com Hilda, uma velha conhecida. Eu havia perdido o contato com ela há mais de vinte anos, exceto pelos cartões anuais de Natal.

Hilda tinha muitos problemas de saúde, e os médicos lhe disseram que ela precisava fazer uma cirurgia nas costas, mas ela não confiava em médicos. Sua paranoia a levou a acreditar que eles fariam a ela mais mal do que bem.

Hilda parecia preocupada com a sua saúde frágil, e isso se infiltrou em outras áreas de sua vida. Isso a manteve presa e incapaz de atingir suas metas. Ela não havia viajado desde que éramos jovens e não podia trabalhar por causa da sua condição física. Ela estava desgostosa com a vida e aprisionada por seus problemas físicos. Por causa de seus pensamentos negativos, ela estava presa a uma vida incompleta.

A história de Alice teve um final diferente. Ela recebeu o diagnóstico de esclerose múltipla, e ainda assim a sua vida se tornou mais positiva e ganhou mais significado do que antes da doença, simplesmente por causa da forma como ela lidava com isso.

Alice começou a fazer terapia pouco tempo depois de ter descoberto a doença. Ela tomava medicamentos pesados uma vez por mês e tinha que ser muito cuidadosa com o seu estilo de vida. Ela dormia mais do que o normal e se sentava para descansar sempre que passava por alguma cadeira. Ela tinha dificuldade em sair sozinha, porque a medicação a deixava tonta. Ela usava uma bengala, pois não sentia firmeza nos pés. Ela derrubava coisas com frequência, porque suas mãos e braços formigavam e ficavam dormentes. A depressão a assombrava.

Alice tinha todas as razões para sentir pena de si mesma e desistir, mas ela era uma senhorinha corajosa que amava demais a vida para desistir dela.

A situação negativa em que se encontrava não a desanimou. Ela trabalhou em conjunto com seu médico para regular a medicação, em vez de trabalhar contra ele, como Hilda. Determinada a sacudir a poeira e se livrar da depressão, ela mantinha um diário de gratidão. A cada dia, ela listava êxitos relacionados à sua condição física. Ela ficava feliz em conseguir tirar a mesa do jantar ou cozinhar seu ensopado de carne favorito. Ela procurava os pontos positivos em sua vida. O seu diário de gratidão tinha páginas e páginas de coisas aparentemente insignificantes, como a gratidão por poder sentir a grama sob seus pés ou por assistir às folhas coloridas do outono caindo das árvores.

Alice estruturou seus dias para que pudesse ver os seus amigos quando pudesse. Ler para os netos ou fazer simples projetos de artes com eles eram coisas que iluminavam a sua vida. Ela e o marido sempre quiseram viajar quando ele se aposentasse, mas, em vez disso, eles decidiram que seria melhor viajar agora, enquanto Alice ainda fosse capaz de fazê-lo. Atualmente eles estão planejando uma viagem ao redor do mundo.

A desesperança dela melhorou com os antidepressivos e o programa de pensamento positivo. Ela inspirou aqueles à sua volta, inclusive a mim. Ela é uma verdadeira bênção para os seus amigos e para os membros de sua família, pois mostra a eles como viver a vida e como enfrentar as dificuldades.

"Alguns buscam a felicidade – outros a criam."
– Ralph Waldo Emerson

SIGA OUTRO CAMINHO

Houve vezes em que eu me vi com um problema. Eu percebia que havia caído em um dilema por causa de algumas decisões que havia tomado. Como eu conseguia enxergar a minha parte, eu sabia que poderia fazer algumas escolhas diferentes e sair da situação.

Eu olhei para a minha vida e fiz uma longa lista de coisas que eu queria mudar. Eu olhava para elas, uma de cada vez, para eliminar a negatividade da minha vida. Eu aprendi a viver a vida de outra forma.

Isso levou vários anos de trabalho diário, mas eu saí da situação difícil em que me encontrava. Talvez você já tenha ouvido a parábola do buraco que é usada em reuniões do AA:

Eu ando pela rua e caio em um buraco.
Eu não sei como eu entrei.
É difícil descobrir como sair.

Eu ando pela rua e vejo o buraco.
Ainda assim, eu caio nele.
Eu já estive no buraco antes e sei como sair.

Eu ando pela rua e vejo o buraco.
Dessa vez, eu o contorno.
Eu simplesmente sigo por outra rua.

Se o seu buraco for gastar dinheiro, siga por outro caminho e comece a frequentar os Devedores Anônimos, ou fazer aulas de gestão financeira em uma faculdade local. Se o seu lado negro é discutir com o seu cônjuge, siga outro caminho ligando para um terapeuta ou assistindo a um seminário sobre casamentos.

Jed e Clarissa discutiam o tempo todo. Quando eles começaram a terapia, eu lhes pedi que escrevessem o processo de suas brigas passo a passo. Era uma tarefa difícil, e eles precisaram brigar várias vezes antes de conseguir completá-la.

Primeiro, Jed perguntava a Clarissa algo que ela não conseguia responder, como: "Por que a sua mãe faria algo assim?"

Depois, Clarissa respondia da melhor forma que podia. Então, Jed começava a discutir com ela sobre a resposta.

Quando eles perceberam o padrão, conseguiram eliminá-lo. Eles "seguiram por outro caminho". Em vez de ficar com raiva, eles começaram a rir dos desentendimentos que tinham. Isso os aproximou e enriqueceu a relação deles.

NÓS ATRAÍMOS AQUILO EM QUE PENSAMOS

Aqueles que sentem raiva se enchem de energia negativa e acabam trazendo para suas vidas coisas de que não gostam, porque se concentram nelas. Concentre a sua atenção e energia nas coisas que você quer, não naquilo de que você não gosta. Madre Teresa disse que jamais compareceria a uma manifestação contra a guerra, mas, se fosse organizada uma em prol da paz, ela participaria com todo prazer.

Faça a mudança se manifestar trabalhando pelas coisas que você quer. Minha filha tinha um amigo do ensino médio no sul da Califórnia que não gostava de ouvir as pessoas dizendo palavrões no campus, então ele organizou um clube para pessoas que não falavam palavrão. Aqui está um link para o vídeo dele: http://www.youtube.com/watch?v=IBCfXJBjVQg.

Desde jovem, ele já está mudando o mundo, e agora isso está se espalhando pelo país. www.nocussing.com

> *"A vida é um presente, e ela nos oferece o privilégio, a oportunidade e a responsabilidade de retribuir nos tornando mais."*
>
> – Anthony Robbins

Se você se encontrar em um lugar onde não deseja estar:
- Respire fundo.
- Veja as decisões e ações que a colocaram nesse lugar.
- Assuma a responsabilidade por elas e decida de que forma você quer mudar.
- Faça uma lista das coisas que você quer que sejam diferentes na sua vida.

- Arranje soluções para cada uma delas.
- Comece a fazer diferente, uma coisa de cada vez.
- Siga outro caminho.

Esse outro caminho mudou a minha vida, e eu me sinto ótima.

A pequena lagarta está comendo ferozmente e crescendo – agora responsável pelas próprias escolhas de vida. Ela sabe que precisa se alimentar para evoluir. Ela olha para o chão. É um longo caminho até lá embaixo, e ela não quer cair. Ela toma cuidado para se agarrar firmemente ao galho e continuar a salvo, projetando-se em direção à sua visão.

Você é igual a essa criaturinha ocupada e trabalhadora. As escolhas de vida se tornam claras à medida que você busca a energia positiva do mundo. A cada dia, a paz se torna sua companheira, trazendo plenitude ao seu ser.

BEM-ESTAR INTERIOR É UM SINAL DE PLENITUDE

Descrição dos Passos:

- Escreva o seu padrão de pensamento em um diário.
- Assuma a responsabilidade pelas situações em sua vida.
- Coloque energia positiva em sua vida.
    - Pense nas formas como você quer mudar.
    - Desenvolva um plano em passos para sair de situações negativas.
    - Pratique seguir por outro caminho.
- Veja a sua situação específica.
    - Escreva cada etapa de uma discussão.
    - Encontre um padrão nela.
    - Registre outra discussão e veja se o padrão se repete.
    - Escolha outra forma para se comunicar.
    - Seja vigilante para evitar cair em padrões antigos.

Parte 2
Cuidando de Si Mesma

Capítulo 5
Os Presentes de Uma Vida Imperfeita

Eu não quero ter problemas de qualquer natureza.

Eu não quero lidar com problemas. Por que a minha vida não pode ser perfeita? Eu gostaria que tudo fosse sempre do meu jeito.

Meu amigo e eu brincamos que, se estivéssemos no comando do mundo, não teríamos problemas em absoluto. Nós tornaríamos a vida simples e fácil. Infelizmente, as coisas não funcionam assim. Todos nós temos problemas, e eles nos ajudam a crescer.

Nós só crescemos quando estamos concentrados nas soluções.

A FACHADA PERFEITA

Do lado de fora, Janice parecia ter uma vida perfeita – um bom trabalho, bons amigos e um bom lugar para viver. Mas Janice estava vivendo uma vida dupla. Ela tinha estourado todos os seus cartões de crédito, e todo mês se preocupava se tinha dinheiro suficiente para pagar o aluguel.

A mãe de Janice tinha orgulho pela filha estar vivendo a vida ideal que ela havia sonhado, então Janice sentia que não poderia dizer a sua mãe como as coisas realmente eram. Ela também não podia compartilhar seus problemas com os amigos dela. Ela precisava parecer perfeita.

Aos 25 anos, Janice começou a fazer terapia muito deprimida, querendo que alguém resolvesse seus problemas. No entanto, ela logo percebeu que ela mesma tinha entrado nessa situação, e só ela poderia sair dela.

A falta de autoestima de Janice a levou a viver uma mentira, e só ela poderia mudar as circunstâncias sendo honesta. Ela pensava que as pessoas não gostariam dela se ela não tivesse tudo do bom e do melhor. Ela acreditava que elas não seriam amigas dela, a menos que ela pagasse jantares e presentes.

Janice nunca fora ensinada a administrar suas finanças e não tomara a iniciativa de aprender por conta própria. Eu a ajudei a encontrar um consultor financeiro. Ela percebeu as maneiras frívolas como gastava dinheiro – comprando muitas roupas e pagando a conta no almoço vezes demais. Ela começou a viver de acordo com os seus recursos e a pagar por si primeiro, para conseguir guardar algum dinheiro.

Janice precisava encontrar um lugar mais barato para viver, então precisava informar sua família e amigos. O medo que ela sentia de contar aos outros parecia paralisá-la. A fim de se tornar suficientemente confiante para se livrar da fachada, ela escreveu afirmações positivas como:

- Os outros me apoiam quando eu sou honesta.
- A honestidade libera a minha ansiedade.
- É preciso coragem para ser honesta. Eu sou corajosa.
- Eu me amo o suficiente para ser autêntica.
- Meus amigos vão gostar de mim se eu for autêntica.

Ela repetia suas afirmações várias vezes ao dia, e sua autoconfiança cresceu.

Ela contou às duas amigas mais próximas sobre os seus problemas, e elas compreenderam.

Janice começou a se sentir aliviada conforme compartilhava o seu verdadeiro eu. Suas amigas gostavam mais dela sem o fingimento.

No entanto, ela se preocupava em contar à sua mãe que havia se mudado para um apartamento novo, certa de que a mãe ficaria magoada e sentiria vergonha dela. Janice decidiu explicar as coisas durante uma sessão de terapia. Ela não achava que sua mãe ficaria muito triste na minha frente.

A reunião foi muito poderosa. (Sessões com pais e filhos adultos geralmente são uma maneira maravilhosa de se abrir à comunicação.)

A mãe ouvia a explicação que Janice dava sobre seus problemas. Ela disse a Janice que apreciava a honestidade dela e que ela tinha entendido. Ela também compartilhou que passara por problemas semelhantes quando jovem e falou sobre as soluções que havia encontrado.

Como resultado da sessão de terapia, Janice e a mãe foram capazes de parar de fingir que eram perfeitas e ser honestas uma com a outra. Ela e sua mãe tornaram-se muito mais amigas e realmente começaram a apreciar completamente a companhia uma da outra.

Os problemas de dinheiro de Janice não foram resolvidos do dia para a noite, mas agora ela estava no caminho da competência financeira. Mais importante, ela vivia uma vida real – não mais uma farsa.

PERSPECTIVA DISTORCIDA

Geraldine veio ao meu escritório se sentindo deprimida. Ela tinha um segredo sobre o marido que sentia vergonha de compartilhar – ninguém tinha um problema como o dela. Eu não a pressionei para obter informações; deixei que ela falasse, porque eu podia ver que era difícil para ela fazer com que as palavras saíssem.

Ao longo da entrevista, ela foi finalmente capaz de dizer que seu marido era um travesti. Ela se sentia violada. Ela nunca sabia quando suas roupas de baixo sumiriam de suas gavetas, e, quando sumiam, ela sabia que o marido estava fora, "desfilando por aí" (como ela dizia) com os amigos.

Ela tentou lhe dizer como odiava vê-lo usando as coisas dela. Ele disse que essa era a sua maneira de liberar a tensão. Ele disse que tinha um pico de euforia cada vez que encontrava seus amigos para dançar.

Nós conversamos sobre o fato de ele pegar as roupas dela, e então eu perguntei a ela se ela se importava que ele se vestisse como mulher.

Ela me olhou, parou de falar e respirou fundo. "É claro que isso me incomoda. Acho que eu tenho focado muito nas minhas roupas sumindo. Eu deveria olhar para o problema maior. Eu não quero ser casada com um travesti."

Geraldine tinha outros problemas com os quais lidar que eu não vou explicar aqui. Mas ela estava motivada a mudar e concentrada em seus próprios problemas de infância, um de cada vez, para obter uma visão e compreensão de si mesma.

Ela estremeceu enquanto falava, sem ter certeza se poderia continuar casada. Conforme discutimos seu dilema, ela decidiu que enfrentaria o marido. Se ele estivesse disposto a procurar terapia para parar de se travestir, ela talvez considerasse continuar casada. Caso contrário, eles terminariam.

Ela queria desafiá-lo, mas não achava que conseguiria. Ela não estava acostumada a fazer isso. Seu comportamento calmo tinha permitido que ele dominasse a relação. Ela sempre cedia a ele. Como ela poderia mudar isso agora?

Levou várias semanas para que ela pensasse no que diria quando falasse com ele. Nós ensaiamos a conversa várias vezes, e ela finalmente estava pronta para dar um ultimato.

O marido de Geraldine disse a ela que ele poderia se livrar do seu vício, como ele chamava, por si mesmo. Ele não achava que precisava de um terapeuta. Ela concordou em deixá-lo tentar por duas semanas.

Em um primeiro momento, ele conseguiu. Ele ficou longe das roupas íntimas e vestidos dela por vários dias. No entanto, um dia ela viu que as coisas dela haviam sumido de novo, então soube que ele tinha saído com amigos.

Geraldine não sabia o que fazer. Ele não tinha dado ouvidos a ela, e agora ela estava com medo de ir embora. Ela decidiu dar o ultimato mais uma vez. Se ele não encontrasse um terapeuta até o final da semana, ela iria embora, levando as roupas com ela.

Ele encontrou um terapeuta no dia seguinte.

Geraldine me contou a história do marido. Quando ele era pequeno, pensava que só a sua mãe se divertia. Ela tinha dinheiro e ia a festas, obrigando-o a ficar em casa e cuidar do irmão mais novo todas as noites. Mesmo que tivesse tentado ao máximo agradá-la, ela sempre foi crítica, e o marido dela nunca se sentia bom o suficiente. A mãe o isolava das crianças da idade dele. Ele nunca podia sair com outros garotos. Ele via as meninas na escola indo a festas e se divertindo — exatamente como a mãe dele. Desde uma tenra idade, ele estava certo de que as meninas eram mais felizes do que os meninos.

Mesmo com medo, Geraldine disse ao marido que, embora simpatizasse com ele, não queria mais viver assim. Ele fez um progresso na terapia. Ele parou de se travestir e ir a festas. Ele entrou para uma associação de golfe local e jogava com vários homens no bairro. Ele perguntou a Geraldine se ela queria jogar golfe também, e, embora não estivesse realmente interessada em golfe, ela foi, porque queria salvar seu casamento. Quanto mais ela jogava, mais passava a gostar de golfe.

Conforme a terapia progredia, Geraldine pôde perceber que estava se tornando mais assertiva. Ela se juntou à Toastmasters International[1] para melhorar sua oratória. Pouco a pouco, ela ganhava confiança em trabalhar com outras pessoas. Ela fez uma apresentação para um clube do livro ao qual pertencia.

Suas crenças sobre si mesma começaram a mudar. Ela escreveu alguns mantras para lembrá-la de sua perspectiva recém-descoberta:

- As mulheres podem ser assertivas. Eu sou assertiva.
- Eu posso compartilhar os meus sentimentos em meu relacionamento.
- Eu tenho valor em meu relacionamento.
- Eu posso compartilhar meus pensamentos e ideias com os outros.
- Os outros valorizam os meus sentimentos.

Geraldine continuou a se tornar mais extrovertida. Ela amava a sua nova vida e as bênçãos que esse desafio proporcionara a ela. Ao acabar a terapia, ela me disse que se sentia como uma flor desabrochando e desejava que tivesse começado mais cedo.

Eu sugeri que ela apreciaria muito mais agora do que se tivesse começado mais cedo.

"A rosa e o espinho, assim como a tristeza e a alegria, estão presos um ao outro."

– Saadi

---

1. N.T.: Toastmasters International é uma organização internacional sem fins lucrativos dedicada à melhoria das competências de comunicação, discurso público e liderança, através de clubes disseminados mundialmente.

PRIMEIRAS DECISÕES DA VIDA

Enquanto crescia, June queria uma vida sem problemas. Quando se apaixonou por um jovem bonito que era gentil e trabalhador, ela soube que estava destinada a uma vida de "felizes para sempre". Ela e o namorado se casaram e construíram uma família. No entanto, conforme os anos iam passando, June pressentia que algo estava errado em seu relacionamento. O marido começou a trabalhar até tarde várias noites. Quando ela o questionou sobre isso, ele respondeu que tinha trabalhos extras para terminar antes do fim do mês. Mas os trabalhos extras eram intermináveis.

June fez algumas investigações e descobriu que ele era viciado em pornografia desde a faculdade. June ligou para a sua melhor amiga e chorou. Ela se trancou em seu quarto. A amiga disse para ela pedir o divórcio.

O que tinha acontecido com a vida sem problemas que ela achara que estava vivendo? Eles estavam juntos há 25 anos. Havia crianças a considerar.

Nesse momento, ela poderia ter se martirizado pelas suas escolhas:
- "Por que eu me casei com ele, para início de conversa?"
- "Como eu não percebi isso antes?"
- "Eu sou tão cega!"
- "Eu me sinto tão idiota!"

Em vez disso, o pastor encorajou tanto ela quanto o marido a procurar terapia. O marido concordou em fazer aconselhamento. *Ambos* se esforçaram muito na terapia. Ele frequentou um grupo para viciados e participou de um programa de reabilitação, bem como de sessões separadas com seu próprio terapeuta.

Quando vi June pela primeira vez, ela estava deprimida e sobrecarregada com a sua situação. A pilha de roupas estava crescendo e a casa estava uma bagunça. Ela enfrentou seus sentimentos de traição e raiva falando disso na terapia e mantendo um diário de seus pensamentos. O casal aprendeu a se comunicar em um nível mais profundo do que nunca. Lentamente, ela recuperou sua capacidade de participar na vida diária.

Ela e o marido vieram para a terapia de casal. Eles aprenderam a ser mais honestos e sinceros um com o outro. A amizade deles crescia conforme eles cuidavam da relação. Quando um problema surgia, June o abordava, em vez de sentir-se impotente e com medo.

Quando June terminou a terapia, eu lhe perguntei se ela pensava que tinha cometido um erro em se casar com seu marido. Ela disse que, quando descobriu sobre a pornografia, teria dito que sim, mas agora ela era capaz de ver tudo de bom que tinha resultado de seus problemas. Ela ganhou muita força com o seu desafio.

AS RECOMPENSAS

Cada problema que encontramos e superamos nos dará uma recompensa. As maiores épocas de crescimento individual são provenientes do enfrentamento de uma crise e da aceitação das bênçãos que ela nos dá. Concentre-se na solução para resolver a dificuldade da melhor maneira possível. Lembre-se de que não há maneira "certa" ou "errada". Todo mundo faz as coisas de forma diferente, e o mais importante é fazer o que parece certo para você.

Decida o que você vai fazer diferente da próxima vez. Explore todas as opções, mas seja gentil consigo mesma. Não se culpe nem diga a si mesma que você é "idiota" ou qualquer outra coisa destrutiva que você tenha o hábito de dizer a si mesma. Use suas afirmações positivas e declarações de gratidão. Encare seus desafios e problemas como experiências de aprendizagem. As dificuldades são inevitáveis, mas a forma como olhamos para elas é escolha nossa. Podemos optar por entrar em um estado de desespero, ou podemos optar por uma atitude centrada na solução. Permaneça positiva para que a energia otimista possa cercá-la. Procure as bênçãos em seu poder superior.

> *"Uma visão sem ação não passa de um sonho; uma ação sem visão é só passatempo; uma visão com ação pode mudar o mundo."*
>
> – Autor desconhecido

Crie a sua visão e busque as ações que tornarão seu sonho possível. Peça apoio à sua família e amigos.

A pequena lagarta está respirando o ar fresco da vida através dos furos nas laterais de seu corpo, chamados espiráculos. Ela sabe que a vida não é perfeita, mas se agarra ao seu ramo e continua a mastigar seu caminho através dele todos os dias. A pele dela está ficando pequena demais – as mudanças estão vindo rápido demais para que ela possa manter seu revestimento externo.

Você também está se recriando, um dia de cada vez. Você luta e avança, ampliando sua alma, capaz de enfrentar os desafios da vida adequadamente com sucesso e uma sensação de paz.

A ALEGRIA INTRÍNSECA É O PASSAPORTE PARA O TRIUNFO

Descrição dos Passos:

- Defina o desafio.
- Pense nas possíveis soluções.
- Escolha os melhores resultados.
- Passe algum tempo refletindo.
- Procure o conselho de um mestre mais sábio:
    - Líder religioso
    - Amigo de confiança
    - Mentor

- Liste objetivos em longo prazo para superar seu desafio.
- Defina passos em curto prazo.
- Comece seu plano de ação.
- Dê continuidade.
- Continue a buscar a sabedoria de seu mestre.
- Use afirmações positivas.
- Torne a manifestação da gratidão parte de seu ritual diário.
- Seja positiva em tudo o que você faz.
- Visualize a energia positiva ao seu redor.

Capítulo 6
Curando o Medo

Eu não quero ser incapacitada pelo medo.

O medo é a causa básica por trás de muitos assuntos abordados neste livro. Enquanto você lê cada seção, analise as suas dificuldades específicas. Mantenha o medo em mente como pelo menos uma parte da causa. **O medo pode ser definido como: falsas expectativas que parecem reais.** Se você pode ver o medo à luz de falsas expectativas, é plausível convencer-se a se livrar dele. Use uma "conversa interior" positiva para afastar a emocionalidade associada ao seu medo. Lembre-se de que leva tempo para mudar um hábito, então se incentive repetidamente.

"Porque Deus não nos deu o espírito de covardia, mas de poder, de amor e de moderação."
– 2 Timóteo 1:7

MEDOS DE INFÂNCIA

Quando criança, eu tinha medo do escuro. Eu ouvia histórias sobre camas caindo no chão e o bicho-papão. Eu me lembro de ver

O mágico de Oz e ter pesadelos durante várias semanas. Meu marido também tinha medos de infância. Ele costumava jogar seus sapatos debaixo da cama todas as noites – forte o suficiente para fazer com que o monstro gritasse, se ele estivesse realmente lá.

À medida que crescemos, nós guardamos esses medos de infância. Sabemos que o chão do quarto não vai cair e que não há monstros embaixo da cama. Mas nos apegamos ao medo. Ele assume uma natureza mais sofisticada, tal como fazer amizade com pessoas novas, medo de germes, medo de ter e confiar em seus sonhos, ou medo de seguir em frente com os objetivos que você deseja alcançar.

SUPERANDO O MEDO

Como superamos esses medos? É um processo de cura ajudar a criança dentro de nós a se livrar de velhos medos. Quando confortamos aquela pequena criança dentro de nós, parte de nós torna-se plena. Conforme curamos os medos do passado, os do presente se tornam menos difíceis de trabalhar.

Crie uma visualização de cura de você, o adulto, confortando a si mesma, a criança com medo. Eu posso imaginar a pequena criança que eu era, de pijama de flanela vermelha, indo para a cama. Meu eu atual a abraça e a ama. Eu digo à garotinha de vermelho que vou mantê-la segura e protegê-la. Ela e eu encontramos uma luz noturna, ou acendemos a luz do corredor, em nossa visualização. Somos capazes de reforçar o chão para que ele aguente firme. Eu a conforto e a amo.

Ela e eu conversamos sobre todos os aspectos positivos relacionados ao escuro: a beleza da lua e das estrelas, os sons amigáveis dos grilos ou o pio tranquilizante de uma coruja, o cheiro do ar da noite, o toque dos lençóis frescos quando vamos para a cama. Quando eu a conforto, eu também me sinto melhor. Se "quem somos agora" servir de mentor para "quem éramos", a cura acontece. Eu amo a noite agora, porque ela é tranquila e relaxante.

Vamos examinar um exemplo mais sofisticado. Que tal o medo de fazer amigos? Você pode encontrar a natureza extrovertida dentro de si mesma? Você pode se visualizar apreciando a companhia de alguém novo? Interesse-se sinceramente nos outros e aprenda sobre eles. Devolva à humanidade o que a humanidade deu a você. Seja gentil e empática.

Quando eu era adolescente, minha família se mudou para uma nova cidade. Eu fui convidada para um chá social com as garotas mais populares da escola secundária na cidade. Eu fiquei completamente intimidada. Eu não queria ir, mas minha mãe me dizia que eu precisava. Quando cheguei lá, ninguém veio falar comigo. Depois que eu disse "olá" para algumas pessoas, fui embora. Quando eu me lembro da situação, havia outras garotas paradas, também esperando alguém falar com elas. Eu poderia ter falado com elas, mas meu medo era muito grande. Agora, eu tenho habilidades e maturidade que eu não tinha naquela época. Eu me interesso sinceramente por pessoas novas. Eu quero aprender sobre os outros e estar com eles. Com esse estado de espírito, eu sinto prazer em cumprimentar e ouvir os que me rodeiam.

MEDOS DEBILITANTES

Os medos debilitantes podem alterar seu estilo de vida. Se a sua preocupação com os germes faz com que você lave as mãos excessivamente ou limpe compulsivamente, ela a está afastando das alegrias e bênçãos da energia positiva. Eu trabalhei com uma cara senhora, Della, que era limitada pelo comportamento ritualístico relacionado, entre outras coisas, à limpeza do seu lar. A pia do banheiro tinha que ser esfregada no sentido horário e receber batidinhas em vários lugares para ser higiênica. Della temia uma doença se não fosse precisa em seu ritual.

Um psiquiatra ajudou com os medicamentos dela, e ela encarou seus comportamentos em terapia. Quando criança, o pai abusou dela, e sua mãe era uma dona de casa meticulosa, dizendo constantemente a Della que ela ficaria doente se não fizesse mesmo as coisas mais insignificantes.

No aconselhamento, Della aprendeu a se acalmar através da conversa interior positiva. Várias das afirmações que ela própria escreveu eram:

- Meu corpo é forte e saudável.
- Eu posso limpar a minha pia da maneira que desejar.
- Eu posso me livrar do medo. Ele não me faz bem.
- Minha força interior vem da sabedoria interior.
- Eu sou uma criação de valor infinito.

Ela desenvolveu um extenso conjunto de afirmações e as repetia para si mesma várias vezes ao dia. Ela ouvia músicas calmantes de sua escolha quando suas palmas começavam a suar e ela se via andando de um lado para o outro com uma energia nervosa. Visualizar-se como uma pessoa plena e saudável ajudou-a a se desapegar dos rituais, um de cada vez. Ela veio a descobrir que a pia do banheiro ficaria limpa, não importava em qual direção ela esfregasse, e que não precisava dar batidinhas na correspondência seis vezes em cada canto antes de abri-la. O progresso foi lento, mas ela caminhava em direção à cura.

"Todo o segredo da existência é não ter medo."
– Buda

DESSENSIBILIZAÇÃO SISTEMÁTICA

Outra cliente, Betty, temia espaços pequenos e fechados, como um elevador. Eu e ela trabalhamos juntas usando a dessensibilização sistemática, que significa diminuir o nervosismo diante de uma situação ou um objeto através da exposição gradual. Você enfrenta seu medo um passo de cada vez. Betty usava a conversa interior afirmativa conforme praticava o seguinte:

Passo 1: Entre no elevador e saia novamente. Repita esse passo até que a ansiedade tenha diminuído. Conforme Betty realizava essa tarefa, ela usava declarações positivas para encorajar a si mesma. Ela também se visualizava completando esse objetivo.

Passo 2: Entre no elevador e feche a porta. Abra-a imediatamente e saia. Betty repetiu essa etapa até sua inquietação diminuir. Enquanto ela trabalhava, praticava respirar lentamente e com firmeza, dizendo suas afirmações.

Passo 3: Entre no elevador, feche a porta e suba um andar. Abra a porta e saia imediatamente. Conforme Betty usou o elevador várias vezes, a ansiedade e o medo diminuíram. Ela sentiu uma grande vitória. Ela poderia ir para um hotel e não se preocupar em chegar ao seu quarto.

As etapas foram aumentando o nível de dificuldade, até que ela conseguiu ficar no elevador até o andar de sua escolha.

Ela enfrentou outras ansiedades também – corredores, *closets* e banheiros pequenos. Ela se dessensibilizou em relação a elas através de passos semelhantes aos que ela usou para o elevador.

No entanto, ela nunca se colocava em espaços lotados e fechados, a menos que fosse necessário. Você não a encontraria na Times Square de Nova York na véspera de Ano Novo, ou correndo para o campo de futebol para se unir às massas em uma comemoração de vitória. Ela não se importava, e ainda não se importa, de não ter esses tipos de experiências. Betty aprendeu a viver uma vida que era confortável para ela.

> *"Sempre faça aquilo que você tem medo de fazer."*
> *– Ralph Waldo Emerson*

É importante ter um coach ou um amigo com você o tempo todo conforme você pratica seus passos. Se ataques de pânico acompanharem sua ansiedade, certifique-se de procurar ajuda psiquiátrica junto da terapia.

Use esse mesmo padrão para qualquer medo específico. Procure pontos positivos em relação ao seu problema. Permita-se substituir a ansiedade pela paz e luz interna.

A lagarta em crescimento tem medo de ser comida, mas sabe que o corpo dela é perigoso para muitos predadores, devido às asclépias venenosas que ela comeu. Ela sente a mão protetora da criação e está em paz.

Você, da mesma forma, está no processo de se desapegar de seus medos. Você sente a presença do amor perseverante de seu poder superior e encontra a unidade com a vida.

SERENIDADE PESSOAL É VITAL PARA A AUTORREALIZAÇÃO

Descrição dos Passos:
- Escreva o problema em um diário.
- Estabeleça uma meta.
- Visualize e conforte a criança que você foi.
- Escute os medos da criança que você foi.
- Reescreva medos de infância com a visualização.
- Tranquilize a criança.
- Corrija os problemas para a criança.
- Procure os aspectos positivos de uma situação de medo.
- Coloque-se em situações que fazem com que você sinta medo da seguinte forma:

- Respirando fundo.
- Usando afirmações positivas para afirmar seu valor como pessoa.
- Sentindo a sua força interior.
- Compartilhando sua positividade com os outros.
• Se existirem medos debilitantes:
  - Encontre um psiquiatra para lhe receitar medicação.
  - Encontre um coach ou terapeuta.
  - Use a dessensibilização sistemática.
• Defina um programa que funcione para você, como:
  - Conversa interior positiva
  - Música
  - Visualização positiva
• Visualize a presença da paz e da luz, e deixe sua energia envolvê-la.

Capítulo 7
Encontrando o Poder Pessoal

Eu não quero ter medo de ser eu mesma.

AMOR-PRÓPRIO

Se eu não consigo sentir prazer em minha própria companhia, não posso receber a bondade que os outros mandam em minha direção. Se eu estou confortável comigo mesma, posso aceitar o amor de fora.

"Amarás o teu próximo como a ti mesmo"
– Marcos 12:31

"Você, você mesmo, tanto quanto qualquer um no universo, merece o seu amor e carinho."
– Buda

Ter amor e carinho por si mesmo é a base para todos os nossos relacionamentos. Se nós não nos amamos, não podemos amar o próximo.

Quando discutimos o amor-próprio, um rótulo de narcisismo vem à mente. Desfrutar de um tempo sozinho e desenvolver sentimentos de valor próprio é muito diferente de narcisismo, que pode ser definido como vaidade, egoísmo, egocentrismo. Pessoas narcisistas se sentem como se tivessem direito a privilégios e deferência dos outros. Elas não se importam consigo mesmas ou com os outros de forma terna.

ESTANDO SOZINHA

Joan odiava ficar sozinha. Ela sempre se assegurava de que alguém estivesse com ela em todos os momentos. Ela entrava em pânico quando estava sozinha e fugia imediatamente para um filme na televisão.

Ela veio à terapia para superar esse medo. Quando criança, ela se lembrava de sentir-se inútil e como se não fosse digna de amor. Quando adulta, ela se envolvia em relações intensas e rápidas com homens, querendo curar sua autoimagem negativa. Ela grudava neles, ligando muitas vezes durante o dia e tendo a necessidade de estar com eles assim que saíssem do trabalho. Esses relacionamentos nunca duravam. Suas amizades com outras mulheres seguiam o mesmo padrão.

Se alguém agisse de forma diferente do que ela esperava, ela se sentia descartada e lhe dizia isso. Se o seu namorado não ligasse quando ela achava que ele deveria, ela ficava com raiva. Se um conhecido no escritório não a convidasse para sair para almoçar, ela ficava ofendida. Quando amizades terminavam por causa de sua raiva, Joan se sentia rejeitada e sem valor. Ela continuava recriando situações que reforçavam suas inseguranças — as feridas de infância. Joan pedia aos outros uma coisa que apenas ela poderia proporcionar a si mesma.

Quando procuramos os outros para preencher nossas necessidades não satisfeitas, isso nunca é o suficiente.

Joan era uma pessoa muito inteligente e perspicaz. Ela sabia que precisava mudar seu padrão de interação com as pessoas, mas primeiro ela precisava ficar confortável consigo mesma.

Joan começou a escrever afirmações positivas para si mesma, como:

- Eu me amo.
- Eu me importo comigo.
- Eu gosto da minha própria companhia.
- Eu gosto de passar tempo comigo mesma.
- Eu sou uma boa amiga para mim mesma.

Joan criou uma lista de atividades que ela poderia fazer sozinha, cheia de coisas como ler, ouvir música e servir aos outros. Como ela queria reeducar sua criança interior, ela decidiu começar lendo livros infantis. Ela estabeleceu uma meta de ler a lista inteira de livros da Medalha Newbery (prêmio da Associação Americana de Bibliotecas para livros infantis de destaque). *Bud, not buddy*, de Christopher Paul Curtis, a fazia rir. Ela amava como os personagens no livro de Avi Crispin, *A cruz de chumbo*, e de Linda Sue Park, *A single shard*, ganhavam força interna à medida que as histórias se desdobravam. *Out of the dust*, de Karen Hesse, *Missing may*, de Cynthia Rylant, e *Dicey's song*, de Cynthia Voigt, estavam entre os seus favoritos. O padrão para seu poder pessoal próprio foi definido pelos livros que ela leu.

Ouvir música inspirava Joan. Ela baixou as canções específicas que ela apreciava e achava relaxantes.

Ela ajudou uma vizinha idosa lendo para ela à noite. Essa senhora amava Joan e podia contar com a sua companhia.

Joan aprendeu a ser grata por cada momento. Ela gostava do sol intenso sobre as montanhas vermelhas do deserto ao seu redor e ficava maravilhada com os dispositivos eletrônicos que tinha em sua cozinha para auxiliar na preparação da refeição. Ela começou a sentir prazer em ter tempo para ficar sozinha – sentir-se segura em sua própria companhia.

O maior presente que Joan recebeu nesse processo foi a recompensa da autoconsciência. Ela começou a sonhar por conta própria e a expandir suas metas. Ela é cautelosa com as amizades, mas está começando a desenvolver relacionamentos mais duradouros com homens e mulheres.

CONVERSA INTERIOR POSITIVA

Vera tinha dificuldade em tomar decisões. Ela dependia de sua amiga Mary para ajudá-la. Mary ficou noiva, e Vera se preocupava que Mary a deixasse. Ela sempre teve Mary para ajudá-la com tudo e não sabia como tomar uma decisão por conta própria.

Sua primeira tarefa quando ela começou a frequentar meu consultório foi descobrir todas as informações que podia sobre um assunto. Ela listou os prós e contras em uma folha de papel. Então, ela deu a si mesma tempo para pensar sobre o que seria melhor para ela.

Ela aprendeu o processo de tomada de decisão, mas, quando finalmente chegou a uma conclusão, ela imediatamente começou a se questionar. Ela era muito crítica consigo mesma, muitas vezes dispensando seus sentimentos e decisões.

A próxima tarefa com a qual Vera se comprometeu foi escrever declarações positivas sobre o seu progresso na tomada de decisão. Quando ela usou essa conversa interior positiva, conseguiu ver que tinha feito uma boa escolha, mas teve dificuldades em aquietar sua conversa interior negativa e seus sentimentos internos.

Eu pedi a Vera para listar os pontos positivos que ela via em si mesma. Ela não conseguia pensar em nenhum, então criamos uma nova estratégia.

É difícil ser tão gentil com nós mesmos como somos com os outros. Vera confiava em Mary de uma forma que não conseguia confiar em si mesma, mesmo que as duas mulheres fossem parecidas em muitos aspectos. Como Vera possuía um monte das mesmas características que Mary, tais como a capacidade de empatia com os outros e sua capacidade para trabalhar duro, ela não conseguia descobrir por que não era capaz de relacionar-se consigo da mesma forma positiva que ela se relacionava com Mary.

Vera fez uma lista de todas as coisas das quais gostava em Mary. Então, ela circulou os itens que eram semelhantes aos seus próprios atributos. Então, Mary passou a lista com ela e encontrou mais alguns.

Vera selecionou três características da lista que ela acreditava que poderia melhorar em si mesma:

- Ouvir a si mesma.
- Aceitar suas próprias ideias ao tomar uma decisão.
- Usar a conversa interior positiva.

Ela estabeleceu uma meta de fazer uma coisa da lista a cada dia, como ouvir a si mesma ou dizer algo positivo sobre si mesma. Ela sentiu que havia dominado os três itens depois de duas semanas, então escolheu mais três itens na lista para as semanas seguintes. Após seis semanas, ela podia ver seu valor e se sentia melhor sobre si mesma. Ela começou a sentir o seu poder interior. Ela definiu novas metas, confiante de que poderia alcançá-las.

Vera contou a outras pessoas sobre as suas metas e começou a usar lembretes para se manter no caminho certo. Ela colocava uma moeda no sapato para lembrá-la de se ouvir e ser gentil consigo mesma. Vera tinha um amigo no trabalho que decidiu usar seu método. Ele colocava uma moeda no sapato cada vez que dizia algo negativo sobre si mesmo. Logo o sapato dele se tornou tão pesado que ele não conseguia andar.

Se você se concentra no negativo, ele começa a aprisioná-la, como o casulo da lagarta.

Um viciado em doces no trabalho de Vera usava jujubas como lembretes. Ele começava com dez todas as manhãs. Se ele fosse positivo consigo mesmo, poderia comer as balinhas no almoço. Toda vez que ele era crítico consigo mesmo, ele tinha que dar uma jujuba de presente a um amigo. Ele logo aprendeu a ser positivo, porque queria aqueles doces para si mesmo.

Rodeada por amigos e pessoas que a apoiavam, incluindo ela mesma, Vera veio a conhecer sua própria mente e confiar em seu próprio julgamento.

> *"Você não pode simplesmente ficar sentado, esperando que as pessoas façam o seu sonho dourado virar realidade. Você precisa sair e fazer as coisas acontecerem sozinho."*
>
> – Diana Ross

IMAGEM CORPORAL

A maioria esmagadora das mulheres com quem trabalhei tinha uma imagem negativa do corpo. Uma cliente achava que seu nariz era feio. Outra dizia que os tornozelos dela eram grossos. Adolescentes magras se viam como pessoas gordas.

Você não é o seu corpo. Você é muito mais do que apenas seu corpo físico.

Uma cliente, Mandy, tinha uma personalidade bondosa e gentil. Ela era uma boa mãe, prestava serviço em sua comunidade e amava seus vizinhos. No entanto, Mandy se achava feia e gorda. (Ela usava um vestido manequim 48.) Não importava quanto os outros a elogiassem. As palavras que diziam entravam por um ouvido e saíam pelo outro. Enquanto ela não fosse capaz de gostar de si mesma, ela não conseguiria aceitar os elogios.

Mandy só foi capaz de se motivar a mudar ao ver que estava ensinando sua filha a ter uma ideia errada de si mesma e de sua imagem corporal. Ela queria que sua filha se sentisse bem consigo mesma, então ela definiu e começou a realizar algumas tarefas positivas para si mesma, para que ela também pudesse se sentir dessa maneira.

> *"É muito difícil colocar uma criança na direção certa, se essa não é a direção que você está seguindo."*
> – Autor desconhecido

Mandy cortou o cabelo e fez as unhas. Ela começou a se cuidar passando hidratante nas mãos e nos pés uma vez por dia. A imagem que ela tinha do próprio corpo era tão negativa que essa tarefa era difícil para ela. Assim que ela se sentiu confortável com isso, ela passou a hidratar a parte inferior das pernas e dos braços. A cada semana ela incluía outra parte do corpo. Foi um processo de mudança lento para Mandy, mas ela estava feliz com seu progresso.

É difícil alterar hábitos de pensamento e comportamento que seguimos a vida inteira. Isso não acontece da noite para o dia. É preciso motivação. Mandy está começando a compreender que ela é muito mais do que apenas seu corpo. Ela está cheia de amor, beleza e poder.

FOCO NOS OUTROS

É interessante notar que Vera e Mandy começaram seu processo de cura concentrando-se em outra pessoa. Vera focou nos atributos de sua amiga antes que pudesse ver o lado bom de si mesma.

Mandy começou seu processo de cura pela sua filha, não por ela mesma.

Explore as características das pessoas que você gosta de ter por perto. Liste as qualidades delas. Quantas você possui? Peça o feedback de um amigo confiável – alguém que não vai apenas agradá-la, mas que dirá as coisas boas sobre você honestamente. Agora, faça uma lista das suas próprias qualidades. A lista vai crescer à medida que você começar a levar a sério quem você é.

Lembre-se de que pássaros de mesma plumagem voam juntos. Nós tendemos a escolher amigos semelhantes a nós. Você provavelmente descobrirá que possui muitas das qualidades boas que seus amigos possuem.

Talvez existam alguns traços que você queira possuir, mas não tem. Como você pode começar a desenvolvê-los?

Defina uma característica nova e positiva sobre si mesma. Compartilhe a sua ideia com um amigo. Pratique-a até que ela se torne um hábito. Sinta gratidão por sua força recém-encontrada.

Por exemplo, se você quer ser mais sensível aos outros, que tipo de estratégias pode incorporar no seu programa?

- Visualize-se ouvindo de forma mais eficaz.
- Envie uma pequena nota de agradecimento a alguém por um trabalho bem-feito.
- Escreva uma mensagem de texto para elevar o moral de alguém.
- Defina várias metas pequenas que você possa alcançar diariamente.

Concentre-se em seus pontos positivos! Seja grata por quem você é e pelo que você é. A gratidão é um poderoso instrumento de cura. Use-a diariamente. Se eu começar cada dia com gratidão, ficarei feliz o dia inteiro. A gratidão lhe tará energia afirmativa de uma forma que fará sua alma se expandir.

ATRAIA COISAS POSITIVAS

Nós atraímos aquilo em que pensamos e acreditamos. Procure a ajuda de um mestre sábio. Quais são seus ensinamentos sobre acreditar em si mesmo?

> *"Se tu podes crer, tudo é possível ao que crê."*
> – Marcos 9:23

Use essa declaração ou encontre declarações semelhantes no sistema de crença escolhido por você.

Nossa pequena lagarta cresceu mais do que a sua pele protetora uma vez, duas vezes, e agora pela terceira vez. Ela continua crescendo e mudando, tornando-se mais do que jamais pensou que poderia ser à medida que avança em direção ao seu objetivo de tornar-se livre.

Você também acessa a energia positiva ao seu redor à medida que define seus objetivos e acredita em si mesma. Seus sonhos estão se tornando uma realidade, e sua visão está perto suficiente para ser tocada.

A FELICIDADE É A CHAVE DA PLENITUDE

Descrição dos Passos:
- Aprenda sobre si mesma.
- Mantenha um diário.
- Tenha uma conversa interior.
- Ouça a si mesma.
- Quais são seus medos?
- Desapegue-se deles.
- Liste os atributos de um bom amigo.
- Quantos deles você já tem?

- Quantos você quer desenvolver?
- Peça para um amigo conferir a sua lista.
- Concentre-se em várias características com as quais você deseja se sentir confortável.
- Elogie-se por aquelas que já possui.
- Use ativadores de memória.
- Você é infinitamente mais do que seu corpo.
- Mime-se.
- Dessensibilize sistematicamente a imagem negativa do seu corpo.
- Compartilhe suas metas com um amigo.
- Trabalhe em conjunto.
- Adicione novos atributos aos seus objetivos.
- A gratidão traz energia positiva.
- Acredite em si mesma.
- Defina metas.
- Sonhe.

Capítulo 8
Tomada de Decisões: Libertando-se da Confusão

Eu não consigo me decidir – eu me sinto confusa.

Muitas pessoas permitem que a confusão perturbe suas vidas e lhes traga energia negativa.

Eu tenho uma amiga que me pediu para encontrá-la no aeroporto quando ela voltou para casa de uma viagem à Flórida. Ela tinha tacos de golfe e bagagem para pegar. Eu concordei em esperar por ela no desembarque. Ela me mandou uma mensagem mudando de ideia e querendo que eu fosse para a área de entrega da bagagem para embarque, porque a distância para carregar sua bagagem era menor. Então, ela mudou de ideia novamente para o desembarque. Quando nós terminamos a conversa por mensagem, eu não sabia onde buscá-la. Eu perguntei a ela mais uma vez onde ela queria que eu a encontrasse, e ela me disse que no desembarque. Quando cheguei ao aeroporto e fui para a área de desembarque, ela não estava lá. Eu a encontrei na área de embarque.

CONFUSÃO GERA CRISE

Nós podemos complicar as coisas quando mudamos de decisão toda hora. Qual é a consequência por esse tipo de comportamento? Por que as pessoas fazem isso?

Esse padrão de pensamento mantém as pessoas em estado de crise, sem saber exatamente o que vai acontecer. Há um elemento de confusão que acompanha esse pensamento. Ele também mantém um fluxo de energia negativa. Isso a deixa presa de um modo que você não consegue acessar a energia positiva ao seu redor.

> *"São as nossas escolhas, Harry, que nos mostram quem realmente somos, muito mais do que as nossas habilidades."*
>
> – J. K. Rowling

Pessoas de pensamento "preto e branco" tendem a hesitar no momento de tomar uma decisão, porque elas têm receio de estar erradas. A verdade é que a maioria das decisões não são certas nem erradas. Se um grupo de pessoas fosse convidado a fazer escolhas individuais, muitas respostas variadas seriam dadas. Decida o que é melhor para você e siga o seu sonho.

INSEGURANÇA GERA HESITAÇÃO

Há muitas razões para a hesitação no processo de tomada de decisão, mas o medo e a insegurança encabeçam a lista. Você pode se sentir inadequada fazendo escolhas. Você pode dizer que suas escolhas não foram muito boas no passado.

Eu digo: pare de olhar para os pontos negativos. Você também fez algumas boas escolhas. Concentre-se nelas. Apesar de algumas das minhas escolhas não terem sido as melhores, elas me possibilitaram momentos de grande aprendizado. Eu aprendi mais com elas do que com as minhas boas escolhas.

Madison veio de uma família de alcoólatras. Seus pais eram divorciados, e ninguém se dedicou a ajudá-la a aprender a tomar boas decisões.

Madison contraiu dívidas de cartão de crédito quando era adolescente e não sabia como sair dessa situação. Quando ela começou a procurar soluções, encontrou um grupo de apoio chamado Devedores Anônimos. Ela aprendeu técnicas úteis das pessoas de lá e começou a cuidar melhor do seu dinheiro.

Em vez de continuar a se concentrar nas decisões inexperientes e irresponsáveis que havia tomado, ela olhou para o atual lado positivo das escolhas que fez. Ela era grata pelas lições que aprendera com suas escolhas ruins. Quanto mais ela se concentrava nas habilidades construtivas que aprendera, mais confiava em si mesma.

NECESSIDADE DE AGRADAR OS OUTROS GERA INCERTEZA

Algumas pessoas têm dificuldade em tomar uma decisão porque querem agradar a todos. Elas ficam em cima do muro e têm medo de escolher um lado.

Chloe veio de uma família de físicos: seu avô, mãe e irmão trabalharam no Departamento de Física em uma universidade nas proximidades. Chloe amava arte e queria seguir uma carreira em Design de Interiores, mas estava com medo de contar à sua mãe, porque sabia que ela não aprovaria.

Chloe se matriculou no curso de Design de Interiores na universidade sem que sua mãe soubesse. Ela geralmente contava tudo à mãe, por isso se sentia culpada por agir pelas suas costas — além do mais, todo mundo na escola conhecia a mãe dela, e alguém com certeza contaria. Chloe compartilhou seu problema com seu professor, e ele aconselhou a ela que fosse honesta. Ele conhecia a mãe dela e suspeitou que ela "surtaria no começo, mas depois se acalmaria".

Chloe estava com medo, mas decidiu seguir a sugestão do seu professor. Quando ela contou à mãe, ouviu "o sermão da vida dela". Ela foi para a cama aquela noite sem dormir, sentindo-se péssima. Como ela poderia seguir seus sonhos e ainda se dar bem com a mãe?

No dia seguinte, a mãe passou no quarto de Chloe e agradeceu a ela por ser honesta. A mãe disse que tentaria entender, mas que Design de Interiores não era "o negócio dela." As duas ouviram o que cada uma tinha a dizer e concordaram em discordar. Chloe sentiu um alívio inundá-la. Ser honesta tinha sido a melhor escolha. Agora ela podia compartilhar seu entusiasmo em relação à sua carreira com todos.

O PROCESSO DE TOMADA DE DECISÃO

> *"Boas decisões vêm da experiência, e a experiência vem de más decisões."*
>
> — Autor desconhecido

E se você não sabe o que quer? Há momentos em que eu me enquadro nessa categoria. Eu tenho que pensar sobre certas decisões por um tempo. Se eu listo os prós e os contras e me dou um pouco de espaço, eu geralmente descubro o que funciona para mim, mas isso leva algum tempo.

Olhe para o passado para ver qual tem sido seu padrão de tomada de decisão. Então, avalie sua situação atual no contexto do passado. Esse processo funcionará somente se você tiver uma visão positiva. Se o seu ponto de vista for negativo, você vai ficar presa em um ciclo descendente. Você tem que pensar positivamente para esse processo de avaliação funcionar.

Se a indecisão faz parte do seu padrão de pensamento, olhe para as consequências do comportamento. Se você se vê voltando ao pensamento preto e branco, ou se o medo e a insegurança a incomodarem, diga a si mesma para parar e mude seu pensamento para o positivo.
- Pense em todas as possíveis soluções.
- Considere cada ideia separadamente.
- Estude os prós e contras de cada uma.
- Escolha a melhor ideia para você.

Isso pode parecer tedioso no início, mas é uma boa maneira de mudar seu padrão de pensamento e se tornar uma pessoa centrada em soluções. A seguir, temos algumas das muitas maneiras de concluir esse processo:
- Faça uma lista em um pedaço de papel.
- Mantenha um diário de seus pensamentos.
- Tenha uma discussão em sua cabeça. Represente tanto os prós quanto os contras.
- Fale em voz alta, olhando no espelho.
- Discuta o processo com um ente querido ou um amigo.
- Tome uma decisão e siga em frente com ela.

Comemore sua bondade e seu poder. Saiba que você tem a força interior para tomar grandes decisões. Eu amo o compromisso que Katie e Lana fizeram para se concentrar na energia positiva de se sentirem gratas por suas bênçãos. Essa é uma ferramenta poderosa para manter a energia otimista à frente da sua vida. As bênçãos fluirão até você.

Força e confiança envolvem nossa lagarta. A metamorfose está quase completa. Ela muda uma quarta vez. Quando moscas e outros insetos a incomodam, ela os espanta com suas antenas. Coisas que a deixariam aborrecida no passado agora são resolvidas com nada mais do que um movimento de suas antenas.

Você, do mesmo modo, está se modificando e crescendo com o sucesso de livrar-se da confusão e seguir em frente com a sua vida. A alegria da realização e da energia positiva é sua.

A AUTOCONFIANÇA É A CHAVE PARA A REALIZAÇÃO

Descrição dos Passos:
- Escreva os momentos de indecisão em seu diário.
- Procure padrões.
- Descubra qual é a consequência do seu comportamento:
    - Crise
    - Confusão
    - Fluxo contínuo de energia negativa
- Interrompa os seus pensamentos.
- Pense em soluções.
- Liste os prós e contras de cada uma.
- Torne-se uma pessoa concentrada em soluções.
- Tenha uma discussão em sua cabeça.
- Fale consigo mesma no espelho.
- Preencha sua vida com os pontos positivos de suas escolhas.
- Inclua gratidão e bênção nas decisões que tomar.

Capítulo 9
Tomada de Decisões: Autoconfiança

*Eu não quero depender dos outros
para tomar minhas decisões.*

DECISÕES RELACIONADAS AO DESENVOLVIMENTO

A tomada de decisão é um processo que começa na infância. Se uma criança aprende a tomar decisões simples quando jovem, como a escolha de suas roupas, ela desenvolverá um padrão de pensamento voltado para soluções que vai ajudá-la mais tarde na vida. Permita que uma criança tome tantas decisões quanto possível. Deixe-a escolher seus próprios livros na biblioteca, o tipo de legumes que ela quer na mercearia, o tipo de acompanhamento que ela vai comer no almoço e o jogo que ela quer jogar. Cada decisão que ela tomar vai construir sua autoestima, especialmente se ela souber que há um adulto afetuoso que valoriza a sua opinião. Se você tiver dúvidas sobre esse assunto, busque um guia de paternidade que atenda às suas necessidades. Há muitos livros excelentes disponíveis.

Sophie, a filha de três anos de Wanda, adorava vestir fantasias. Wanda deu à sua filha toda uma gaveta de fantasias que ela poderia trocar quantas vezes quisesse por dia. No entanto, Sophie sabia que, nos dias de pré-escola, ela não podia usar fantasias. Ela tinha roupas da escola para escolher. (Esse padrão funcionou para Wanda, mas eu sei que algumas mães não se importam se os seus filhos usam fantasias para a pré-escola. Encontre o caminho que é melhor para você.)

O filho de Elizabeth, Jeffrey, amava Legos. Ele passava horas construindo torres, carros e aviões, procurando a peça exata de que precisava para um determinado projeto que estava criando. Às vezes, Elizabeth ajudava Jeffrey a encontrar o bloco específico de que ele precisava para concluir um projeto. Esse jogo implicava muitas tomadas de decisão, o que Elizabeth reforçava incentivando as escolhas de Jeffrey.

As crianças percebem os nossos padrões de comunicação. Se você for indecisa, seu filho vai aprender a sua hesitação. Se você for um modelo de boas tomadas de decisão, seu filho vai seguir o exemplo.

Domingo de manhã costumava ser um desastre na casa de Tami. Várias de suas filhas adolescentes não conseguiam decidir o que vestir para a igreja. Elas discutiam os prós e contras de dezenas de roupas todos os domingos. Elas ouviam o conselho umas das outras e, em seguida, discutiam sobre cada peça de roupa. Elas trocavam roupas e sapatos, depois trocavam novamente.

Tami permitia que as meninas tomassem suas próprias decisões e não chegava a entrar em conflito. Elas tinham idade suficiente para resolver as coisas por si mesmas. Tami me confidenciou que pensou que ficaria louca antes que terminasse de criar as meninas.

As adolescentes muitas vezes compartilham roupas umas com as outras. É uma boa maneira para que elas decidam do que realmente gostam e aprendam a tomar decisões. É um momento de conexão para elas.

*A autorrealização se desenvolve
conforme você é capaz de definir a si mesmo
no contexto das relações com os outros.*

As filhas de Tami cresceram e se tornaram mulheres responsáveis, que sabem o que querem e aprenderam a arte da tomada de decisão – e Tami sobreviveu ao processo.

Os jovens adultos precisam de tempo para explorar e experimentar diferentes caminhos. Isso significa as escolhas de carreira, relacionamentos, hobbies e opções filosóficas. Há muito no mundo para explorar antes de sua própria sabedoria interior levá-los por um determinado caminho na vida.

GRANDES DECISÕES

Existem grandes decisões a tomar. Por exemplo:
- Que faculdade frequentar.
- Que vocação seguir.
- Com quem se casar.
- Que casa comprar.

Para grandes decisões, reúna o máximo de informação possível. Leia tudo o que puder sobre o assunto e peça a opinião dos outros. Estude a situação minunciosamente. Mais importante ainda, demore o tempo de que precisar. No processo de tomada dessas decisões, você acaba conhecendo a si mesma.

Eu tive uma cliente, Cary, com seus quase quarenta anos, que não conseguia decidir se queria se casar ou não. Ela encontrou um homem gentil e se apaixonou profundamente, mas ela tinha vários amigos com visões diferentes sobre o casamento dando conselhos a ela. Uma amiga tinha acabado de sair de um divórcio difícil e aconselhou Cary totalmente contra o casamento. Ela achava que morar junto seria a melhor opção. Outra amiga era romântica e disse a Cary que o casamento significava "felizes para sempre". Uma terceira amiga disse a Cary que ela havia passado seu auge e definido seus caminhos, portanto não deveria pensar em casamento, porque ela não seria capaz de se adaptar a um novo estilo de vida.

Na terapia, Cary explorou os prós e contras de sua decisão e foi capaz de escolher por si mesma. Ela e seu namorado leram e conversaram sobre o que eles queriam e esperavam em um casamento. Eles descobriram que tinham muito em comum.

Cary podia ver que cada uma de suas amigas via o mundo de forma diferente, de acordo com as suas próprias experiências. Acontece que ela também tinha suas próprias experiências e pontos de vista sobre o mundo, e precisava decidir por si mesma.

É ótimo ouvir aqueles ao seu redor, mas certifique-se de encontrar as diferenças entre o seu mundo e o de seus conhecidos. Durante esse processo, Cary aprendeu a definir-se no contexto de suas relações com os outros.

"Esteja disposto a tomar decisões. Essa é a qualidade mais importante de um bom líder."

– General George Patton

DECISÕES DIÁRIAS

Contar com os outros para decisões diárias a invalida como pessoa. Você pode ficar presa e ser incapaz de crescer se permitir que outros tomem suas decisões para você.

Ella não conseguia se decidir sobre coisa alguma. Seu marido escolhia suas roupas de manhã. Ela deixava os outros decidirem onde ela iria almoçar. Ela levou meses para decidir sobre um carro novo, porque seu pai lhe disse que um SUV seria melhor, mas o marido queria que ela comprasse um carro esportivo para que ele pudesse dirigi-lo. No supermercado, ela estudava o corredor de shampoos por trinta minutos, tentando decidir qual tipo seria "certo" para ela.

Ella se sentia deprimida, impotente e com raiva.

Qual era a consequência por permitir que os outros tomassem as suas decisões? Ela não precisava assumir a responsabilidade por suas ações. Ela poderia sempre culpar alguém se as coisas não saíssem ao seu gosto. Ela se mantinha em um estado negativo e impotente de confusão.

A cura desse tipo de comportamento negativo deve começar com autoconfiança e sabedoria interior.

AUTOCONFIANÇA

Ella não aprendeu a confiar em si mesma quando era jovem. Uma mãe controladora e um pai ausente não ajudaram a autoestima de Ella. Ela estava na casa dos quarenta anos quando veio a realmente conhecer e defender a si mesma. Foi um processo em etapas a partir de então.

Mais ou menos nessa mesma época, Ella começou a fazer um curso de ensino superior. Ela tinha uma grande professora na faculdade que lhe disse que ela escrevia trabalhos bem elaborados. Ela podia ver a sabedoria de Ella, apesar de Ella não conseguir enxergá-la. Ella começou a ouvir quando sua professora lhe disse que ela tinha ideias valiosas. Ela deixou que isso entrasse em seu ser. Quando ela se livrou da prisão da insegurança e aceitou os elogios de sua professora, conseguiu aceitar o amor de outros lugares também. Ela sempre soube que o marido tinha carinho por ela, mas agora ela começou a se permitir ser amada. Ela começou a dizer "obrigada" às pessoas na sua igreja quando a elogiavam.

Conforme sua autoconfiança crescia, Ella aprendia sobre si mesma – uma decisão de cada vez. Ela escolhia suas próprias roupas de manhã e encontrou um shampoo do qual gostava. Com cada escolha, Ella confiava mais e mais em si mesma.

> *"Liberdade, afinal, é simplesmente ser capaz de viver com as consequências de suas decisões."*
> *– James Mullen*

À medida que você se tornar mais proativa em suas decisões diárias, você vai aprender a confiar em si mesma e a se sentir confiante em seu julgamento. Você vai passar a saber as coisas que quer e as que serão melhores para você.

A REGRA DAS 24 HORAS

Ao tomar uma decisão por mim mesma, eu escuto o que os outros têm a dizer. Então, eu uso a regra das 24 horas. Eu me dou tempo para deixar que as ideias se apurem dentro de mim por 24 horas antes de tomar uma decisão. Eu sei que não sou boa em julgamentos precipitados. Eu preciso levar algum tempo para pensar e refletir sobre as minhas escolhas.

Se você é bom em pensar rapidamente e fazer julgamentos razoáveis no calor do momento, isso é maravilhoso. Muitas pessoas funcionam dessa forma – eu só sei que *eu* não. Em vez de me martirizar porque não consigo tomar decisões rápidas, eu me dou permissão para digerir as ideias por um tempo até que eu possa realmente pensar e decidir.

Eu discuto os prós e contras comigo mesma e confiro todas as possibilidades. Depois, eu deixo a ideia correr pela minha mente por 24 horas. Durante esse tempo, eu sou capaz de ter outras ideias que eu não teria pensado se tivesse tomado uma decisão precipitada. Então, armada com informações precisas, eu faço minha escolha.

SABEDORIA INTERIOR

Se você puder permitir a energia positiva e a paz dentro de você, você será capaz de acessar a sua sabedoria interior. Encontre um lugar confortável para se sentar ou deitar. Visualize os músculos do seu corpo relaxando. Comece com seus dedos dos pés e faça o caminho ao longo do seu corpo através de seus tornozelos, suas pernas, etc. até alcançar o topo da sua cabeça. Respire fundo, permitindo que sua mente tome consciência do seu relaxamento.

Crie um lugar seguro em sua mente. Pode ser em uma área com grama macia sob uma árvore frondosa, ou um sofá branco confortável em um belo quarto.

Agora, encontre um guia interior nesse local seguro. Pode ser uma pessoa de confiança ou um líder religioso em quem você confie. Deixe essa pessoa caminhar em direção a você. Saúde essa pessoa e diga a ela que aprecia a sua visita. Imagine-se sentada em seu lugar seguro com esse mentor. Compartilhe o seu problema. Discuta os prós e contras. Permita que o seu guia interno compartilhe sua sabedoria sobre o assunto. Então, pergunte a essa pessoa de confiança o que você deve fazer.

Essa experiência deve trazer um sentimento de liberdade e paz, sem apreensão alguma. Se você estiver ansiosa, interrompa o processo e tente novamente mais tarde, quando se sentir mais em paz. Esse guia interno deve ser alguém ou algo em que você confie e que você valorize.

Conheça o seu guia interno. Crie a visualização vezes suficientes para que você construa uma relação estreita com essa pessoa ou objeto. Escute a sua sabedoria interior. À medida que você usar o processo imaginário descrito acima, você acessará a sua divindade.

Depois de seu devaneio, escreva os seus pensamentos em um diário e revise-os com frequência. Escrever vai ajudá-la a extrair mais detalhes dessa experiência. Discuta as coisas que você aprendeu consigo mesma. Peça a um amigo de fora ou companheiro para escutar enquanto você compartilha as coisas que descobriu.

Como terapeuta, eu me tornei o guia interior para algumas das minhas clientes até que elas tivessem confiança suficiente para se conectarem com sua própria sabedoria. Uma mulher que fazia terapia comigo se mudou para fora do estado. Vários anos depois, eu a vi em uma conferência, e ela disse que estava bem. Ela disse que, sempre que tinha um problema, dizia a si mesma: "Que percepção a Christy gostaria que eu tivesse dessa situação?" ou "Como a Christy me ajudaria a lidar com isso?". Ela me usou como a voz dela, mas ela realmente era o guia e o tomador de decisões por si mesma. Ela tinha o conhecimento dentro dela o tempo todo.

FAZENDO ESCOLHAS

Para fazer uma escolha, primeiro defina a questão. Liste todas as possíveis soluções ou resultados. Adquira tanto conhecimento sobre a questão quanto possível fazendo pesquisas sobre o assunto e pergunte a opinião das pessoas ao seu redor. Restrinja a lista de soluções a várias opções específicas que pareçam melhores para você. Então, acesse a sua própria sabedoria através de seu guia interior e escute o que ela tem a dizer. Depois, escreva o processo em seu diário e dê um tempo a essas soluções antes de decidir.

Nossa lagarta cresce confiante. Ela envolve com uma substância sedosa e delicada o ramo onde seu casulo estará pendurado em breve. Ela muda pela quinta e última vez, criando uma crisálida para proteger seu refinamento final. Dessa vez, ela aprendeu a confiar em si mesma e em seu processo. Seu objetivo de liberdade está à vista.

Você também está cheia de confiança, agora que chegou até as profundezas de sua alma, e confia em si mesma para tomar boas decisões, que vão guiá-la em direção à existência que você sempre sonhou.

A SABEDORIA INTERIOR PROPORCIONA O MELHOR DE VOCÊ

Descrição dos Passos:
- Defina a questão.
- Liste todas as soluções possíveis.
- Pesquise a questão minunciosamente.
- Peça feedback aos outros.
- Escute a sua sabedoria interior.
- Discuta a situação com você mesma e seu guia interior.
- Restrinja a sua lista de soluções às que parecem melhores.
- Dê a si mesma um dia para pensar no assunto.
- Tome sua decisão.

Capítulo 10
Honestidade Pessoal

*Eu não quero ser desonesta comigo mesma
ou nos meus relacionamentos.*

Às vezes as pessoas dizem: "Eu não sei o que eu quero". Saiba quem você é, para que não use essa frase como uma desculpa. Ser honesta consigo mesma significa assumir a responsabilidade por sua vida.

Às vezes as pessoas não compartilham seus sentimentos porque pensam: "Meu cônjuge não me escuta". Isso também é uma desculpa. Se você olhar para dentro, geralmente descobrirá que é o medo que a impede de compartilhar, não as outras pessoas. Diga aos outros como você se sente. Deixe que eles saibam seu ponto de vista.

Seja sincera com aqueles ao seu redor, mas, acima de tudo, seja sincera com você mesma.

HONESTIDADE NOS RELACIONAMENTOS

Se você for honesta em sua comunicação com os outros, eles vão saber em que posição estão em relação a você, e você será uma pessoa segura de se ter por perto. Eles não vão precisar adivinhar. Mas nem todo mundo é assim. Algumas pessoas mantêm seus sentimentos trancados dentro de si, deixando que eles apodreçam, para que os outros não estejam cientes do que está acontecendo na relação.

Jolyn queria o divórcio. Ela e o Hugo estavam casados há 25 anos, mas ela não se sentia mais ligada a ele. Não havia proximidade no relacionamento deles. Ela cuidou da casa e criou seus dois filhos praticamente sozinha, e agora era responsável por todas as tarefas domésticas, mesmo que os dois trabalhassem.

Hugo estava em pânico. Ele não conseguia entender por que Jolyn queria se separar.

Quando o casal conversou, Jolyn disse que se sentiu desvalorizada durante anos e deixou que o ressentimento crescesse dentro dela. O mínimo que Hugo poderia fazer era ajudar com a louça e a roupa.

Hugo disse que estava mais do que disposto a ajudar, se Jolyn dissesse a ele o que fazer. Jolyn ficou chateada com essa postura. Ela não queria ter que dizer a ele o que fazer; ela queria que os dois trabalhassem juntos. Hugo estava disposto a fazer o que fosse preciso para salvar seu casamento.

Perguntei a Jolyn o que tinha acontecido em sua vida que lhe dera a força interior para pedir uma mudança. Ela disse que durante anos tivera medo de que o marido a deixasse se ela fosse honesta. Afinal, seus pais se divorciaram quando ela era jovem.

Ela tinha completado um curso de pensamento positivo recentemente e encontrou a confiança de que precisava para se desapegar de seus medos de comunicação. A segunda razão pela qual ela se sentia mais poderosa para pedir mudanças era que ela tinha um emprego em tempo integral como designer de interiores, assim ela poderia se sustentar se estivesse sozinha. Eu perguntei a ela quais das razões a influenciou mais na sua decisão. Ela disse que ambas eram catalisadoras. Ela precisava de coragem interna, mas também precisava saber que poderia cuidar de si mesma se Hugo se recusasse a escutá-la.

Jolyn pensava que Hugo não a ajudaria. Pensar assim leva a mal-entendidos, brigas e, às vezes, o desastre do divórcio. É muito mais saudável compartilhar seus sentimentos e permitir que o seu parceiro responda. Não tome uma decisão até que tenha tentado. Jolyn aprendeu que Hugo estava completamente disposto a aceitar mais responsabilidades em casa. Ele só precisava saber quais eram as suas expectativas e do que ela precisava.

Levou várias semanas para que a perspectiva de Jolyn mudasse. Ela descobriu que a questão mais profunda para ela era a parceria. Ela queria alguém para ser seu companheiro. Ela tinha se sentido solitária em seu relacionamento e queria uma mudança.

Jolyn e Hugo aprenderam algumas habilidades de comunicação na terapia. Ela começou a compartilhar seus sentimentos, e ele realmente começou a ouvir. Conforme o casal conversava, Jolyn encontrava a proximidade que ela queria. Eles começaram a fazer coisas juntos como quando estavam namorando: esqui, trilhas, cinema e dança country.

Jolyn disse que se sentia como uma menina de escola novamente, só que dessa vez se apaixonar tinha um significado mais profundo para ela, porque ela era capaz de compartilhar de si mesma.

O amor-próprio leva ao amor pelos outros, e esse amor retorna cem vezes maior.

Você pode ser quem precisa compartilhar seus sentimentos em sua relação, como foi o caso de Jolyn. Mas e se as circunstâncias estiverem invertidas? Talvez você sinta como se o seu parceiro não estivesse sendo honesto ou aberto com você. O que você pode fazer nessa situação?

Lorraine entrou na terapia intrigada, porque ela sentia uma distância no relacionamento com o marido. Ele se juntou a ela na terapia e concordou em fazer todas as tarefas dadas a ele, mas as coisas não melhoraram. Na verdade, ele queria sair de casa. Lorena ficou arrasada e não sabia o que tinha feito. Suas ações eram inexplicáveis. Quando ela perguntou a ele se estava tendo um caso, ele disse que só queria um tempo para ficar sozinho.

Várias semanas depois que ele saiu de casa, ela o seguiu do trabalho e o encontrou morando com outra mulher. Ela descobriu que ele tinha sido infiel durante vários meses, mas não tinha sido honesto, mesmo quando ela pediu.

Uma vez que ela descobriu a verdade, ela foi capaz de seguir em frente.

Lorraine fez terapia por tempo suficiente para lamentar o fim de seu casamento. Conforme procurava padrões em seus casamentos anteriores, ela pôde ver que ela e seus parceiros escolhidos entravam em relacionamentos e saíam deles tendo casos. Ela teve um caso quando era casada com seu primeiro marido. Ele tinha se divorciado dela, e ela tinha se casado com o homem com quem ela estava envolvida na época. Seu segundo marido teve um caso alguns anos mais tarde. Após o seu divórcio, Lorraine envolveu-se com seu terceiro marido enquanto ele ainda era casado. Ele deixou a esposa para se casar com ela. E agora, ele tinha acabado de ter um caso. Cada um dos seus casamentos durou apenas cerca de quatro ou cinco anos, terminando com um dos parceiros sendo infiel.

Lorraine queria uma relação permanente com alguém que ela pudesse amar em longo prazo. (Os pais dela haviam sido casados por cinquenta anos.) Ela começou a namorar um viúvo que tinha perdido sua esposa depois de 25 anos de casamento. Eles se apaixonaram, e ela sabia que ele seria fiel a ela, porque ele tinha sido fiel em seu primeiro casamento.

Ser capaz de ver o padrão em seus três primeiros casamentos deu a ela o conhecimento de que precisava para escolher um caminho diferente. Ela e o marido atual são honestos um com o outro. Eles são capazes de compartilhar seus sentimentos e estão felizes.

> *"A honestidade é o primeiro capítulo no livro da sabedoria."*
>
> – *Thomas Jefferson*

MANTENHA O PODER EM SEUS RELACIONAMENTOS

A falta de honestidade pode assumir outras formas também. Você pode desistir do seu poder, permitindo que aqueles ao seu redor escolham por você.

Vanessa era casada com um homem gentil que dominou a vida dela de forma sutil. Meu marido e eu fomos jantar com eles uma noite. Quando Vanessa terminou sua refeição, ela dobrou o guardanapo em um retângulo, depois em um quadrado, e colocou-o ao lado do prato dela. Seu marido acariciou seu ombro e gentilmente pegou o guardanapo dobrado de Vanessa, sacudiu-o e dobrou-o em um triângulo.

Quando ficamos sozinhas, perguntei a ela sobre o incidente do guardanapo. Ela disse: "Ele sempre faz coisinhas pequenas como aquela por mim. Ele acha que são gentilezas, mas elas me fazem sentir como se eu não conseguisse fazer as coisas direito". Ela queria dizer algo a ele, mas não queria desprezar a sua bondade. Eu perguntei a ela o que aconteceria se ela dissesse ao marido que queria dobrar o próprio guardanapo. Ela deu de ombros e disse que não faria a menor diferença.

Vanessa não tinha que tomar suas próprias decisões. Elas eram tomadas por ela. Ela poderia optar por sair desse padrão de comunicação se ela encontrasse sua coragem interior, mas ela não o fez.

Seu marido era um homem muito calmo, doce e gentil. Como ela poderia reclamar disso? Conforme o tempo passava, eu a via tornar-se cada vez mais indecisa e passiva. O marido dela pensava cada vez mais por ela.

O que aconteceria se Vanessa dissesse ao marido que se sentia controlada? Ela poderia dizer, de seu jeito bondoso e calmo, que ela queria que seu guardanapo continuasse dobrado da forma que ela havia feito? Será que ele ouviria? Não sabemos a resposta para essas perguntas.

Se Vanessa dissesse como se sentia, isso iria fortalecê-la e dar mais confiança a ela. Ela pensava que o marido não ouviria, mas, se ela fosse firme, ela seria ouvida. Ele é um homem bom, que provavelmente ouviria se ela lhe dissesse como se sentia. Ela não precisa gritar ou mostrar raiva. A honestidade daria força a ela. Muitas pessoas não percebem o poder que elas têm em seus relacionamentos.

Quando você está com outra pessoa, como você se sente quando ela apenas "concorda" com o que você quer? Eu me preocupo quando estou nessa situação, porque eu sinto que tenho que adivinhar os sentimentos da outra pessoa. Seria melhor se ela me dissesse o que ela quer, e depois nós trabalhássemos juntos em direção a isso. Casais precisam equilibrar um ao outro através da partilha de responsabilidade na tomada de decisão.

Honestidade consigo e com os outros gera confiança.

HONESTIDADE E INTIMIDADE

Jolyn e Hugo desenvolveram uma relação mais próxima, porque eles aprenderam a ser honestos un com o outro sobre os seus sentimentos. Lorraine se sentiu melhor quando descobriu o caso do marido. Mesmo que a informação fosse dolorosa, ela estava feliz por ter descoberto, para que pudesse seguir em frente com sua vida. Segredos familiares nos mantêm presos. Vanessa estava com medo de se aproximar de seu marido. Ela preferiu deixar o relacionamento como era, mantendo a distância que parecia confortável para ambos.

A honestidade atrai os outros para nós.

Tire algum tempo para olhar para os seus próprios medos e ver se eles a impedem de ser honesta em seus relacionamentos. Uma comunicação clara leva tempo e introspecção cuidadosa. Se você declarar seus sentimentos sobre algo, não precisa ser conflituosa.

Por exemplo:
- "Eu me sinto sozinha quando você trabalha até tarde, porque não tenho com quem conversar de noite."
- "Eu estou exausta porque trabalhei o dia inteiro. Eu preciso descansar alguns minutos, então vamos fazer o jantar juntos."
- "Eu me sinto _____ a respeito de _____ porque _____."

DÊ A SI MESMA TEMPO PARA PENSAR

Outra razão pela qual as pessoas abdicam de sua honestidade na tomada de decisões é porque elas não pensam rapidamente e têm dificuldade em fazer julgamentos de maneira instantânea. Normalmente, pessoas assim são maleáveis e precisam de tempo para pensar, a fim de saber o que realmente querem.

A honestidade em seus relacionamentos pode se estender aos amigos e colegas fora de um casamento ou parceria. Mas dizer aos outros como você se sente no trabalho ou em uma festa também pode ser desconfortável.

Um grupo de amigas adorava ir almoçar uma vez por mês, e elas se revezavam para decidir onde iriam comer. Todas tinham uma escolha – até que chegava a vez de Molly. Ela não conseguia escolher um restaurante. As amigas esperavam pacientemente, mas alguém finalmente acabava escolhendo por ela. Isso aconteceu várias vezes, até que sua melhor amiga a puxou de lado e sugeriu que ela procurasse aconselhamento.

Durante toda a vida de Molly, ela dera continuamente aos outros a liberdade de escolher por ela. Ela dizia que não se importava com um monte de coisas e que era mais fácil deixar que os outros decidissem.

Ela aprendeu que não estava sendo responsável por si mesma. Ela tinha se permitido ser como uma criança, deixando que os outros tomassem decisões por ela e, às vezes, culpando os outros por fazer suas escolhas.

DECISÕES CORRETAS

O pensamento preto e branco pode causar hesitação na tomada de decisão. Aqueles que se preocupam em estar certos ou errados têm dificuldade em estabelecer um plano de ação. Eles pensam em declarações "e se" – geralmente negativas – que não fazem sentido, já que nenhum de nós pode prever o futuro.

Se pedíssemos a um grupo de pessoas que tomasse uma decisão, provavelmente obteríamos respostas diferentes de quase todos. É ótimo que tenhamos escolhas e ainda mais maravilhoso que possamos aprender com elas.

Molly hesitava em tomar decisões porque ela tinha receio de fazer uma escolha incorreta. E se o restaurante não servisse comida de que ela e as amigas gostassem? Ela temia a falha e não confiava em si mesma.

Ela descobriu que precisava de tempo para explorar suas opções. Ela queria decidir por si mesma, mas levava um tempo para resolver as coisas. Molly precisava de um dia para estudar as ideias — para se sentir confiante de que tinha analisado a questão e sabia o que sentia que seria melhor. Quando ela se deu permissão para deixar as ideias cozinharem, como um bom guisado, ela ficou muito mais feliz. Ela decidiu que, da próxima vez que tivesse que escolher o lugar para o almoço mensal das amigas, pensaria por alguns dias antes e tomaria sua decisão com antecedência.

Molly estava empolgada na primeira vez que sugeriu um lugar para almoçar. Foi difícil no começo, mas agora ela adora fazer isso.

Ao ser honesta consigo mesma, você pode trazer confiança e poder para si e para seus relacionamentos. A autoestima aumenta conforme você começa a se conhecer melhor. É uma bênção maravilhosa compartilhar quem você é com aqueles que a rodeiam. Eles aprendem sobre o seu íntimo quando você começa a compreender a si mesma.

A lagarta começa o processo de último revestimento – a proteção contra elementos externos – para que ela possa realizar a parte final da magia criativa: tornar-se livre.

Agora que você é honesta consigo mesma e conhece a sua força interior, você pode desfrutá-la com os outros. Você é cercada de luz e energia, como em um casulo, sendo refinada mais do que você jamais pensou ser.

HONESTIDADE INTERNA LEVA À FELICIDADE EXTERNA

Descrição dos Passos:

- Anote em um diário a sua honestidade consigo mesma por duas semanas.
- Liste sua comunicação honesta com os outros por duas semanas.
- Escreva sobre sua falta de honestidade:
    - Medo da perda nos relacionamentos
    - Hábito
    - Preguiça
    - Abdicação da responsabilidade
    - Falta de autoconfiança
    - Não sei o que eu quero
    - Não consigo tomar decisões em cima da hora

- Enfrente o seu medo:
    - Conversa interior positiva
    - Mudança de comportamento
    - Pense em soluções
    - Use a regra das 24 horas
    - Reduza a lista a opções possíveis
- Pratique a mudança do seu padrão.
- Sinta a energia positiva e o poder de sua nova liberdade.
- Ofereça gratidão pelas bênçãos de ser capaz de tomar decisões.

Capítulo 11
Sendo Autossuficiente

Eu não quero sentir que nunca sou boa o suficiente.

Você já esteve perto de alguém que sentia que sua vida nunca era boa o suficiente? Que sempre faltava algo? Eu tinha uma amiga que encontrava algo de errado em sua vida constantemente. Ela poderia ter recebido o mundo de bandeja, mas ainda sentiria um vazio de alguma forma.

E quanto a você? Você sente como se nunca fosse boa o suficiente? Você encontra o negativo mesmo em uma situação positiva?

VEJA O LADO BOM DOS OUTROS

Erin, uma adolescente jovem e bonita, veio para a terapia. Ela e a mãe não se davam bem. Quando a mãe foi convidada para uma sessão com Erin, ela foi crítica com a filha. Ela não achava nada de bom para dizer sobre Erin.

Eu pedi a ela que fosse para a sala de espera até que ela pudesse dizer algo positivo sobre Erin. Ela nunca voltou para a sessão de terapia.

É muito triste que essa mãe não pudesse ver coisas boas em sua adorável filha. Que situação dilacerante. Uma mulher jovem e bela, na flor da idade, queria o amor de sua mãe, mas ele não estava disponível para ela. A história de Erin não tem um final feliz. Ela fugiu de casa quando fez dezoito anos para viver com um namorado após o outro. Eu perdi o contato com ela desde então, mas não consigo pensar nela sem tristeza. Eu desejo o bem dela e lhe envio frequentemente energia positiva através de meus pensamentos.

Uma amiga minha estava preocupada com a filha adulta, Sue. Ela tentou fazer o máximo que pôde por Sue, porque ela a amava. Ela ouvia quando Sue falava por horas sem oferecer conselhos, mas ela me disse que Sue só reclamava e nunca era grata. Quando ela foi visitá-la, Sue culpou a mãe pelo rumo que a vida dela tinha tomado e a situação em que ela estava.

Essa é uma versão simplificada e com base em apenas um ponto de vista dos problemas complexos nessa família, e apenas uma conversa interior positiva não resolveria seus problemas. No entanto, o pensamento otimista foi uma faceta importante da mudança que precisava ser feita.

Como consequência desse tipo de atitude negativa e carente, você pensa que pode culpar os outros pelos seus problemas. Aqueles com essa mentalidade acreditam que não são responsáveis por seu comportamento ou si mesmos.

RESPONSABILIDADE PESSOAL

Como Erin e Sue podem encontrar a felicidade?

Elas podem começar assumindo a responsabilidade pessoal por suas situações e por elas mesmas. Essas garotas são um produto das suas famílias. As duas podem escolher ficar presas nos lugares em que se encontram, ou podem optar por mudar as suas circunstâncias. Erin recebe pouco amor, enquanto Sue tem muito, mas não o deixa entrar. Erin teria absorvido qualquer amor que sua mãe tivesse para dar. Sue rejeitou o amor que sua mãe lhe deu. Tanto Erin quanto Sue precisam assumir o controle de suas próprias vidas.

Nós recebemos famílias como um presente precioso. É triste quando não vemos coisas boas no outro. Avalie o seu relacionamento com a sua família para ver se você pode melhorá-lo. Pessoas como a mãe de Erin não estão disponíveis, então Erin pode precisar encontrar o amor maternal de uma tia, uma vizinha ou uma mentora sábia. Sue pode ser honesta com sua mãe e dizer a ela como se sente. Ela e a mãe podem trabalhar juntas para deixar o carinho entrar em suas vidas.

Esteja aberta para encontrar o amor e o carinho quando for a hora. Seja de um membro da família ou de um amigo, dê e receba amor.

ENERGIA POSITIVA

Todos nós prosperamos quando estamos rodeados por energia positiva. Veja o potencial em si mesma e naqueles ao seu redor, e você vai crescer. Nutra a si e aos outros com otimismo, gratidão, amor e carinho. Crie um ciclo de energia positiva em sua vida: dê amor, e ele voltará para você. Sinta o amor que vem até você, e você vai querer dar mais amor.

> *"Apenas o amor pode ser dividido infinitamente e, ainda assim, não diminuir."*
> *– Anne Morrow Lindbergh*

ENERGIA INTERIOR POSITIVA

Talvez a crítica não venha dos outros; ela pode vir de dentro de você. Talvez você não sinta que fez o seu melhor até agora – não importa. O importante é que você se responsabilize por estar onde está neste momento em sua vida. Agora você está pronta para fazer escolhas positivas e ser gentil consigo mesma.

MUDE O HÁBITO DE PENSAR NEGATIVAMENTE

O pensamento negativo é um hábito que aprendemos com aqueles ao nosso redor conforme crescemos, ou talvez nós mesmos o desenvolvamos ao longo dos anos. O importante é como podemos mudá-lo: com a interrupção do pensamento. Eu gosto de dizer "PARE" na minha cabeça, porque isso interrompe o padrão de pensamento negativo e me permite substituí-lo por um positivo.

Às vezes eu estou com raiva e não tenho vontade de substituir a minha atitude negativa. A gratidão é um amaciante emocional para mim. Eu digo "PARE" na minha cabeça e começo a minha lista de gratidão. Em poucos minutos, eu tenho energia positiva suficiente correndo através de mim para que eu me sinta otimista.

A gratidão é a maior ferramenta que eu tenho quando se trata de sair de uma linha de pensamento desfavorável. Se eu começo uma lista de gratidão, ela fica imensa, e eu me sinto maravilhosa quando termino.

SEJA GRATA PELOS MILAGRES EM SUA VIDA

> *"Existem apenas duas formas de viver a vida.*
> *Uma é como se nada fosse um milagre.*
> *A outra é como se tudo fosse um milagre."*
>
> – Albert Einstein

Procure por milagres diários em sua vida. Enquanto eu me sento aqui no meu computador, eu posso encontrar milagres ao meu redor. As montanhas que eu vejo pela minha janela estão tomando vida com o verde da primavera. Os primeiros brotos de folhas estão nas roseiras. O meu computador é um milagre para mim. Eu me lembro de ter usado uma máquina de escrever. Se eu cometesse um erro, tinha que usar corretivo líquido ou começar tudo de novo.

Olhe para o seu corpo. Suas unhas protegem as extremidades dos seus dedos. Seu cabelo cresce para cobrir sua cabeça. Seus dentes possibilitam que você coma. Não há qualquer câmera ou dispositivo de vídeo que possa ser comparado à complexidade de seus olhos. Nenhum aparelho de audição ou invenção de áudio que tenha a sofisticação do ouvido humano. Nenhuma bomba mecânica que jamais possa ser comparada ao coração humano.

Você é um milagre.

Nada pode se comparar ao seu espírito humano. Ele pode se elevar com felicidade ou levá-la às profundezas do desespero. Tudo depende da sua atitude. A escolha é sua. Encha-se de luz positiva.

ACEITE-SE

Você é suficiente – até maravilhosa. Acostume-se com esse termo. Abra seu coração para ver o melhor de si mesma. Se nos tratarmos como somos, continuaremos assim. Mas, se nos virmos como aquilo que podemos nos tornar, desenvolveremos nosso potencial.

Ame o que você está se tornando.

Procure o melhor em si mesma. Seja grata por quem você é. Procure maneiras de aumentar a paz e a luz em sua vida. Afirmações positivas, músicas animadas, gratidão e diários de bênçãos são formas de começar a trazer o pensamento afirmativo para a sua vida. Estenda o fluxo de energia positiva ao seu círculo de familiares e amigos. Milagres vão acontecer na sua vida.

> *"Aquele que conhece a si mesmo conhece a Deus."*
>
> – Maomé

À medida que você irradiar energia positiva, ela vai voltar para você, retornando até cem vezes mais forte. Tente fazer isso!

Nossa lagarta está fora de vista agora, no processo de recriação. Nesse ponto de seu crescimento, a crisálida é uma proteção contra forças externas, bem como um lugar onde amadurecer e mudar de dentro para fora. Ela ainda tem o benefício adicional de servir como camuflagem, para que a lagarta possa se manter segura.

Você tem tomado o cuidado de se encher de energia positiva, bem como de aceitar a si mesma e aos pequenos milagres em sua vida. Você é maravilhosa.

O AMOR-PRÓPRIO LEVA AO AMOR PELOS OUTROS

DESCRIÇÃO DOS PASSOS:
- Assuma responsabilidade por si mesma.
- Saiba que você criou sua vida como ela é agora.
- Livre-se da energia negativa:
    - Use o método da interrupção de pensamento
    - Diário ou listas de gratidão
    - Reconheça suas bênçãos
    - Procure por milagres ao seu redor
    - Dê energia positiva à família, aos relacionamentos e às amizades

- Desenvolva relacionamentos baseados no amor conforme eles estiverem disponíveis para você
- Imagine-se como você é. Isso é o bastante.
- Imagine-se como você quer se tornar.
- Procure maneiras de aumentar a paz e luz em sua vida, como:
  - Afirmações positivas
  - Música animada
  - Diário ou listas de gratidão

Capítulo 12
Tornando-se Positiva

Eu não quero ficar presa na conversa autodepreciativa.

A NEGATIVIDADE DISTANCIA OS OUTROS

> *"Existe pouca diferença entre as pessoas, mas essa pequena diferença faz uma grande diferença. A pequena diferença está na atitude. A grande diferença é se ela é positiva ou negativa."*
> – W. Clement Stone

Quando nos colocamos para baixo, acabamos nos isolando, porque achamos que não somos tão bons quanto os outros e que os outros não perderão tempo conosco. Isso nos impede de nos conectar. O criticismo realmente tem a ver com a energia negativa dentro de nós. Não tem nada a ver com a outra pessoa.

Uma senhora idosa, May, veio para aconselhamento. Ela tinha muitos problemas e começou a se aprofundar em seus sentimentos de traição e abandono de sua família. Ela também estava chateada com uma de suas vizinhas. Havia uma mulher no final da rua que May disse ter sido antipática e rude com ela. No entanto, May não conseguia me dar alguns exemplos específicos da falta de cortesia da vizinha, exceto que ela nunca havia retribuído os cumprimentos que May dirigia a ela. Mais tarde naquele ano, May caiu e quebrou a perna. Ela precisava de ajuda para fazer compras durante as primeiras semanas. Adivinha quem a ajudou e até a trouxe para a terapia? Sua nova melhor amiga, a vizinha.

May teve vergonha de seu julgamento severo e percebeu que o criticismo não tinha nada a ver com a vizinha. May não conseguia encontrar a paz enquanto se enchia de declarações depreciativas sobre os outros. Ela começou a entender que, quando era negativa sobre outra pessoa, isso era na verdade dirigido a ela mesma.

May começou a deixar a conversa negativa e a procurar pelos aspectos positivos nas pessoas. Conforme ela o fez, sua autoestima melhorou, e ela se sentiu melhor em relação a si mesma e aos outros.

Somos todos filhos de um poder superior – filhos de Deus. Quer vivamos nas ruas da Índia ou na tundra congelada da Islândia, todos nós somos iguais. Todos nós temos sonhos e esperanças, e só poderemos nos tornar o nosso melhor se formos positivos.

A NEGATIVIDADE CAUSA ANSIEDADE

Quando Mercedes começou a terapia, ela tinha certeza de que seria demitida de seu emprego. Quando perguntei suas razões, Mercedes não conseguia pensar em nenhuma. Ela só sabia que logo estaria desempregada.

"O medo é aquele pequeno quarto escuro onde os negativos são desenvolvidos."

– Michael Pritchard

A chefe de Mercedes mandou um e-mail para ela solicitando uma reunião na próxima sexta-feira. Mercedes estava nervosa, pois antecipava o que aconteceria na conferência, certa de que seria a entrevista de demissão. Ela começou a procurar nos classificados do jornal por novas vagas de trabalho. Ela procurava na internet, em pânico. Eu disse a ela para respirar profundamente e ter pensamentos positivos. Ela ainda nem sabia o que a chefe queria.

Quando chegou o dia da reunião, ela deixou uma mensagem no meu celular – disse que ela estava "suando em bicas".

Ela me ligou após a entrevista para dizer que receberia uma menção honrosa por um novo programa que ela tinha desenvolvido. Havia um almoço especial em sua honra no dia seguinte e um bônus pelo seu trabalho.

Mercedes tinha experimentado muitas preocupações desnecessárias a respeito da reunião com a chefe dela. Ela passara anos vivendo com medo e ansiedade, e estava cansada disso. Ela finalmente viu que seu modo de visualização de si mesma e do mundo estava distorcido.

Mercedes começou a dizer coisas positivas sobre ela mesma. Ela começou a trabalhar na interrupção e substituição de pensamento. Sua vida se tornou menos estressante e mais fácil de viver.

O OTIMISMO ELEVA O HUMOR

Anna veio para a terapia se sentindo deprimida. Ela fora cercada de negatividade enquanto crescia. Seus irmãos mais velhos sempre a provocaram e zombaram dela, então ela se sentia inútil. No início da idade adulta, ela se mudou da Espanha para os Estados Unidos. Ela se via como "menos que" os outros em seu novo país, porque ela tinha dificuldades com o idioma e os costumes.

Quando Anna criou um diário, encontrou uma quantidade surpreendente de cinismo. Durante duas semanas, ela registrou seus padrões de pensamento e escreveu páginas de autoincriminação pessimista e desaprovação dos outros.

Anna se sentia estranha e desconfortável quando começou o processo de interrupção de pensamento. Ela substituía a negatividade por declarações positivas. No começo, ela as dizia, mas não acreditava nelas. Elas pareciam forçadas – como mentiras. Mas ela continuou a dizer as palavras, mesmo que não as aceitasse como verdadeiras.

> *"Você afeta a sua mente subconsciente através da repetição verbal."*
> – W. Clement Stone

A negatividade na cabeça dela estava enraizada tão profundamente que era difícil se livrar de tudo. Mesmo quando ela parou seu pessimismo, ela sentiu um vazio. Ela precisava encontrar substitutos para colocar em sua cabeça.

Anna leu obras religiosas sobre amor e paz. Ela ouvia fitas positivas de autoajuda. Ela também pensava sobre uma comédia que havia acabado de assistir ou um bom livro que estava lendo. Ela escutava audiolivros e boa música.

Logo tornou-se mais fácil para Anna sentir-se positiva sobre si mesma. Ela começou a conhecer seu valor. Foi um processo gradual de mudança. Ela passou a se sentir acalentada e a cuidar de si mesma.

Como Anna era uma pessoa religiosa, ela estava aberta a se enxergar como uma criação divina. Ela olhava para suas mãos e pensava nos intricados músculos e ossos que trabalhavam juntos. Ela era grata por poder trabalhar no solo rico de seu jardim. As pétalas das suas rosas se abriam em muitas formas e cores diferentes, e elas eram todas deslumbrantes. Ela disse que elas eram como a sua vida. Uma vez que ela venceu os seus espinhos, a sua atratividade apareceu. As suas conversas sobre gratidão lhe trouxeram paz e diminuíram ainda mais a sua negatividade.

Anna sentia que tinha recebido uma bênção especial para superar a negatividade. Ela disse que havia muitos presentes resultantes disso: ela apreciava muito a paz que sentia, porque ela tinha conhecido a verdadeira dor e a depressão.

A CHAVE DA GRATIDÃO

Eu acredito que a verdadeira felicidade só pode vir com a conversa interior positiva que inclui a gratidão. A gratidão é um ingrediente-chave em todas as religiões e em todos os caminhos da sabedoria. A conversa interior positiva não precisa necessariamente ser uma conversa sobre gratidão, mas a conversa sobre gratidão é geralmente positiva. Não se esqueça de incluir tanto a conversa interior positiva como a conversa sobre gratidão em seu diário de padrões de pensamento. Quando você desperta para cada novo dia, faça da gratidão a primeira atitude.

No escuro de sua crisálida, a lagarta produz substâncias químicas para liquefazer seu corpo, a fim de regenerar-se totalmente em uma linda criatura dos seus sonhos – a bela borboleta que ela viu quando era não mais do que um ovo.

Você, do mesmo modo, está se tornando um ser positivo, enchendo-se de luz e amor, modulando-se para energizar-se e se tornar a melhor pessoa possível.

SERENIDADE TRAZ PAZ

Descrição dos Passos:
- Mantenha um diário de pensamentos.
- Registre todos os pensamentos negativos por duas semanas.
  - Interrupção de pensamento

- Substituições positivas
- Afirmações
- Literatura religiosa
- Fitas de autoajuda
- Audiolivros
- Boa música
- Comédia
- Boa ficção
- Filmes
- Milagres da vida
- Natureza divina
- Sinta autoestima positiva usando:
  - Conversa positiva sobre gratidão
  - Conversa interior positiva
- Toda manhã, acorde sentindo-se grata.

Capítulo 13
Permita Imperfeições na Vida

Eu não quero ser perfeccionista.

Às vezes, ser perfeccionista é maravilhoso. Se você estiver trabalhando em um experimento científico que vai mudar o mundo, um concerto para violino a ser realizado no Carnegie Hall, ou um novo carro de corrida para a Indy 500, você provavelmente vai querer resultados perfeitos.

NUNCA BOA O SUFICIENTE

Meu marido adora fazer trabalhos de carpintaria, e os faz com perfeição. Ele construiu um deque na casa da nossa filha e do nosso genro sobre um solo irregular por causa de enormes raízes de árvores. Como a superfície estava tão desigual, ele tinha que medir a cada poucos centímetros para ter certeza de que tivesse suportes no comprimento certo para nivelar o deque de madeira. Ele quase deixou todos nós malucos, porque ele mediu cada suporte milhares de vezes até que ficasse perfeito. Mas agora o deque está bonito e nivelado. Às vezes o perfeccionismo é incrível!

No entanto, geralmente os perfeccionistas se veem como pessoas falhas – eles nunca se sentem suficientemente bons.

> *"A arte de ser sábio consiste em saber o que ignorar."*
> – William James

Um perfeccionista nunca está satisfeito. A atitude insaciável de "nunca ser bom o bastante" em um perfeccionista o distancia da luz e do amor da energia positiva, quando as coisas que ele precisa curar são exatamente aquela luz e aquele amor. Conforme o perfeccionista começa a ter contato com eles, ele consegue encontrar a paz.

Você provavelmente não será perfeita em sua vida cotidiana. Não deixe que seus padrões inatingíveis enlouqueçam aqueles ao seu redor. Você também vai se sentir infeliz consigo mesma e com os outros que não fazem jus aos seus padrões. A energia positiva vai escapar de você.

> *"As pessoas jogam fora o que elas poderiam ter insistindo na perfeição, que é algo que elas não podem alcançar, e procurando por ela onde elas nunca encontrarão."*
> – Edith Schaeffer

DESAPEGANDO-SE DA PERFEIÇÃO

Marilee era uma dona de casa "perfeita". Nada jamais estava fora do lugar. Quando ela e o marido tinham roupas sujas, Marilee não esperava até que se formasse uma pilha. Ela as lavava imediatamente. Ela pegava o jornal do seu marido e o colocava na lixeira no minuto que ele tivesse acabado de ler.

O mundo de Marilee ficou abalado quando nasceu seu primeiro filho – bebês são bagunceiros. O filho dela babava quando os dentes começaram a nascer. Ele derrubava o prato de mingau no chão. Ele colocava o espaguete dentro da orelha.

Marilee tinha que baixar seus padrões de perfeição – um processo incrivelmente frustrante. Ela conversou com amigos que a escutaram, então contaram a ela sobre seus próprios filhos pisando em poças de lama e derramando mel sobre o tapete. Com tempo e esforço, ela aprendeu a se desapegar.

Marilee descobriu que relaxar era uma experiência de momento. Alguns dias eram melhores do que outros. Conforme Marilee usava seu diário, ela pôde ver que seu humor influenciava sua necessidade de perfeição. Um humor negativo a levava a padrões mais elevados. Sentimentos positivos ajudavam-na a ser um pouco mais descontraída.

Marilee usou afirmações otimistas e conversas sobre gratidão diariamente. Ela tirou um tempo para si mesma e se conectou com os outros. Ela sabia que ser uma boa mãe era mais importante do que ser limpa, então perseverou.

Ela incluía o compromisso. A sala de estar e a sala de jantar de sua casa poderiam estar "perfeitas", e na maioria das vezes ela conseguia se desapegar dos padrões de limpeza perfeita na cozinha e na sala da família. Mas, se ela tivesse um dia em que não conseguisse isso, ela ligava para uma amiga para desabafar seus sentimentos até que se sentisse melhor. Ela amava o seu filho o suficiente para trabalhar no relaxamento e na formação de um vínculo com ele.

A vida não é perfeita para ninguém. Todo mundo tem problemas uma vez ou outra. Podemos encarar esses desafios, encontrar soluções, então olhar para os presentes e bênçãos neles.

APRENDENDO UM POUCO DE CADA VEZ

Nora adorava desenhar. Ela ilustrava os programas de domingo para a sua igreja e fazia cartazes para atividades futuras. Mas ela realmente queria aprender a pintar porcelana. Ela fez um curso, mas nunca estava satisfeita – sempre comparando seu trabalho a outros. O sentimento de nunca ser boa o bastante era desolador para ela. Por isso, ela saiu do grupo, deixando que a necessidade de perfeição a impedisse de desenvolver seu talento e de desfrutar dele.

Nora percebeu que teria que mudar sua perspectiva se quisesse ser feliz. Na terapia, ela começou a abordar a infância de vergonha e abuso. Medos juvenis a oprimiam e paralisavam. Conforme ela trabalhou com esses sentimentos, ela aprendeu a preencher sua vida com luz e amor, bem como reeducar sua criança interior através de visualizações e afirmações positivas.

Ela começou a trabalhar individualmente com uma artista de pintura em porcelana, em vez de fazer parte de um grupo. As aulas particulares com a professora ajudaram Nora a se desapegar do seu pensamento de comparação.

Desapegar-se de seu pensamento de comparação foi um desafio. Era um hábito arraigado que ela tinha desde criança. No começo foi difícil, mas, depois de algumas semanas com seu caderno de bolso, ela começou a notar o padrão. Cada vez que ela se encontrava fazendo alguma comparação, ela dizia "PARE" mentalmente. Então, ela achava um pensamento substituto como:

- Eu sou grata que outros tenham essa habilidade.
- Eu posso desfrutar da beleza que outros criam.
- Eu sou grata pelo meu talento.
- Eu trago beleza ao mundo com a minha pintura.
- Conforme eu desenvolvo minhas habilidades, eu me encho de luz.

A professora de Nora era carinhosa e gentil, e Nora floresceu sob a sua tutela. Nora dá belas travessas e tigelas como presentes de Natal a seus amigos agora. Sua vida é plena, porque ela e os amigos são capazes de desfrutar de sua arte.

Ela era maravilhosa por *quem* ela era, não pelo que ela fazia. Há vários anos, John Bradshaw falou sobre como se tornar um "ser humano" em vez de um "feito humano". Todos nós faríamos bem em viver por essa sabedoria.

Quando uma criança aprende a andar, suas quedas e tropeços não são erros. Eles são úteis para ensiná-la sobre a percepção de profundidade, o equilíbrio do corpo dela, a força de seus músculos e muitas outras habilidades mais específicas.

Períodos de crescimento não são erros, mas sim tempos de amadurecimento. O foco na solução é um bom hábito para adquirir. Você é uma borboleta emergindo de um casulo: você luta, e pratica, e desenvolve, e muda.

"O perfeccionismo é o inimigo da criação."
– John Updike

Nossa ex-lagarta está reciclando seu próprio corpo em um novo – libertando-se do velho e abraçando o novo. O sonho dela está quase ao seu alcance.

Aprender um pouco de cada vez se tornará seu lema quando você permitir a imperfeição em sua vida. Seu novo "você" está abraçando o otimismo e permeia todo o seu ser. Voo e liberdade estão ao seu alcance.

CONTENTAMENTO INTERIOR LEVA AO AMADURECIMENTO

Descrição dos Passos:
- Lembre-se de que ninguém é perfeito.
- Mantenha um diário com as suas crenças de infância incorretas.

- Reformule suas crenças para ser:
  - Positiva
  - Focada em soluções
  - Realista
- Encontre o presente em cada problema.
- Compartilhe o seu medo.
- Lembre-se de que cada dificuldade é uma experiência de aprendizagem.
- Tempos de crescimento são tempos de amadurecimento.
- Compartilhe seu processo com os outros.
- Você é o suficiente.
- Sua vida é o suficiente.
- Sua família é o suficiente.

Capítulo 14
Livrando-se da Depressão

Eu não quero ficar deprimida.

A depressão é um turbilhão de energia pessimista que bloqueia os presentes da vida mais rapidamente do que quase qualquer coisa. De onde vem sua depressão? Ela está em seus genes, ou você aprendeu a ter conversas interiores negativas das pessoas ao seu redor?

Argumento da Natureza vs. Criação:

Natureza: a depressão genética é transmitida através das gerações. Uma visão negativa da vida faz parte de uma pessoa desde o nascimento.

Criação: aprendizado de padrões de conversa e pensamentos negativos na primeira infância. Aqueles ao seu redor sempre veem o lado negativo da vida, e você incorpora esses padrões.

Os argumentos dos dois lados têm defensores ávidos, mas, após o debate, a cura ainda é a mesma. Você tem que ser proativa para alterar a depressão.

É necessário alterar a química do cérebro para reduzir e aliviar a depressão. A transformação pode ser feita através de medicação, de uma combinação de medicação e conversas interiores otimistas, ou apenas do pensamento positivo. O melhor caminho muitas vezes precisa de intervenção profissional. Encontre a direção que funcione bem para você.

A depressão é a raiva voltada para dentro.

PADRÕES DE PENSAMENTO NEGATIVO

Os padrões de pensamento negativo podem ficar enraizados em você como um hábito frequente. É difícil desfazer essa maneira de ver o mundo. Mas a pessoa persistente conseguirá fazê-lo.

Angel, uma boa amiga da faculdade, cresceu em um lar com comunicação parental negativa. Ela conseguia encontrar o pior cenário mais rápido do que um relâmpago – eu costumava provocá-la sobre isso quando estávamos na escola. Ela simplesmente não conseguia ver o lado positivo em coisa alguma. Conforme os anos foram passando, ela lutou para manter a qualidade em sua vida. Ela se retraiu e finalmente se refugiou em uma dependência química da qual ela não conseguia se livrar.

Ela participou de grupos de doze passos, mas eles não pareciam ajudar. Ela conseguiu um novo emprego em uma nova cidade, mas isso não fez diferença. Nenhum dos "reparos" externos pareciam mudá-la. Ela tinha medo de perder o marido e a família por causa do seu vício. A depressão se agravou, porque ela não conseguia encontrar uma solução.

Seu pastor a encorajou a prestar serviço na comunidade. Ele disse a Angel que fazer o bem aos outros ajudaria mais do que qualquer outra coisa que ela poderia fazer. Angel tentou o voluntariado em várias organizações religiosas e comunitárias. Elas não ajudaram. Ela saiu de cada uma depois de algumas semanas.

Finalmente, quando Angel estava no fundo do poço, ela ouviu que precisavam de voluntários para desenvolver uma atividade religiosa na prisão feminina de sua cidade. Ela decidiu tentar trabalhar lá alguns dias por semana e descobriu que gostava das mulheres com quem trabalhava. Muitas delas também estavam deprimidas. Quando elas falavam, Angel podia entender seus sentimentos, porque ela se sentia da mesma forma.

As prisioneiras tinham um programa de autoajuda positiva para completar. Parecia fazer a diferença nas vidas das outras mulheres, então Angel decidiu experimentá-lo ela mesma. O programa "deu um estalo" em Angel, e ela começou a usar as habilidades envolvidas no curso. Ela tinha sido resistente à mudança por anos, mas agora conseguia aceitá-la.

Angel aprendeu a assumir responsabilidade pessoal por si mesma. Ela parou de esperar que alguém a resgatasse e resolvesse o seu problema. Ela sabia agora que mudanças externas não poderiam ajudar até que ela começasse a fazer mudanças internas.

Conforme ela modificou sua perspectiva, ela parou de sentir pena de si mesma e começou a olhar para suas bênçãos. A conversa interior positiva e a gratidão tornaram-se um ritual diário para ela. Ela lia livros sobre pensamento positivo para manter um ponto de vista otimista.

Angel não mudou da noite para o dia, mas com o tempo eu pude ver uma mudança nela. Sua vida se tornou cheia de esperança. Quando eu perguntei como a transformação começou, ela me disse que tinha chegado a um ponto em que havia alcançado o fundo do poço e não podia ver nenhuma outra direção a seguir que não fosse para cima.

Angel ensinou a si mesma como se focar em soluções, um dia de cada vez, uma dificuldade de cada vez. A sua qualidade de vida agora é melhor, porque ela foi proativa o bastante para mudar.

Angel poderia ter se beneficiado da terapia, e a mudança poderia ter vindo bem mais cedo na vida dela, mas ela realmente não achava que a terapia ajudaria – ela não acreditava que poderia mudar. A atitude tem muito a ver com nosso processo de cura. Angel não foi capaz de acreditar até se ver envolvida com mulheres que estavam realmente no fundo do poço e enxergar a mudança nelas. Se elas podiam mudar, então ela também poderia. Quando ela mudou de atitude, começou a acreditar que poderia mudar e mudou.

A PROATIVIDADE TRAZ MATURIDADE

Uma criança terá boa autoestima se ouvir que é maravilhosa, mas apenas isso não é suficiente. O jovem deve aprender a ser proativo, e não reativo. Ele deve aprender a agir no sentido de resolver problemas, em vez de apenas se lamentar por eles. O mesmo é válido para adultos.

> *"É de bom senso escolher um método e prová-lo. Se ele falhar, admita e tente outro. Mas, acima de tudo, tente alguma coisa."*
> – Franklin Delano Roosevelt

CONCENTRE-SE NAS SOLUÇÕES

Muitas das clientes com quem trabalhei se colocavam em duplos vínculos para que não houvesse uma solução. Se elas decidiam ir para a direita, viam as consequências negativas; se pensavam em ir pela esquerda, podiam ver as coisas dando errado. Nós ficamos deprimidos e irritados se parece não haver solução para um problema.

"A felicidade... reside na alegria da conquista, na emoção do esforço criativo."
– Franklin Delano Roosevelt

Riley entrou na terapia se sentindo deprimida. A empresa para qual ela trabalhava estava em crise financeira, e ela tinha sido rebaixada duas posições e recebido um corte no salário. Ela não queria permanecer na sua posição atual, porque estava abaixo de seu nível de habilidade. No entanto, Riley estava com medo de procurar um novo emprego, porque pensava que sua competência técnica estava desatualizada. Ela tinha se colocado em uma situação de duplo vínculo. Ela poderia ficar onde estava usando menos habilidade e recebendo menos dinheiro, ou ela poderia procurar um emprego com suas habilidades desatualizadas, o que poderia impedi-la de conseguir um. Na sua opinião, as duas alternativas eram negativas.

Seguindo uma sugestão minha, Riley começou a redirecionar seu pensamento. No processo, ela fez uma pesquisa de emprego e descobriu que suas competências técnicas eram atraentes para o mercado. Ela procurou e encontrou um novo emprego com um bom salário. Riley mudou seu pensamento obtendo mais informações para que fosse capaz de resolver o seu problema.

DEPRESSÃO NÃO COMBINA COM EXERCÍCIO FÍSICO?

Quando falamos de depressão, ficamos tão focados na erradicação da habilidade de pensar negativamente que esquecemos o básico – exercícios simples às vezes são a melhor cura.

Makayla, que tinha passado a maior parte da sua vida assombrada pela depressão, entrou na terapia porque estava desempregada e deprimida. Quando terminou a faculdade, ela escolheu uma carreira em vendas e achou muito gratificante. Ela amava o seu produto e gostava de encontrar e conhecer pessoas. No entanto, durante a crise econômica, as vendas em sua empresa diminuíram expressivamente, então ela teve que procurar outro lugar onde ganhar seu pão. Ela odiava o trabalho que tinha encontrado e ligava com cada vez mais frequência para dizer que estava doente, ficando em casa deitada no sofá sem fazer nada.

Na terapia, Makayla definiu algumas metas de pensamento positivo e continuou à procura de um trabalho que ela achasse gratificante. Finalmente, o proprietário de uma empresa de controle de pragas ofereceu um emprego a ela. Makayla gostou do dono, mas não tinha certeza se matar insetos e eliminar ratos era a praia dela.

Ela assumiu o cargo em caráter temporário e ficou surpresa com os benefícios ocultos que encontrou. A depressão dela sumiu. Ela disse que emagreceu cerca de dez quilos quase imediatamente por causa do exercício físico que o trabalho exigia. Rastejar pelos sótãos e pulverizar produtos no chão exigia que ela fosse ativa. Ela gostava de conhecer as famílias na sua rota e de trazer-lhes a segurança de um ambiente livre de pragas, mas ela diz a todos que o exercício é o que a tirou da depressão mortal na qual ela estava.

"Um urso, independentemente de quanto se esforce, fica rechonchudo sem exercício."

– A. A. Milne

Encontre um tipo de atividade física de que você goste e pratique-a regularmente. Eu sinto prazer em remover as ervas daninhas da minha roseira. Uma amiga adora olhar vitrines no shopping. Quando ela acaba de olhar todas as lojas, já andou alguns quilômetros. (Ela vive em Phoenix, onde é quente demais para se exercitar ao ar livre na maior parte do ano). Meu marido adora golfe. Três vezes por semana, ele está no campo com os amigos. Temos duas filhas que nadam. Um neto gosta de dança irlandesa. Vários anos atrás, nós passamos as férias na Itália. Lá, todos passeiam pelas ruas à noite. Que grande passatempo cultural! Qual é a sua paixão?

> *"Nossa crescente falta de aptidão física é uma ameça à nossa segurança."*
> – *John F. Kennedy*

Antes de se exercitar, certifique-se de se consultar com seu médico. Defina uma meta razoável. Se você tem dificuldade em encontrar motivação, inclua um parceiro em seu plano. Encontre um amigo para um passeio no parque ou para uma aula de ioga juntos. Comece com quinze minutos várias vezes por semana.

Benefícios do exercício:
- Sua autoestima vai aumentar.
- É uma distração de suas preocupações.
- Ele pode incluir interação social.
- Você vai ganhar confiança nas suas capacidades.
- Você vai se sentir mais saudável.
- Você estará mais saudável.

> *"Aqueles que não encontram tempo para se exercitar terão que encontrar tempo para a doença."*
> – *Provérbio*

Vamos ignorar o pensamento negativo e substituí-lo por diversão, atividades de construção de autoestima – brinque! Ria, ame e curta seus amigos.

À PROCURA DE AMOR

Uma jovem adulta, Victoria, entrou na terapia. A depressão agravou seu distúrbio alimentar. Os pais de Victoria estavam divorciados há quase dez anos. O pai dela se casou novamente e constituiu uma segunda família. Eles viviam em uma pequena comunidade solidária, onde a maioria das pessoas era religiosa. A família parecia feliz.

Victoria queria esse tipo de vida. Sua madrasta era bondosa com Victoria e tentava amá-la. Contudo, Victoria não conseguia permitir o amor de seu pai e sua nova família em sua vida. Com muitas lágrimas e um diário, ela se deu conta de que estava com medo de deixar que seu pai e sua família cuidassem dela, porque ela se sentiria desleal à mãe.

Sua mãe era amarga em relação ao divórcio – ela colocava o pai de Victoria para baixo constantemente – mesmo que *ela* fosse quem havia tido um caso.

Bem no fundo, Victoria queria o carinho de sua mãe, mas o amor da mãe dela não estava disponível. Victoria tentou agradar a mãe, mas ela sempre criticava as ações de Victoria, e elas brigavam frequentemente. Sem perceber, Victoria tinha acumulado um monte de raiva em relação à sua mãe.

Como Victoria rejeitou o amor de seu pai e sua nova família, ela acabou ficando sem ninguém além do namorado dela.

Victoria percebeu o amor que sua família tinha para oferecer e começou a aceitar o afeto de sua mãe da forma que ela podia oferecê-lo. Por exemplo, a mãe dela nunca daria ouvidos à visão de vida ou aos sentimentos de Victoria. Mas ela poderia levar Victoria às compras, e elas poderiam rir por causa de um filme engraçado. Victoria começou a se desapegar de sua raiva pela mãe. Quando a mãe dizia coisas negativas sobre o pai dela, Victoria mudava de assunto, e a mãe dela por fim entendia.

Victoria começou a passar mais tempo com seu pai e a família. Ela adorava brincar com suas meias-irmãs mais novas, e ela podia falar com o pai e a madrasta sobre qualquer coisa, porque eles realmente ouviam.

Ela passou a entender aqueles ao seu redor e a aceitar o carinho que eles eram capazes de dar. Em vez de rejeitar o amor que estava disponível e procurar amor nos lugares que eram inacessíveis, ela deu abertura ao apoio e ao calor que agora estavam ao seu alcance.

Estude a sua própria vida. O amor está disponível para você? Você consegue permitir que o carinho ao seu redor seja suficiente?

PROCURE AJUDA MÉDICA

Às vezes, a depressão pode ser tão forte que chega a ser esmagadora. Você pode ficar deprimida ao ponto de se sentir presa, incapaz de executar suas tarefas diárias. Se a negatividade ao seu redor é tão grande que você não consegue sair da cama pela manhã, ou você não quer ver ou falar com outras pessoas, consulte um médico. Vá primeiro ao seu médico e obtenha uma referência de um psiquiatra. Sua depressão pode ser significativa o suficiente para que você precise de medicação e terapia para mudar a sua vida. Marcar e ir regularmente às consultas pode ser uma enorme montanha para escalar.

Escale a montanha. Você vale a pena! Aceite a energia positiva que a envolve e procure os outros no mundo que estejam à espera de seu amor. Receba e dê.

DESENVOLVA HABILIDADES MENTAIS POSITIVAS

As afirmações serão úteis para você quando estiver se sentindo para baixo:
- Eu sou digna de amor.
- As pessoas ao meu redor me oferecem apoio.
- Eu permitirei que o amor entre na minha vida hoje.
- Eu vou prestar uma pequena ajuda a alguém hoje.

- Eu estou focada nas soluções.
- Há uma resposta para o meu problema.
- Eu tenho paz na minha vida.
- Escreva em um diário para encontrar o seu processo de pensamento.
- Você se concentra em soluções?
- Você pode encontrar coisas boas em si mesma?
- Você é crítica com os outros?
- Você está feliz?
- O que lhe traz felicidade?

Padrões de pensamento são habituais. Portanto, mudar um padrão leva tempo. Quando seus pensamentos escorregarem para um lugar adverso, diga "PARE" mentalmente e visualize uma placa de "pare". Isso interrompe o seu cérebro em dois sentidos: audição e visão.

Se a maioria de seus padrões de pensamento são negativos, você terá um vazio na sua cabeça se tentar cortar todos eles de uma vez. Substitua-os com distrações positivas como exercício, boa música e ouvindo música motivacional. Diários de gratidão e oração também são úteis.

Dê-se tempo para mudar. (Veja a Parte 4: Praticando o Processo. É a última seção do livro e vai ajudá-la a desenvolver um programa que funcione para você.)

> *"Um sol brilhando em sua mente faz com que as flores de paz, felicidade e prosperidade cresçam na face da Terra."*
>
> – Autor desconhecido

A visualização também é útil. Quanto mais sentidos você usar quando estiver desenvolvendo uma imagem mental, mais você se ajudará. Crie um lugar seguro.

Aqui estão alguns que funcionam para mim:

Eu faço uma trilha de montanha e sinto a brisa fresca perfumada com aroma de pinho. Eu ouço o "rá-tá-tá-tá" dos picapaus e o chilrear dos piscos-de-peito-ruivo. A luz do sol brilha através dos pinheiros altos e imponentes. Eu olho para cima e vejo as árvores balançando suavemente na brisa. Elas estão ouvindo os meus pensamentos mais íntimos e balançando em concordância. Eu estou em paz conforme escuto os "crecs" de quando piso na almofada de agulhas de pinheiro sob meus pés.

Essa visualização tem os sentidos do toque (brisa), cheiro (pinho), som (aves) e visão (sol, árvores). Invente as suas próprias e adicione sentidos.

É importante adaptar as visualizações às suas próprias especificações. Crie um lugar seguro. Cerque-se de todas as comodidades que tragam uma sensação de cuidado e promovam a paz e a luz.

Eu amo um exuberante jardim inglês que fica ao lado de um riacho murmurante. Coelhos, pombas, pardais e outras criaturas gentis moram por perto. Há uma modesta casa nas proximidades, decorada com almofadas brancas macias em uma linda mobília de madeira. Música suave me rodeia.

Já deu para ter uma ideia. Crie a sua própria visualização!

Pratique ir para o seu lugar seguro diariamente, quando você estiver calma e descansada, assim você será capaz de usá-lo para se acalmar quando precisar de um porto seguro e de cuidado próprio.

Se eu me sinto negativa, outra coisa que funciona para mim é sentar ao sol. Temos um deque na parte de trás da nossa casa que fica exposto na direção sul. Eu adoro ficar lá para ler ou falar com um amigo. Eu posso sentir a luz e o calor do sol infundindo meu ser com seu brilho. Se está muito frio no inverno ou quente demais no verão para estar ao ar livre, eu me sento perto de uma janela de frente para o sol e mergulho na luz.

A depressão pode ser diminuída e aliviada pela alteração dos padrões de pensamento. Você pode amar a si mesma? Use a interrupção e substituição de pensamento para colocar coisas positivas em sua vida. Permita-se ser concentrada na solução. Use todas as competências na seção "Praticando o Processo" do livro (Parte D) para ajudar. Encontre um programa que seja melhor para você. Se necessário, procure terapia, ou leia livros de autoajuda sobre depressão. Existem alguns livros excelentes há muitos anos que possuem ótimos processos de cura. Seja responsável o suficiente para mudar. Atreva-se a mudar a sua vida.

De uma crisálida que parece morta um dia virá a linda borboleta. Sua grandeza será proveniente dos desafios pelos quais passou e ainda vai passar. Sua beleza não será ganha facilmente, e ela será apreciada pelo preço que será pago.

Os desafios refinaram o seu ser. As lutas a aprimoraram como um indivíduo. Você respira o ar da energia positiva, grata pelo caminho que percorreu e pela força interior que ele conferiu a você. Olhe para o resultado final da sua metamorfose. Sua visão vai lhe dar coragem para continuar.

O BEM-ESTAR PESSOAL É A ESSÊNCIA DA PROSPERIDADE

Descrição dos Passos:
- Escreva os seus padrões de pensamento em um diário.
- Interrompa o pensamento.
  - Diga "PARE" mentalmente.
  - Visualize uma placa de "PARE".
- Encontre padrões de pensamento substitutos.
- Riso positivo
- Ajudar os outros
- Brincar

- Exercício físico
- Música
- Palestrantes motivacionais
- Diário de gratidão
- Diário de oração pelos outros
- Diário de oração por si mesma
- Visualizações:
    - Lugar seguro
    - Cerque-se de paz e luz.

Parte 3
Proficiência na Comunicação

Capítulo 15
Desapegando-se da Negatividade em Relacionamentos

Eu não quero ser negativa com os outros.

Quando eu estava no colegial, tinha uma colega de classe que nunca falava mal de ninguém. Algumas crianças chamavam-na de "Pollyanna"[2]. Outros achavam que ela era falsa, porque era boazinha demais. Eu gostava dela, porque ela parecia genuína e alguém confiável com quem eu podia conversar. Eu sabia que o que eu dissesse a ela seria levado de forma positiva. Eu não precisava ter receio de que as coisas que eu dissesse a ela voltassem para me assombrar como fofocas de outra pessoa mais tarde. Eu também aprendi a tomar cuidado com o que eu dizia perto dela, porque, já

---

[2]. N.T.: Nome da protagonista de um clássico da literatura infantojuvenil mundial. Ela carrega uma mensagem extremamente positiva de que todas as coisas podem ser melhores, dependendo da forma como as olhamos.

que ela nunca dizia nada de negativo, eu também não me sentia confortável em fazê-lo.

CRIANDO TRIÂNGULOS

Adolescentes e jovens gostam de fofocar sobre os seus amigos porque isso lhes traz uma falsa sensação de proximidade. Se você sabe um segredo sobre Joe e conta a Sally, então você e Sally vão sentir uma ligação. Não é um vínculo de amizade verdadeiro, porque você não disse a Sally nada sobre você, e ela não compartilhou nada sobre si mesma. Mas o falso senso de proximidade está lá, porque você triangulou outra pessoa em seu relacionamento. A fofoca consiste nisso. Conforme nós crescemos e nos tornamos adultos, esperamos abandonar esse padrão, porque aprendemos maneiras mais saudáveis de nos comunicar.

"Os meus amigos são o meu estado."
– Emily Dickinson

Depois que Pollyanna e eu nos tornamos amigas, eu tentava dizer apenas coisas positivas sobre os outros, mas era difícil. Eu conseguia fazer isso por um tempo, mas depois me via sendo crítica novamente. No início eu me esforçava para controlar o criticismo e a negatividade, mas nos anos seguintes eu venci muito do meu pensamento negativo.

Ainda há momentos quando eu escorrego e não sou muito positiva, mas geralmente são vezes quando eu tenho energia negativa dentro de mim. Tem tudo a ver comigo e nada a ver com a pessoa com quem eu estou conversando. Você não acha que isso geralmente é o que acontece com você? Quando você está sendo pessimista, é provavelmente por causa da energia cínica fluindo através de você.

LIBERANDO A ENERGIA NEGATIVA NAS AMIZADES

Candy entrou para a terapia; ela tinha acabado de terminar com o namorado porque ele estava tendo um caso. Eles se conheceram em um bar e tiveram uma conexão instantânea — como nos filmes. Não era para a história ter terminado assim. Ela se sentiu com raiva, abandonada e traída — enganada porque amava alguém que não retribuía seus sentimentos.

Como tarefa, ela começou a usar um diário de bolso para seus sentimentos e pensamentos negativos. Ela ficou surpresa com a quantidade de desconfiança e pessimismo que encontrara em seu pensamento.

Candy foi capaz de largar o cinismo que assolava a vida dela, porque conseguiu ver seus padrões de pensamento negativo. Ela o substituiu por energia otimista, que incluía:

- Conversas interiores positivas
- Boa música
- Visualizações afirmativas
- Boa leitura

Candy se visualizava com um parceiro que seria fiel a ela. Ela merecia alguém que se importasse com ela e fosse sincero com ela. Quando ela começou a sair de novo, procurou homens que tinha certeza de que seriam fieis.

Como ela sabia que eles seriam honestos com ela? Você jamais conseguirá prever o comportamento de alguém 100%, mas você pode ter uma certeza razoável de que ele fará as mesmas coisas que fez no passado. Veja o padrão dos relacionamentos passados dele para ter uma ideia de como ele fará as coisas no futuro. No entanto, se alguém puder olhar para os paradigmas de associação anteriores e estiver empenhado em mudar, seus comportamentos poderão ser diferentes.

Ela aprendeu a ser cautelosa com conexões instantâneas. As amizades geralmente se desenvolvem mais lentamente, ao longo do tempo. Ela escolheu os seus companheiros em grupos de pessoas que eram mais susceptíveis a se comprometerem com uma parceira: homens que frequentavam a sua igreja, voluntários que a ajudavam, e amigos dos grupos ciclismo e caminhada.

Levou tempo, mas no final Candy foi bem-sucedida, encontrando um bom amigo e parceiro de vida.

LIBERANDO A ENERGIA NEGATIVA NO CASAMENTO

Quando Georgia descobriu que seu marido era um apostador compulsivo, ela ficou furiosa. Seus pensamentos negativos tomaram dois caminhos divergentes: ela odiava os homens e sua falta de autocontrole, e ela estava muito brava consigo mesma, sentindo que era uma idiota e esteve cega para o que estava acontecendo embaixo do seu nariz.

A raiva de Georgia foi o combustível para que ela agisse. Primeiro, ela descobriu os limites que seriam melhores para ela. Ela abriu uma conta bancária apenas no nome dela antes de dar um ultimato ao marido: elaborar um programa para parar de jogar ou ir embora. Ele decidiu parar de jogar e salvar o relacionamento.

O marido de Georgia encontrou um terapeuta, participou de um programa de doze passos e não voltou a jogar.

Para apagar a negatividade dentro dela, Georgia começou a se concentrar na criação de energia positiva. Ela se enchia de luz sentando sob o sol todos os dias, lendo seus livros religiosos e de pensamento positivo. Ela permitiu que o amor entrasse na vida dela passando um tempo com a família e os amigos que se importavam com ela.

Quando os pensamentos pessimistas surgiam na cabeça, ela dizia "PARE" e visualizava uma placa de "PARE" em sua mente. Aquilo interrompia o seu padrão de pensamento.

Então, ela escrevia afirmações como:
- Eu mereço um relacionamento feliz.

- Meu dinheiro está seguro e me traz segurança.
- Meus entes queridos me apoiam.

Georgia também desenvolveu várias visualizações. Ela se imaginava como perspicaz e conhecedora de pessoas. Ela conseguia se ver como uma pessoa compreensiva e capaz de avaliar os outros. Ela começou a se vislumbrar com um parceiro amoroso que não era viciado.

Quando Georgia pôde perceber que o marido estava tentando mudar, ela concordou em fazer terapia de casal. Os dois se tornaram mais abertos em sua comunicação. Ela compartilhou seus medos, e o marido ouviu e refletiu sobre o que ela disse. Ele falou sobre suas inseguranças e listou os passos que seguiria para parar de jogar. Eles planejaram coisas que poderiam fazer juntos — como dança country e andar de bicicleta.

Georgia aprendeu a:
- Ouvir seus sentimentos quando algo a aborrecia.
- Conversar com o marido sobre o problema.
- Pensar em soluções.
- Encontrar uma resolução.
- Ouvir os sentimentos dela novamente para certificar-se de que as soluções funcionariam para ela.
- E, por último, trabalhar com o marido para resolver a dificuldade.

Um ano depois, o casal mudou de cidade. Eu não os vi novamente desde então, mas recebi um cartão dizendo que estavam bem. O marido dela estava longe da jogatina, e sua amizade estava mais forte do que quando eram recém-casados.

LIBERANDO A ENERGIA NEGATIVA ENTRANHADA

Denise tinha feito várias cirurgias na parte inferior da coluna. Ela passou a fazer terapia porque sua coluna começou a doer novamente, e o médico disse que o estresse e a tensão poderiam ser as causas. Ela não queria fazer outra cirurgia, por isso tinha que descobrir o que estava causando o estresse.

Denise era uma pessoa doce, gentil, que sempre quis que aqueles ao seu redor fossem felizes. Ela tentava agradar a todos ao seu redor, sempre dando ouvidos às opiniões e ideias alheias. O namorado dela não a ouvia. Ele a interrompia quando ela começava a falar e atropelava as palavras dela quando eles estavam com os amigos. O padrão era o mesmo com sua família – eles falavam muito, então Denise ficava quieta quando eles estavam por perto.

Quando Denise era criança, ninguém escutava o que ela tinha a dizer. Ela deixou a frustração e o ressentimento se acumularem ao longo dos anos, mas nunca teve coragem de falar.

Quando Denise tomou consciência da forma como suprimia a sua raiva, ela decidiu mudar – fazer as coisas de forma diferente.

Denise começou a escutar seus próprios sentimentos e defini-los. Ela veio a descobrir que era uma pessoa com boas ideias e começou a compartilhar o que estava em sua mente.

No início, Denise se corrigiu demais. Ela esperava um transtorno ou uma briga para que as coisas fossem do jeito dela, então estava pronta para uma batalha para ser ouvida. Essa postura lhe causou tanto estresse e tensão quanto ela tinha na situação anterior.

Ela logo veio a perceber que poderia realizar seus objetivos usando técnicas positivas. Ela não precisava ser raivosa e negativa para fazer as coisas do jeito dela – a comunicação aberta e honesta foi muito mais construtiva para ela e para aqueles ao seu redor.

"Nós deveríamos ser grandes demais para nos ofendermos e nobres demais para ofender."

– Abraham Lincoln

Denise começou a se visualizar trabalhando com pessoas competentes e gentis. Quando se via em um dilema, ela parava alguns minutos para imaginar as pessoas sendo gentis e respeitosas. Ela merecia e receberia um feedback maravilhoso.

Ela começou a compartilhar com a família. Quando eles falavam por cima dela, ela os interrompia de uma forma gentil e pedia que prestassem atenção. Através do aconselhamento, ela aprendeu a compartilhar, ouvir e refletir — e ela ensinou as habilidades de comunicação à família dela. Eles começaram a trabalhar juntos para entender um ao outro. A família de Denise gostava mais dela assim, porque eles sabiam o que ela estava pensando e sentindo. Ela se tornou mais real para eles.

Denise teve mais dificuldades com o namorado. Ele sempre queria ser o centro das atenções e achava que suas ideias eram as melhores. Na verdade, ele não queria ouvir mais ninguém. Quando Denise descobriu isso e refletiu sobre a relação, ela pôde ver que tinha duas opções: ela poderia ficar com ele, mas continuar quieta e com raiva, ou poderia seguir em frente.

A decisão foi difícil, mas Denise decidiu deixá-lo. No começo, o namorado ligava para ela várias vezes por dia e dizia que ia mudar. Ela voltou com ele uma vez e ele fez um esforço para ouvi-la, mas só até achar que ela não o deixaria novamente. Então, a comunicação voltou ao velho padrão em que ele falava e ela ouvia. Ela terminou o relacionamento e começou a sair com outra pessoa que a tratava bem.

Denise e seu médico montaram um programa de fisioterapia e exercícios que ela seguia ritualisticamente. Ela fortaleceu a coluna. Denise tinha certeza de que seus sentimentos reprimidos tinham agravado o problema nas costas. Ela já não precisava mais de cirurgia.

A energia pacífica positiva começou a preencher cada fresta e canto da existência dela. Ela descobriu como dar energia positiva e recebê-la de volta. Ela podia se defender de uma forma positiva. Sua gratidão pelas habilidades que tinha aprendido foi uma inspiração para as pessoas próximas a ela, inclusive para mim.

Está na hora. A elegante borboleta está formada e bonita. A crisálida protetora tornou-se a sua prisão. Ela faz pressão contra as paredes, esticando-se e dando empurrões. A cápsula racha, e seus dois olhos espiam pela abertura, olhando ao redor e vendo o mundo pela primeira vez. O encantamento preenche seu novo ser.

Como agora você está experimentando o bom em vez do negativo, você também pode começar a ver o mundo sob uma nova luz, maravilhando-se com a energia positiva que ela guarda para você. Que presente!

O OTIMISMO É A BASE DO CONTENTAMENTO

Descrição dos Passos:
- Anote a negatividade em um diário.
- Reconheça padrões negativos.
    - Interrompa o pensamento.
    - Diga "PARE".
    - Visualize uma placa de "PARE".
    - Crie imagens positivas.
- Veja as pessoas na visualização doando energia positiva.
- Aceite a energia positiva.
- Ouça os outros.
- Reflita os sentimentos deles.
- Peça aos outros que ouçam e reflitam sobre o que você diz.
- Encha-se de paz e luz.
- Sinta gratidão pela oportunidade diária.

Capítulo 16
Encontrando Padrões Positivos de Pensamento

Eu não quero ficar presa a pensamentos negativos.

Os padrões de pensamento negativo existentes são incontáveis. Cada um de nós estabeleceu um sistema de crenças através de três fontes principais:
- A personalidade com que nós nascemos
- A infância que vivemos
- As pessoas com as quais temos contato

Todo mundo vem com uma personalidade inerente que ajuda a desenvolver a forma como vemos a vida. Nós temos um netinho que está sempre feliz. Eu o encontro cantarolando pela casa enquanto brinca. Outra criança pode ter ansiedades. Um bebê pode relaxar enrolando o cabelo ou chupando o dedo. Cada pessoa nasce com sua própria individualidade — como um lindo jardim repleto de uma infinidade de flores.

A infância é uma época de crescimento e desenvolvimento. É um ponto na vida em que a sua visão é estabelecida e então aumentada. Se você cresce com medo, você se torna uma pessoa medrosa. Se você é exposta à raiva na infância, você pode mais tarde se acovardar em frente à raiva ou sentir raiva você mesma. Se você é amada, você aprende a amar. Você cria o padrão da sua vida e dos seus relacionamentos de acordo com aqueles aos quais é exposta na infância.

Conforme você cresce e se desenvolve, aqueles ao seu redor exercem uma influência na sua vida. A cultura em que você vive, seu status social, sua escola, seus amigos e aqueles com quem você trabalha têm impacto sobre você. Se você vive com pessoas ativas, você aprende a ser ativa. Se você está cercada de uma suave quietude, sua vida assume essas características. Uma vez eu tive um resfriado que se transformou em uma laringite. Tudo o que eu podia fazer era sussurrar, e logo todos à minha volta estavam sussurrando em resposta. Nós reagimos às pessoas com as quais temos contato próximo.

Enquanto você lê as ilustrações a seguir, procure seus próprios padrões de negatividade. Todos nós temos isso. O criticismo pessoal é provavelmente o que usamos com mais frequência. Em algum momento, todos nós já tivemos pensamentos críticos. Ter pensamentos catastróficos é outra prática comum para muitos de nós. "E se o meu chefe não gostar do meu relatório? E se chover no dia em que planejamos o piquenique do escritório ao ar livre? E se o cachorro do vizinho entrar no meu canteiro de flores?" Frases que começam com "e se" geralmente são perguntas baseadas em um pensamento catastrófico.

"Servidão é... estar sujeito a influências externas, bem como atitudes e pensamentos negativos dentro de si.
– W. Clement Stone

CONVERSA INTERIOR NEGATIVA

O Dr. R. Hurlburt, um professor do Departamento de Psicologia na Universidade de Nevada, Las Vegas, deu vários cursos sobre a interrupção de pensamento. Cada membro da classe usava um pequeno bipe de bolso que disparava aleatoriamente a cada quinze ou vinte minutos. Quando a campainha soava, você deveria registrar o que estava pensando naquele exato momento.

Um dos benefícios desse procedimento é que ele ajuda a descobrir seus padrões de pensamento. O método do Dr. Hurlburt pode ajudá-la também. Para realizar sua própria experiência de interrupção de pensamento, programe seu relógio ou telefone para disparar de vez em quando. Mantenha um caderno de bolso com você ou use seu telefone para registrar seus pensamentos.

Veja se você consegue encontrar um padrão para o seu pensamento. Aqui estão alguns exemplos:

- Você pode estar estagnada em seu comportamento negativo.
- Você pode pensar que não é boa o suficiente.
- Você pode olhar para si mesma como a causa dos acontecimentos negativos.

Mesmo que as pessoas ao seu redor sejam positivas no que dizem, você ainda pode interpretar sua mensagem de forma negativa. Por exemplo, eu disse a uma jovem mãe um dia: "Eu ficaria feliz em cuidar dos seus filhos para que você possa passar uma tarde no shopping." Ela se virou para mim e disse: "Você acha que eu não sou capaz de cuidar dos meus próprios filhos? Eu não fujo e os abandono só para ir às compras."

Minha intenção era apenas ajudar quando me ofereci para cuidar dos seus filhos, mas ela encarou isso como algo negativo. Se alguém acha que você está sendo pessimista, analise por si mesma antes de acreditar em quem disse isso. Pode ser que essa pessoa, e não você, esteja pensando de forma negativa.

Existem livros maravilhosos que entram em mais detalhes sobre os padrões de pensamento negativo. Use-os como guias de referência, se desejar. O livro *Feeling good, the new mood therapy*, do David Burns, já tem alguns anos e é um clássico.

Natalie se chamava de gorda. Ela estava bulímica, deprimida e não conseguia encontrar nada de bom para dizer sobre si mesma. Ela não considerava mudar sua maneira de pensar — até que ela aprendeu que passaria essas mensagens, que não eram saudáveis, para seus filhos. Então, ela se sentiu motivada.

Quando vi Natalie pela primeira vez na terapia, pedi a ela que fizesse um exame físico para verificar seu condicionamento ou discutir a possibilidade de tomar medicamento para a depressão. No início, ela se recusou a ir, então eu tive que dizer a ela que não poderia mais vê-la até que ela trouxesse um laudo médico. Ela marcou uma consulta, e ela e seu médico discutiram sobre seus problemas. Ela começou um regime que funcionava para ela.

Natalie adotou um plano de perda de peso que exigia que ela participasse de um grupo semanal. Ela recebia um guia de alimentação saudável, e o mais importante: enquanto ouvia os outros falarem sobre seus vícios, ela pôde ver que precisava mudar sua forma de pensar. Eu vi o programa de doze passos dos Comedores Compulsivos Anônimos mudar vidas. Peça a ajuda de seu médico para encontrar um grupo bem-conceituado que funcione para você.

Agora Natalie estava pronta para mudar de vida.

SUCESSO NA VIDA PESSOAL

Conforme eu atendia as pessoas ao longo dos anos, eu descobri que muitas prosperam no mercado de trabalho, mas são incapazes de encontrar o sucesso em suas vidas pessoais. Elas parecem ser capazes de sair de si em um ambiente de trabalho, mas, em um ambiente privado, elas voltam aos padrões de negatividade, possivelmente resultado de uma infância instável, sentindo-se deprimidas e incapazes de ver as coisas boas em si mesmas.

Eu aconselhei uma corretora da Bolsa, Tanny, que administrava vários negócios menores por fora. Tanny era alta, bonita e agradável de se ter por perto. Seus negócios tinham cheiro de sucesso, mas a vida pessoal dela não tinha direção.

Ela lutou contra a depressão decorrente de ter lidado com pais alcoólatras na infância e não conseguia ver coisas boas em si mesma, porque ela não se *sentia* bem consigo mesma. Tanny não estava disposta a mudar sua forma de pensar para se sentir melhor. Ela não encontrava uma solução para a depressão porque optou por não acessar os pensamentos positivos.

Os padrões de pensamento negativo da infância permaneceram incorporados nela e reverberavam em sua cabeça como uma antiga gravação cancerosa. Ela era uma pessoa maravilhosa e criativa, mas não sabia disso.

Encontre o positivo em si mesma.

PENSE, SINTA, AJA

Eu expliquei a Natalie que muitas pessoas têm a crença equivocada de que nossos sentimentos criam nosso pensamento, que por sua vez nos conduz às nossas ações. Na realidade, nosso pensamento gera nossos sentimentos, que nos levam às nossas ações.

Se você mudar seu modo de pensar, seus sentimentos vão mudar e, finalmente, suas ações serão diferentes. Natalie concordou em modificar seu pensamento para que seus sentimentos e suas ações mudassem.

Ela começou a fazer uso de algumas afirmações positivas empregadas por membros de seu grupo. Suas declarações eram todas focadas em seu corpo, mas foi um ótimo começo. Ela escreveu declarações nas quais ela podia acreditar:

- Eu tenho pés bonitos.
- Eu tenho um cabelo bonito.
- Meus dedos são longos e belos.

Conforme o tempo passava, ela foi capaz incluir outras declarações:

- Eu sou uma boa mãe.
- Eu sou uma esposa amorosa.
- Eu tenho valor.
- Eu sou uma boa amiga.
- Eu posso desfrutar das bênçãos que me foram dadas.

Natalie aprendeu a se visualizar como se estivesse bem. Ela escrevia várias visualizações de gratidão, que acostumou-se a usar diariamente:

- Cada parte do meu corpo funciona como deveria.
- Minha pele cobre o meu corpo.
- Meus ouvidos podem ouvir.
- Meus olhos podem ver a beleza da Terra.
- Eu sou saudável e forte.

Natalie era uma pessoa gentil, graciosa e adorável. Ela se mudou para outra cidade, e eu não a vejo há algum tempo, mas antes de ir embora ela soube que eu a amava e achava que ela era maravilhosa. Ela poderia dizer isso a si mesma diariamente. Nós conversamos sobre ela ser capaz de dizer que se amava e sentir isso de verdade. Ela tem um brilho divino e torna o mundo um lugar melhor só por viver nele.

Livrar-se da negatividade foi uma longa e árdua jornada para Natalie, mas, a última vez que a vi, ela estava no caminho – esforçando-se e trabalhando duro.

"Os problemas são apenas oportunidades disfarçadas de trabalho."

– Henry J. Kaiser

PENSAMENTO CRÍTICO

Eu me lembro de ter ido à casa de uma vizinha no fim de uma tarde quando era adolescente. Ela tinha três filhos abaixo dos três anos. Um estava chorando, outro estava implorando por um biscoito, e o bebê precisava ser trocado. A casa estava uma bagunça. Eu me lembro de ter pensado: "Minha casa nunca vai ficar desse jeito".

Eu pensei novamente nessas palavras quando tive três filhos pequenos e a minha casa não estava limpa. Pensamentos críticos assim sempre voltam para me assombrar. Se eu penso "aquela pessoa é desastrada porque derrubou leite", eu tenho certeza de que serei a próxima a derrubar leite. Tudo que vai volta. Mantenha pensamentos positivos à sua frente para que você atraia coisas boas para a sua vida.

Bea morava sozinha em uma velha casa de família. Ela estava zangada com os vizinhos porque eles deixavam o cachorro entrar no seu quintal. Crianças da vizinhança andavam em seu jardim. O carteiro colocava algumas de suas cartas na caixa da casa ao lado de propósito, para causar problemas a ela.

Ela gritava com as crianças para que ficassem longe dos tomates dela, levou o vizinho com o cão barulhento para o tribunal, então dedurou o carteiro aos seus superiores para lhe ensinar uma lição. Esse tipo de comportamento foi um padrão em sua vida.

Bea ganhou uma reputação negativa em sua pequena cidade. As pessoas saíam de perto dela quando ela estava no caixa da mercearia, e o farmacêutico se certificava de preencher prontamente a receita dela, para que ela não gritasse com ele.

A vida de Bea era governada por regras fanáticas de saúde. Ela queria manter-se jovem para sempre. A família odiava visitá-la, porque ela sempre dava um sermão sobre filtros de água, vitaminas e outros remédios. Ainda assim, Bea se achava invencível.

Conforme envelhecia, Bea desenvolveu várias preocupações com a saúde. Ela começou a ter problemas nos joelhos e quadris, e começou a usar uma bengala. A pele dela adquiriu um tom levemente azulado, porque ela tomara muita prata coloidal. As pessoas eram educadas com ela, mas ela não tinha amigos.

Bea teve uma vida solitária por causa de sua negatividade. Ela morreu sozinha, sem ninguém para cuidar dela.

"Se você quer ser amado, ame e seja amável."
– Benjamin Franklin

PENSAMENTO COMPETITIVO

Desde cedo somos ensinados a pensar competitivamente. A cultura ocidental é baseada na independência do indivíduo. As crianças experimentam a concorrência desde muito pequenas. Pais jovens tendem a observar atentamente qual bebê começa a andar primeiro e quantas palavras os seus filhos tinham aprendido a falar até determinada idade. Muitos pais têm a crença equivocada de que o desenvolvimento precoce significa que seu filho será mais inteligente ou melhor. Crianças disputam o primeiro lugar no concurso de soletrar ou quem termina mais rápido os exercícios de matemática. No campo de futebol, apenas um dos times pode vencer. Bandas e orquestras têm os melhores músicos nas primeiras cadeiras.

Como adultos, existe a competição para obter os melhores empregos, ganhar mais dinheiro, ter o carro mais bonito. A lista é interminável.

Camille queria encontrar uma pré-escola para a sua filha. Ela procurava a melhor de todas, por isso passou vários meses visitando e avaliando escolas. Ela localizou uma boa escola que atenderia às necessidades da sua filha, mas ela só tinha dez vagas para o ano seguinte. Ela contou aos amigos sobre todo o trabalho que havia feito, e vários deles também quiseram matricular os filhos naquela escola.

Camille ficou com receio de que sua filha não conseguisse um lugar para o outono se todos os amigos dela matriculassem os filhos e expressou essa preocupação ao marido.

– Imagine todas as crianças sendo aceitas – ele disse.

– Oh – ela disse, surpresa –, eu não havia pensado dessa forma.

Camille mudou sua opinião. Ela visualizou todas as crianças sendo aceitas, e elas foram!

Se você se pegar desejando algo apenas para si mesma – e excluindo os outros –, mude seu pensamento e diga: "Não seria maravilhoso se todos nós fôssemos bem-sucedidos?"

Tente mudar seu pensamento do competitivo "eu ganho, você perde" para "sejamos todos bem-sucedidos". Você consegue sentir um fluxo de energia positiva enquanto faz isso? Ele cria um ciclo de feedback positivo dentro de você. Quanto mais você faz, melhor se sente, e, quanto melhor se sente, mais você faz.

Experimente a energia positiva! Há o suficiente para todos. Todos podem ganhar.

> *"As suas crenças se tornam os seus pensamentos. Seus pensamentos se tornam suas palavras. Suas palavras se tornam suas ações. Suas ações se tornam seus hábitos. Seus hábitos se tornam seus valores. Seus valores se tornam seu destino."*
>
> *– Mahatma Gandhi*

PENSAMENTO CATASTRÓFICO

> *"Será que eles temem a dor da morte? Ou será que eles temem a alegria da vida?*
>
> *– Banda Toad The Wet Sproket*

Você já se pegou tendo pensamentos catastróficos ou esperando o pior?

Zoe foi admirável ao notar esse padrão em si mesma. Sua filha estava aprendendo a dirigir, e, enquanto ela entrava na garagem, Zoe disse a ela: "Diminua, você vai bater na parente da frente e derrubar a casa inteira." A filha olhou para ela como se ela fosse um ET, então continuou estacionando na garagem lentamente e parou a uma distância segura da parede. Zoe pensou por um momento. "Foi um pensamento catastrófico", ela disse, e tanto ela quanto a filha começaram a rir.

Zoe logo fez piada com isso. Ela ria sempre que se pegava com pensamentos catastróficos, e esse humor ajudou-a a se livrar do seu pessimismo.

ENCONTRE SEU PADRÃO

Registre seus sentimentos em um caderno. Use seu telefone ou computador, se for mais fácil. Observe seus padrões de discurso. Ouça a si mesma em conversas diárias. Conversas negativas provocam sentimentos negativos.

Registre em cada incidente:
- Hora
- Local
- Comportamento
- Sentimentos

Após ter registrado seus incidentes e sentimentos, defina seu pensamento mais detalhadamente escrevendo em seu diário o padrão que você perceber. Talvez você pense em catástrofes, ou talvez você seja crítica com os outros. Talvez você guarde as coisas para si com conversas interiores críticas.

MUDE O SEU PADRÃO DE PENSAMENTO

Um grupo de clientes trabalhou para se libertar da negatividade ajudando uns aos outros com expressões como:
- Entregue sua vida aos cuidados de Deus. (Alcoólicos Anônimos)
- Não vá por esse caminho.

A interrupção e a substituição de pensamentos funcionam se trabalhadas uma hora de cada vez, um dia de cada vez. É útil ter um amigo, então procure alguém com quem compartilhar o seu processo.

"As pessoas sempre reagirão de forma positiva à alegria e ao entusiasmo."
– Autor desconhecido

Existem muitos outros padrões de pensamento negativo além dos que estão neste capítulo. Não existe certo ou errado quando se trata de modificar seu pensamento pessimista. Encontre o que funcione para você. Liste as coisas negativas que você deseja alterar e encontre alternativas. Nós podemos ficar sobrecarregados tentando mudar tudo de uma vez, então concentre-se em mudar um padrão de cada vez. A mudança rápida é sempre suspeita, mas a mudança que vem lentamente é duradoura.

Trabalhe em cada item da sua lista por seis semanas para ter certeza de que o hábito foi eliminado. Então, vá para o próximo.

Empurra, pressiona, torce. A borboleta luta pela liberdade. Suas antenas sondam o ar, mantendo o equilíbrio e a segurança. Essas antenas ativas proporcionam os dons do olfato e da audição. Quão grata é a borboleta por essas duas protuberâncias oscilantes?

Você também desfruta de uma sensação de equilíbrio com seus padrões de pensamento positivo. O mundo tem mais estabilidade e simetria. Você desfruta de uma sensação de realização, sentindo que sua vida é mais segura. A gratidão é sua.

A ALEGRIA INTRÍNSECA É O PASSAPORTE PARA O TRIUNFO

Descrição dos Passos:
- Mantenha um diário
- Procure por padrões de pensamento negativo
- Liste a negatividade que você deseja alterar
- Utilize técnicas como:
    - Interrupção de pensamento
    - Substituição de pensamento
    - Afirmações positivas
    - Visualizações positivas
    - Grupos de autoajuda
    - Peça a um amigo para ajudá-lo a verificar o seu progresso
    - Mude lentamente para que sua mudança seja permanente
    - Trabalhe por seis semanas antes de passar para o próximo padrão

Capítulo 17
Recuperando a Capacidade de Ouvir

Eu não quero ouvir apenas a mim mesma.

Se você não ouve, você impossibilita que a energia positiva enriqueça a sua vida. Você não conseguirá ouvir os outros se não prestar atenção, mas, igualmente importante, você não conseguirá ouvir a si mesma. A capacidade de ouvir outra pessoa é um dos maiores presentes que podemos receber. Não conseguimos conhecer realmente uma pessoa se não descobrimos o que ela está pensando e como ela se sente, e a forma de descobrir isso é ouvindo.

O letreiro de uma igreja cristã perto da nossa casa tem uma declaração que diz: "Há algumas perguntas que não podem ser respondidas pelo Google." Se escutarmos o nosso poder superior, poderemos vir a encontrar as respostas que buscamos.

"Aquietai-vos e sabei que eu sou Deus."

– Salmo 46:10

Ser uma pessoa atenciosa nos dá o privilégio de entender o outro e encontrar respostas para nós mesmos de um poder superior. Por que nós gostamos de histórias? Porque as histórias nos deixam ouvir o que se passa dentro da cabeça de alguém. A observação nos dá novas ideias e nos ajuda a aprender sobre nós mesmos como indivíduos, nossos entes queridos e o mundo. O dom de ouvir não tem preço.

Às vezes nossa emocionalidade bloqueia a nossa capacidade de ouvir. Raiva, medo e tristeza são provavelmente as emoções mais comuns, mas a alegria exagerada também pode nos impedir de ouvir aqueles ao nosso redor.

A RAIVA A IMPEDE DE OUVIR

Masy e Joe vieram para a terapia conjugal. Masy ficava constantemente com raiva de Joe. Às vezes, a raiva dela não era em resposta a alguma coisa específica; era só negatividade em geral. Masy não ouvia Joe – ela ignorava tudo o que ele tinha a dizer. Foi muito difícil para ela encontrar o seu padrão de raiva. Era como uma capa da invisibilidade que ela usava o tempo todo.

Masy teve vários irmãos mais velhos que eram malvados e a menosprezavam quando ela era mais nova. Ela tinha amplas razões para se zangar com os homens.

Masy queria escolher um caminho positivo quando adulta, mas desapegar-se da negatividade foi mais difícil do que ela pensava. Ela escrevia seus sentimentos em um diário e trabalhava para reeducar sua criança interior. Quando ela abriu mão de seu pessimismo para escutar o que Joe tinha a dizer, Masy se sentiu nua. A raiva havia bloqueado a energia positiva em seu relacionamento por tanto tempo que Masy na verdade se sentiu desconfortável sem ela em um primeiro momento. Pouco a pouco, ela começou a se libertar disso. Mas era difícil – ela tropeçou em seus sentimentos em muitas situações diferentes.

Uma noite, Masy e Joe saíram com os amigos, e Joe contou a todos sobre algo maravilhoso que Masy tinha feito naquele dia. Ainda que fosse algo positivo, Masy ficou envergonhada e com raiva. Por que ele não podia contar aos outros coisas sobre si mesmo, e não sobre ela?

Masy sentiu suas emoções negativas ressurgindo, então tirou um tempo para si mesma. Ela foi ao banheiro para se afastar da situação e usou vários mantras positivos para se acalmar e criar um clima mais alegre.

- As pessoas importantes na minha vida me apoiam.
- Eu sinto o amor de Deus me envolvendo.
- As asas de anjo da minha avó estão ao meu redor.
- Eu posso sentir a energia positiva pulsando em meu corpo.
- Joe me ama e quer o melhor para mim.
- Eu posso cuidar de mim mesma.

Após o tempo para esfriar a cabeça, Masy se juntou novamente aos seus amigos e decidiu falar com Joe mais tarde. Em casa, ela disse a ele que tinha ficado envergonhada quando ele falou sobre ela. Ela queria compartilhar a sua história somente quando estivesse pronta. Joe a ouviu e refletiu sobre suas preocupações até que ela tivesse certeza de que ele a ouvira corretamente. Então, ela ouviu enquanto Joe compartilhava seus sentimentos. Ele estava orgulhoso dela e pensava que ela era maravilhosa. Ele queria que todos a vissem como ele a via. Assim que ele terminou o seu pensamento, ela reafirmou seu lado do problema até que ele estivesse satisfeito por ter sido ouvido.

Joe aprendeu a respeitar os limites dela e a compartilhar apenas coisas sobre si mesmo. Ele foi gentil e compreensivo durante o processo, tomando cuidado para não repetir os comportamentos dos irmãos dela.

Às vezes, Masy usava meditações que ela tinha desenvolvido para mudar seu pensamento. Se estivesse em casa, ela saía para dar um passeio; outras vezes, ela usava seus exercícios de respiração profunda. Ouvir música relaxante também ajudava. Quando ela se acalmava, conseguia falar com Joe sobre o assunto em questão.

Masy se sentiu livre quando se libertou da sua raiva e melhorou a forma de expressar os seus sentimentos.

"Àquele que suprimir a sua raiva...
Deus dará uma grande recompensa."
– Maomé

A DESCONFIANÇA E O MEDO INIBEM A CAPACIDADE DE OUVIR

O medo incapacitava Lila. Ela pensava que seu marido não estava prestando atenção suficiente a ela e suspeitava que ele estivesse tendo um caso. Ele ficava no trabalho mais do que o necessário, tornando seu medo ainda mais forte. Ele não ajudava o bastante em casa. Ela temia que ele não a amasse mais. Em suas sessões de terapia, ela discutia repetidamente os mesmos medos.

O marido de Lila queria salvar seu casamento e ouvia conforme ela compartilhava seus sentimentos. Ele começou a voltar do trabalho para casa todos os dias às seis, mas não era suficientemente cedo para ela. Ele era responsável por limpar a cozinha depois do jantar e dar banho nas crianças antes de dormir. Ainda que ele realizasse essas tarefas, ela ainda não sentia como se ele ajudasse o bastante em casa. Depois que as crianças estavam na cama, eles se sentavam juntos para assistir a um programa na televisão ou ler juntos. Lila continuava a se queixar de que ele era desatento com ela, mas não conseguia definir os comportamentos que ela queria mais claramente do que já havia feito.

Quando Lila falou sobre sua família de origem, ela descreveu o pai com as mesmas características que ela tinha usado para descrever o seu marido. Sua mãe pensava que seu pai nunca era bom o suficiente — o mesmo padrão em que Lila tinha caído com o marido.

O marido de Lila era uma pessoa gentil e metódica, que cumpria cada tarefa dada a ele. Ele veio fazer terapia por vários meses, mas dizia que não conseguia enxergar que bem isso estava fazendo. Lila nunca parava de reclamar.

Um dia, ele decidiu que já tinha aguentado o bastante, pediu o divórcio e foi embora. Os medos de infância incapacitaram Lila. Ela tinha projetado toda a ansiedade de sua juventude em seu marido e não parecia ser capaz de superá-la. Ela perdeu seu casamento por causa disso.

A TRISTEZA BLOQUEIA A CAPACIDADE DE OUVIR

O marido de Angelina, de trinta anos, morreu de câncer, deixando-a devastada e inconsolável. O luto a sufocou até um ponto em que ela tinha dificuldade para realizar tarefas diárias, como lembrar-se de tomar seu remédio da pressão arterial. Mesmo quando ela colocava os comprimidos em um porta-comprimidos diário, ela não sabia que dia era.

Seu irmão ficou preocupado com ela. Uma noite, ele e a esposa levaram Angelina para jantar. Durante a refeição, o irmão sugeriu que Angelina comprasse um cachorrinho para consolá-la. A cunhada argumentou que Angelina não conseguia tomar conta nem de si mesma, muito menos de um cão.

No dia seguinte, o irmão perguntou a Angelina o que ela tinha decidido sobre o filhote, mas Angelina nem mesmo se lembrava de ter conversado sobre um cão. Ela estava envolvida tão profundamente em sua própria dor que não percebia as coisas que estavam acontecendo ao seu redor.

A DESATENÇÃO PODE SER UM HÁBITO

Não ouvir pode se tornar um hábito. Esse padrão pode tê-la servido bem quando criança, mas às vezes essas práticas não funcionam para adultos.

O pai de Janey era muito crítico, e, quando criança, ela aprendeu a não ouvir o que ele dizia, para que não assumisse a aura negativa que ele exalava continuamente. Quando Jane se tornou adulta, ela ainda não ouvia. Se ela e o marido tentassem discutir alguma coisa, ela tinha certeza de que ele a estava criticando e não prestava atenção nem ouvia o que ele realmente dizia.

Janey também não ouvia nas conversas com os outros. Ela sempre estava ocupada pensando no que queria dizer a seguir, ou passava por cima da outra pessoa antes que ela terminasse de falar.

Levou algum tempo para mudar o hábito de não escutar de Janey. Ela usava uma palavra de alerta na cabeça dela quando percebia que estava pensando em outra coisa durante uma conversa. Ela escolheu a palavra "pato", porque ela e o marido adoravam ver os patos no lago perto da sua casa. Seu marido também poderia usar a palavra quando ele sentisse que não estava sendo ouvido. Eles até poderiam usar a palavra quando estivessem em público, e ninguém mais entenderia, mas ambos saberiam o que significava.

Janey dizia ao marido quando se sentia criticada. Conforme ela começou a entender que ele não estava pensando em absolutamente nada de negativo, ela passou a relaxar e a se ver sob uma perspectiva mais positiva.

Janey praticava a escuta ativa, ou a reflexão sobre o que seu marido dizia. Isso a ajudou a ouvir com mais profundidade. Quando ele falava com ela, ela ouvia atentamente, para que pudesse reformular a sua ideia. Ela continuava fazendo isso até que ele se sentisse satisfeito com a sua reformulação. Em seguida, Janey relatava sua próxima ideia, e o marido respondia, reformulando o que ela havia dito de forma satisfatória.

Essa técnica era estranha no início, pois retardava em muito a conversa, mas valeu a pena. Janey se esforçou para transformar seus pensamentos e vontades em palavras. Era difícil ouvir o marido, mas, quando ela o fez, ela passou a entender seus pensamentos e sentimentos. Eles se sentiram mais próximos do que haviam sentido em anos. Ela adorou poder conhecer a si mesma e ao marido.

A escuta ativa também ajudou Janey, porque a forçou a se comportar como uma adulta na conversa, em vez de voltar a ser a criança que não queria ouvir o pai.

APRENDENDO A OUVIR

"O princípio da sabedoria é o silêncio.
O segundo estágio é ouvir."

– Autor desconhecido

Ouvir e escutar envolve alegria e entusiasmo pela vida e por aqueles ao nosso redor. Eu sou associada a um grupo de crianças que ouvem a vida de muitas maneiras diferentes. Shelly ouve com o coração. Ela corre para a mãe e diz: "Eu vou amar você para sempre". Yolanda ouve as criaturas ao seu redor. Ela adora pequenas criações. Quando ela vê uma formiga passando, ela a pega no dedo e a chama de sua "formiga de estimação". Ela adora joaninhas e vermes da mesma maneira. Daisy tem quase dois anos e adora livros. Ela pode se sentar em uma pilha de livros e virar as páginas cuidadosamente, verificando cada uma — ouvindo o que os livros dizem a ela. Jenny tem uma paixão pelo sapateado. Seus pés estão sempre batendo. Lisa e Suzie se divertem se arrumando e pintando as unhas.

Ouvir mostra aos outros que você tem uma paixão por algo ou alguém. Suzie, de onze anos, adorava cozinhar. Sempre que um programa de culinária estava passando na TV, ela prestava muita atenção a ele. Mesmo que ela tivesse dificuldade com frações na escola, ela era capaz de descobrir como fazer metade ou o dobro de uma receita, porque ela estava interessada. A irmã mais nova aprendeu tudo sobre culinária, porque Suzie ensinou a ela.

Uma jovem mulher que eu conheci tem uma sintonia incrível com os pássaros ao seu redor. Ela adora observá-los. Ela entrou para a ONG de preservação ambiental Audubon Society quando jovem e aprendeu os nomes dos pássaros e seus cantos. Talvez ela goste tanto de pássaros porque sua personalidade é amável e gentil como eles. Outra jovem, Jaden, passa horas caminhando pelas colinas da área rural onde ela mora. Jaden pode avistar faisões, gansos, cervos e diferentes espécies de alces em um virar de cabeça. Ela aguçou sua visão em meio à vida selvagem.

Nós podemos praticar nossa capacidade de refletir e ouvir, mas, até que escutemos a paixão e o amor que os outros têm, nós nunca realmente conseguiremos nos conectar com aqueles ao nosso redor. As pessoas adoravam a princesa Diana porque ela se importava com elas. Pense nas inúmeras fotos da mídia em que ela se inclinava para fazer contato visual com uma criança e abraçá-la. As crianças sabiam que ela ouviria, porque ela abaixava até a altura delas para ficar mais perto. Seu carinho mudou o mundo.

*"Todos os seres buscam a felicidade; então,
deixe que a sua compaixão se estenda a todos."*
– *Mahavamsa*

Da mesma forma, se você quer que os outros a escutem, você precisa sentir entusiasmo com o assunto. O público geralmente percebe a devoção e seriedade de uma pessoa sobre o tema escolhido e muitas vezes vai ignorar um orador sem entusiasmo.

Escreva o seu padrão na hora de ouvir os outros em um diário para descobrir a carga emocional em seus relacionamentos. A sua energia em direção à pessoa com quem você está conversando é positiva ou negativa? Elimine quaisquer tendências antagônicas para que a energia positiva possa fluir entre você e a pessoa com quem você está falando. Quando encontrar os padrões e conseguir vê-los por si mesma, mude-os, se desejar — mas lembre-se de que leva tempo para mudar um hábito.

À medida que você aprender a fazer isso, você não receberá apenas o presente das mensagens de outras pessoas, mas também permitirá a energia positiva em sua vida. Você vai ouvir novas ideias que vão melhorar a sua vida.

Os pés da borboleta batem contra as paredes da crisálida, forçando seu caminho para a liberdade. Elas chutam ar, prontas para sentir o sabor do delicioso néctar das flores. Sua tarefa é trazer a promessa de nutrição a essa beleza alada.

Suas habilidades para ouvir recém-descobertas fazem com que você sinta o gosto da proximidade em seus relacionamentos. A luz e o amor vêm em abundância por causa de sua nova habilidade. Saboreie as alegrias positivas trazidas por eles.

VIVACIDADE INATA É INDISPENSÁVEL PARA A PROSPERIDADE

Descrição dos Passos:
- Registre em seu diário as vezes em que você não ouviu.
- Procure padrões de atitude.
- Permita um fluxo de energia positiva entre você e a pessoa com quem você está.
- Identifique as distrações internas.
  - Use palavras de alerta para detê-las.
  - Ouça.

- Reflita sobre o pensamento da outra pessoa até que ela se sinta satisfeita.
- Repita o processo.
- Encontre sua paixão pela vida.
- Deixe que esses sentimentos atinjam seus relacionamentos com os outros.
- Identifique-se com o entusiasmo deles.
- Desenvolva uma atitude de amor.
- Importe-se com aqueles ao seu redor.
- Permita que a felicidade se torne um hábito.

Capítulo 18
Controlando a Emocionalidade

Eu não quero ser descontrolada emocionalmente.

Se você estiver sobrecarregada por emoções, as dádivas da energia positiva estarão bloqueadas. Você não será capaz de receber bênçãos, porque estará mergulhada em sentimentos. Quando você permite esse tipo de comportamento em sua vida, você se concentra em se proteger do mundo exterior com uma barreira emocional que não permite qualquer acesso.

A emocionalidade distancia aqueles que estão ao seu redor. Eles não conseguem se aproximar porque você está muito nervosa, muito deprimida, com muito medo, chorando demais ou muito fechada. Você pode estar tão ocupada com a emotividade que não chega a conhecer a si mesma – como você pensa, o que sente e a maneira como realmente quer se comportar.

Pessoas de todas as idades podem ter emocionalidade excessiva. Seja qual for a idade, geralmente há uma razão para o comportamento, e é importante descobrir qual ela é para que o padrão possa ser alterado.

A EMOCIONALIDADE EM CRIANÇAS

Torinda, de oito anos de idade, poderia chorar e fazer drama em um piscar de olhos. Se ela tivesse muita lição de casa para fazer, ela chorava, dizendo que ninguém tinha tanta coisa para fazer quanto ela. Ela continuava e dizia que as outras crianças podiam brincar antes de fazer a lição. Ela reclamava que nunca podia receber os amigos em casa, mesmo quando tinha recebido um amigo no dia anterior.

A mãe de Torinda crescera com pais muito rigorosos e não queria criar a filha assim. Então, quando Torinda chorava, a mãe dela lhe dava algum tempo para brincar, ou deixava que ela chamasse um amigo para fazer alguma coisa.

Qual era a recompensa de Torinda por sua emocionalidade? Ela era capaz de fazer as coisas do seu jeito e fugir de suas responsabilidades.

Na terapia, Torinda disse que não gostava de ficar chateada. Isso fazia com que ela se sentisse "mal por dentro". Eu perguntei a Torinda por que ela ficava aflita. Ela respondeu, como a maioria das crianças, "eu não sei".

Quando uma criança responde dessa forma, você pode ajudá-la a definir o que está acontecendo por meio de adivinhação e, em seguida, procurando um sinal de reconhecimento, que geralmente é um sorriso. Eu disse a Torinda: "Eu gostaria de saber se você fica chateada para não ter que fazer as suas tarefas." Ela olhou para mim e sorriu, mas não disse nada. Ela tinha me dado a resposta.

Torinda e os pais conseguiram conversar sobre o problema, para decidir como eles iam lidar com a sua emocionalidade. Quando Torinda ficasse chateada, ela e os pais concordaram que ela teria um tempo de quinze minutos para respirar fundo, ouvir música relaxante e pensar em outra coisa que não fosse sentir pena de si mesma.

Eu expliquei a Torinda que o nosso pensamento cria nossos sentimentos, e os nossos sentimentos nos levam a ações. Se ela realmente quisesse mudar suas ações, ela teria que começar a pensar de forma diferente.

Pense... Sinta... Aja.

Durante seu tempo de reflexão, Torinda dizia essas palavras a si mesma várias vezes antes de aplicar o pensamento positivo. Ela escreveu várias cenas felizes que ela poderia visitar em sua mente até que se acalmasse.
- Nadar com os amigos.
- Aproveitar um dia na Disneylândia.
- Montar um cavalo na fazenda de seus avós.

A falta de estrutura em sua rotina diária havia estimulado a emocionalidade de Torinda, porque dava abertura para que ela manipulasse a mãe. Ela e os pais definiram horários específicos em que ela faria suas tarefas, e também estabeleceram o tempo livre e os encontros com os amigos. Torinda colocava as informações em uma tabela.

Houve algumas pedras no caminho enquanto Torinda aprendia a controlar as suas emoções, mas os pais dela continuaram a seguir a tabela, o que a deixou brava em um primeiro momento, porque ela tinha que ser responsável. Ela se sentiu melhor com o tempo, e ao terminar as suas tarefas ela tinha mais tempo para brincar.

A autoestima cresce à medida que uma criança aprende que é amada e aprende a ser responsável.

"Poucas coisas ajudam mais um indivíduo do que atribuir a ele responsabilidade e mostrar-lhe que você confia nele."
– Booker T. Washington

ADOLESCENTES E A EMOCIONALIDADE

Outra área que pode estimular a emocionalidade é a de relacionamentos entre pais e adolescentes. Como pai, às vezes é difícil permanecer calmo e controlado. Por exemplo, Dourine queria pegar o carro para ir às compras com as amigas. Jodi, a mãe, não gostava de que ela fosse fazer compras com muita frequência, porque sabia que Dorine gastaria muito dinheiro. Uma tarde, enquanto Jodi estava ao telefone, Dorine saiu de fininho e levou o carro, sem avisar à mãe que ela estava pegando o carro ou aonde ela estava indo.

Quando Jodi terminou o telefonema, ela saiu para pegar o carro e buscar seu marido, Rick, no trabalho, pois o carro dele estava na oficina para trocar os freios. Jodi ficou possessa quando descobriu que o carro não estava lá. Agora nem ela nem o marido tinham um meio de transporte. Eles estavam furiosos.

Felizmente para Dourine, ela não tinha levado o telefone, então os pais não conseguiram ligar para gritar com ela naquele momento. Rick conseguiu uma carona com um amigo, que riu e contou a ele sobre um incidente semelhante que acontecera com sua filha, alguns anos antes. Jodi estava tão chateada que tudo o que ela conseguiu pensar em fazer foi assistir ao programa do Dr. Phil e pedir comida chinesa.

Rick e Jodi frequentavam uma aula de como educar os filhos na sua igreja. Depois que Jodi assistiu ao programa do Dr. Phil, ela decidiu ligar para o líder da sua turma para pedir seu conselho sobre a situação com Dourine.

O líder da turma disse a Jodi que Dourine precisava ser responsável por seu comportamento. Se Jodi e Rick ficassem decepcionados com suas ações, Dourine sentiria remorso e culpa, o que a ajudaria a interiorizar a necessidade de ser responsável por suas ações. Se Jodi e Rick estabelecessem as consequências racionalmente, Dourine seria responsabilizada pelo que fez.

Se, no entanto, Jodi e Rick fossem emotivos demais, com raiva ou lágrimas, Dourine provavelmente acharia que eles estavam descontrolados. Ela poderia se sentir vitimada e envergonhada, ou ela poderia ficar zangada e ressentida, e acabar se fechando. Em qualquer caso, ela não internalizaria a necessidade de pedir o carro e não se responsabilizaria por seus sentimentos e ações.

As ações de Dourine mostravam que ela sabia que poderia se safar do que ela quisesse. Que, na verdade, essa era a recompensa pelo comportamento dela.

Jodi e Rick conversaram sobre como eles lidariam com a situação antes de Dourine voltar para casa. Eles permaneceriam calmos e seriam racionais, permitindo que Dourine definisse sua própria consequência.

Jodi e Rick estavam juntos à porta da frente enquanto Dourine entrava. Ela estava pronta para uma briga e começou a se defender antes que Jodi e Rick dissessem algo. Eles se mantiveram juntos fisicamente quando ela entrou na sala, como um sinal para Dourine de que eles estavam unidos, e ela não poderia jogar um contra o outro.

Ambos os pais disseram que estavam decepcionados com as ações dela e perguntaram, em resposta aos argumentos de Dourine: "O que você vai fazer para se lembrar de ser responsável da próxima vez?"

Quando pôde ver que não conseguiria irritar os pais, Dorine se acalmou. Os pais dela continuaram pressionando para que ela definisse suas próprias consequências com a pergunta: "O que você vai fazer para se lembrar de ser responsável da próxima vez?" Ela finalmente se pronunciou de castigo, sem poder pegar o carro por duas semanas. (Foi mais do que seus pais teriam dado a ela, mas eles entraram na onda).

Dourine também foi capaz de negociar as "horas de compras" com as amigas depois do castigo, para que ela não tivesse que sair escondida. Os três se sentaram e ajudaram Dourine a organizar seu orçamento, para que ela tivesse um pouco para gastar todo mês. A mãe dela percebeu que a filha estava crescendo e precisava de um voto de confiança.

Essa foi uma boa experiência para Dourine. Ela agora sabia que podia negociar com seus pais, em vez de apenas resolver as coisas sozinha.

Se você está presa em um relacionamento emocional demais com seu filho adolescente, esse padrão é difícil de mudar. Um adolescente tem idade suficiente para ser incluído no processo de mudança. É vital ouvir, falar e trabalhar em conjunto para a transformação familiar.

> *"Se você quer que seus filhos mantenham os pés no chão, coloque um pouco de responsabilidade sobre seus ombros."*
> – Abigail Van Buren

A EMOCIONALIDADE NO CASAMENTO

Quando Tom e Susan vieram para a terapia, Susan estava o tempo todo com raiva. Seu marido, Tom, a amava e queria "consertar" o problema quando ela ficava com raiva. Ele queria deixá-la feliz fazendo todas as vontades dela; quando ela estava brava, ele sempre corria para deixar as coisas do jeito dela. Às vezes, ele ficava ressentido — ele nunca chegou a ajudar só porque queria, era sempre porque ela ficava com raiva e exigia isso. A recompensa pela raiva era sempre conseguir as coisas do jeito dela.

Quando conversamos sobre seus padrões de comportamento, Susan decidiu que não queria que Tom fizesse coisas por ela porque ele se sentia obrigado — ela queria que ele fizesse as coisas por ela por amor. Ela nem sempre precisava que as coisas fossem feitas do seu jeito. Ela queria dar e receber na relação — respeito mútuo. Ela podia ver que o amor é melhor nutrido quando é recíproco.

Tom começou a se libertar de sua reatividade. Sua parte na mudança era ajudar porque ele queria, não porque ele tinha que ajudar.

Susan escreveu sobre sua raiva em um diário e pôde notar um padrão. Quando ela queria que algo fosse feito, ela não simplesmente pedia. Ela ficava com raiva. A mãe dela tinha exibido esse mesmo modelo quando Susan era criança. Se o trabalho não fosse feito, a mãe dela a repreendia e menosprezava. Não existia "dar e receber" na relação com sua mãe, então Susan não sabia como criar isso em seu casamento. À medida que Susan começou a falar, ela começou a mudar.

Se podemos ver as coisas e falar sobre elas, podemos pensar e reagir de forma diferente. Susan foi capaz de estabelecer metas como adulta e mudar sua concepção infantil da vida. Era melhor *pedir* a alguém para fazer algo. Não precisava ser uma exigência raivosa.

> *"Não é forte quem derruba os outros;*
> *forte é quem domina a sua ira."*
> – *Profeta Maomé*

Para liberar a emocionalidade, dê um passo para trás, respire fundo e mude seu pensamento. Quando estiver tirando um tempo para reflexão, estabeleça um número de minutos afastada. Diga ao seu parceiro que você estará de volta em 30 ou 45 minutos. Assim, seu parceiro vai saber o que esperar e quando você vai voltar. Isso dá a você um tempo para se acalmar. Durante seu tempo para reflexão, dê um passeio ou faça algum outro exercício físico, se possível. Respire fundo enquanto anda. A respiração purifica o corpo e libera as emoções.

Mude o seu padrão de pensamento. Ajude os outros. Olhe para as coisas boas em sua situação. Mesmo as circunstâncias mais turbulentas lhe trazem dádivas. Encontre-as antes de retornar do seu tempo para reflexão. Se você se sente presa, peça a um amigo para ajudar.

Você pode estar sendo orientada a sair de uma circunstância de risco pela raiva e pelo medo. Você está em uma situação na qual vem sendo agredida ou abusada? Verifique a sua posição com cuidado. Pergunte a um amigo de confiança. Por favor, mantenha-se protegida e proteja outros membros da sua família, como crianças ou idosos. Se você não tiver certeza do que fazer, procure ajuda externa.

Redefinir padrões familiares pode ser revigorante. Mas, às vezes, você pode sentir resistência, porque o sistema de comunicação quer manter os velhos costumes familiares. Basta persistência e perseverança para que a mudança ocorra. Então, a paz, a felicidade e a gratidão pela vida vão atrair bênçãos inimagináveis.

A EMOCIONALIDADE COMO PROTEÇÃO

Às vezes, nós tentamos proteger as pessoas ao nosso redor de seus próprios sentimentos. Eu aconselhei uma família em que um jovem pai havia morrido recentemente de câncer. A mãe, Johanna, estava enlutecida — enfraquecida emocionalmente pela morte do marido. Ela não era capaz de sair da cama e passava grande parte de seu dia chorando. As crianças estavam tão ocupadas se certificando de que a mãe estava bem que não puderam lamentar a perda do seu pai. Elas estavam com medo de perdê-la também.

Isso não significa que não devemos ter sentimentos. Precisamos ter nossos sentimentos e então libertá-los. Em um primeiro momento, Johanna precisava lamentar a perda de seu marido, sentindo-se triste e chorando, ou o que fosse melhor para ela. Então, era importante colocar a sua dor de lado para retornar aos seus filhos e à vida cotidiana. É saudável ficar com raiva ou chorar, mas ela precisava ser capaz de voltar para um estado em que pudesse refletir.

Para se encher de energia positiva, Johanna precisava liberar suas emoções, para que a luz pudesse curá-los.

Os pensamentos regem nossas emoções, e nossas emoções influenciam nosso comportamento. Johanna deixou suas emoções determinarem seus pensamentos e ações.

Eu penso... Eu sinto... Eu ajo.

Através da ajuda de familiares e amigos, Johanna começou a cuidar de seus filhos. Sua mãe a encorajou a falar sobre seus sentimentos com a família, e eles foram capazes de passar pelo luto juntos.

Com a ajuda da avó, as crianças fizeram um álbum de suas memórias favoritas do pai. Na primavera, elas plantaram o jardim, assim como faziam todos os anos com o pai. Elas escreviam cartas para ele e as guardavam em uma "caixa de anjo" especial, feita só para ele. A menina mais nova, que tinha seis anos, sentava na cama com a mãe, e juntas elas conversavam com o "pai-anjo". Elas discutiam sobre a vida e pediam a opinião dele sobre as coisas, então decidiam qual seria sua resposta. Ele ainda fazia parte de suas vidas; elas apenas se comunicavam com ele de forma diferente.

Os sentimentos não são lógicos; eles não fazem sentido. Eles são um estado de ser, e todos nós precisamos ter momentos de sentimento. É somente quando ficamos presos em nossos sentimentos e não conseguimos sair deles que nós prejudicamos os outros e não somos capazes de receber a energia positiva.

Dedique um tempo aos sentimentos. Se a debilidade emocional for um problema para você, esteja disposta a procurar aconselhamento, para que você possa alterar suas percepções – defina um plano para:

- Tirar um tempo para refletir.
- Realizar alguma atividade física.

- Usar exercícios de respiração profunda.
- Mudar a sua forma de pensar.
- Desenvolver um diário de gratidão.
- Usar a visualização para infundir-se com energia positiva.

A borboleta empurra e abre caminho em direção à liberdade. Seu longo aparelho bucal, uma espécie de tubo, desenrola-se debaixo de sua cabeça e sai para fora da crisálida, trazendo nutrientes para essa criatura delicada.

Sua boca também auxilia na busca de sustento através do amor e da proximidade com os outros. Essa bênção em sua vida atrairá aqueles ao seu redor com suas palavras positivas e pensamento iluminado.

A SERENIDADE INTERIOR PROMOVE O CRESCIMENTO

Descrição dos Passos:

- Encontre o seu padrão de comportamento problemático e escreva sobre ele em seu diário.
- Tire um tempo para refletir, se necessário.
- Faça algum exercício físico.
- Use a respiração profunda para relaxar.
- Permita que a gratidão cure.
- Procure algo de bom em uma situação difícil.
    - Encontre a dádiva que ela tem para você.
    - Abrace a dádiva em sua vida.
- Procure terapia ou ajuda externa se você não estiver segura.
- Mude seu padrão de comunicação.
- Resista à tentação de "voltar" aos velhos padrões familiares.
- Tenha seus sentimentos, mas trabalhe para voltar a um estado reflexivo.

- Emocionalidade demais:
  - Impede que as pessoas sejam responsáveis pelos próprios sentimentos.
  - Protege as pessoas da responsabilidade.

Capítulo 19
Pense Antes de Falar

*Eu não quero dizer coisas das quais eu
possa me arrepender mais tarde.*

    Todos nós conhecemos pessoas que falam sem pensar. Isso pode assumir diversas formas. Algumas usam uma comunicação contínua para se distanciar dos outros, parecendo estar em um transe hipnótico enquanto falam – tagarelando interminavelmente. Outras têm um senso de orgulho porque falam o que pensam, sem se preocuparem em ofender aqueles que as rodeiam. Outras ainda soltam o verbo, deixando as emoções ditarem sua mensagem para o mundo ao seu redor.

*"Nunca interrompa alguém que está fazendo
o que você disse que não poderia ser feito."*

– Amelia Earhart

COMUNICAÇÃO CONTÍNUA

    Eu tive um professor na faculdade que conseguia dizer mais sobre nada do que qualquer pessoa que eu já conheci. Sua voz monótona tornava difícil se concentrar em suas aulas.

Da mesma forma, eu atualmente tenho uma conhecida que fala sobre nada como se não houvesse amanhã, até que ela finalmente se contém. Conforme eu a observo, eu acho que ela sabe que está falando demais. Meu marido diz que ela consegue dizer mais sobre nada do que qualquer outra pessoa que ele conhece. Pessoas assim mantêm uma distância emocional em suas vidas por seu padrão de comunicação, que consiste em falar sem parar. Essa é uma forma que elas têm de se esconder.

Cacia, uma doce menina de seis anos de idade, entrou na terapia porque ambos os seus pais a tinham abandonado. Sua mãe era viciada em drogas, e seu pai era um caminhoneiro que percorria longas distâncias e não podia levar a filha com ele. Cacia estava sendo criada pelos avós. Na terapia, ela falou, falou e falou. Quando conseguimos nos conhecer melhor, ela me disse que costumava falar para evitar que a mãe saísse para usar drogas com os amigos. Ela admitiu que, no final, sua mãe ia de qualquer maneira. Falar era uma maneira de mantê-la por perto e tornou-se um hábito.

Cacia sabia que falava demais, porque as crianças zombavam dela na escola. Ela queria parar. Então, nós praticamos. Ela diria três frases e pararia para ouvir a outra pessoa. Depois que a outra pessoa falasse, ela poderia dizer mais três frases. Ela trabalhou duro para mudar seu hábito e foi bem-sucedida.

"Ouça as pessoas duas vezes mais do que você fala."
– *Provérbio*

FALANDO O QUE VOCÊ PENSA

Outras pessoas são capazes de falar o que pensam. Elas dizem tudo o que vem à cabeça, não importa se isso pode ofender alguém. Normalmente, as suas declarações têm um tom negativo para os outros. Às vezes, elas são críticas e julgam as pessoas. Elas justificam seus preconceitos dizendo que são honestas.

Pat, uma senhora que morava do outro lado da rua de uma amiga minha, sempre tirava alguns minutinhos quando estavam arrumando seus quintais para contar a ela sobre os vizinhos. Ela estava sempre por dentro das últimas notícias e conseguia deturpar quase qualquer coisa. Ela fazia questão de dizer à minha amiga que a Sra. Jones não cuidava do seu quintal, e o Sr. Smith, que morava ao lado da Sra. Jones, odiava as ervas daninhas dela entrando por trás da cerca.

Essas pessoas também mantêm uma distância emocional por causa do seu padrão de comunicação. Elas não são confiáveis para compartilhar coisas, pois elas dizem coisas negativas sobre os outros, então você sabe que elas vão dizer coisas negativas sobre você também. Eu sou cautelosa na hora de compartilhar detalhes íntimos da minha vida com esse tipo de comunicador, porque sei que tudo que eu disser será mal interpretado e virará fofoca.

Juliana reclamava dos vizinhos no complexo residencial em que vivia. O homem que morava no apartamento abaixo dela era um bêbado, e ela o repreendia frequentemente sob o disfarce de "ser honesta". Ele atacava de volta dizendo a ela para manter seu cão longe da entrada privativa dele e colocando um motor de carro velho ao lado da escadaria dela. Ela o denunciou à administração, dizendo que ele colocara o motor lá apenas para irritá-la.

Juliana fez o homem da manutenção colocar o motor no lixo e gritou com o vizinho, dizendo que ele era desrespeitoso. No dia seguinte, Juliana encontrou lama espalhada nos degraus que davam para o apartamento dela, certa de que seu vizinho tinha feito isso.

Após várias semanas de terapia, Juliana decidiu que não queria colocar energia positiva em sua vida. Ela gostava da sua negatividade. Ela não estava interessada em mudar seus padrões de fala ou pensamento. Ela tinha orgulho de sua "honestidade" para com os outros e não queria abrir mão disso.

Eu senti uma tristeza quando me despedi de Juliana – chateada de vê-la continuar em sua veia negativa. A vida tem tantas coisas boas para oferecer a todos nós, se nos libertarmos para abraçá-la. Vários anos mais tarde, eu vi o nome dela nos obituários. Ela morreu de um tumor cerebral. Eu sempre me perguntei o que teria acontecido se ela tivesse permitido energia positiva em sua vida.

Maya trabalhava na baia ao lado de Kathy, que falava demais e conseguia pensar em mais cenários negativos do que Maya jamais tinha sonhado. No início, ela escutava Kathy, apenas para ser educada, mas então Kathy continuava a falar sem parar. Ela tentava sair andando, mas Kathy a seguia. Maya discutiu o assunto com seu chefe, que sugeriu que ela dissesse a Kathy como se sentia.

Dizer a Kathy que não gostava de negatividade era algo definitivamente fora da zona de conforto de Maya, mas ela decidiu que não tinha nada a perder. Mesmo se Kathy ficasse ofendida, ela poderia simplesmente decidir nunca mais falar com Maya. Maya até que gostou da ideia.

Maya havia se comprometido a ser positiva em seus próprios padrões de pensamento, então dividiu isso com Kathy no dia seguinte. Ela disse a Kathy que tinha definido uma meta para pensar positivamente e se perguntou se Kathy gostaria de se juntar a ela nessa meta. Para a surpresa de Maya, Kathy concordou, admitindo que não gostava de sua atitude negativa.

– Será que você também pode me avisar quando eu estiver falando demais? – perguntou Kathy. – Minha mãe me diz que eu falo tanto que ela entra em transe toda vez.

Maya concordou feliz, satisfeita com o resultado de seus esforços.

"Uma vez que você substituir pensamentos negativos por positivos, você vai começar a ter resultados positivos."

– Willie Nelson

VENDO ALÉM DO PRECONCEITO

O preconceito é um câncer na alma de muitas sociedades. A negatividade gera escuridão na vida de muitos. Aqueles de nós que viram o resultado da II Guerra Mundial nunca esquecerão o que a intolerância e a injustiça podem fazer.

Eu aconselhei Jada, que saiu de um campo de extermínio polonês com dezoito anos de idade. Ela era mais velha quando eu a conheci e há muito tempo tinha se comprometido consigo mesma a deixar de lado a paranoia e a negatividade que foram incutidas nela durante a sua adolescência. Sua missão era cercar-se de luz e coisas boas, bem como manter seus relacionamentos positivos. Ela teve uma carreira de sucesso nos Estados Unidos como dançarina e coreógrafa, então se aposentou alegremente para uma vida de paz e serenidade. Ela tinha muitos amigos e um marido maravilhoso. Ela era encantadora.

Ela e seu marido não entraram na terapia para lidar com a dor de sua infância, mas para lamentar a perda de um neto.

Quando ela deixou a terapia, eu lhe disse que ela era uma inspiração para todos nós. Ninguém poderia superar suas histórias de abuso hediondo. Se ela pudesse ser bem-sucedida em manter uma vida positiva, qualquer um poderia.

Muitos de nós não vão sentir esse tipo de preconceito durante a vida, mas a negatividade pode adentrar a nossa existência de formas muito sutis que podemos nem sequer perceber.

> *"É melhor escorregar com o pé do que com a língua."*
>
> – Provérbio

A energia negativa repele a positiva. Existe algo bom a ser encontrado em todas as pessoas e em todas as situações. Nenhum de nós é completamente bom ou ruim. Devemos celebrar nossas diferenças e desfrutar da diversidade em cada um de nós.

"SOLTANDO O VERBO"

Há aqueles que têm raiva e descontam nos outros. Essas pessoas dizem mais do que aquelas que são apenas honestas. Elas vomitam sua emocionalidade em cima de todos aqueles ao seu redor. Algumas delas podem se arrepender do que disseram mais tarde, mas no momento não há jeito de interrompê-las.

Não podemos retirar palavras duras depois de usadas. Elas já foram ditas e continuam a doer muito tempo depois. Apesar de podermos pedir desculpas, as palavras pejorativas continuam na escuridão da alma para ser trazidas à tona em tempos de depressão e desânimo. Essa é uma maneira triste de manter distância emocional dos outros.

Alie era uma pessoa envolvente. Ela dizia que amava o marido e os filhos. Mas, quando ela não conseguia as coisas do jeito dela, ela mostrava a todos o seu descontentamento fazendo birra. Por exemplo, ela estava chateada com o marido porque ele não tinha comprado os ingredientes dos quais ela precisava para fazer seu chilli especial. As crianças estavam gripadas, então ele disse que tinha que cuidar delas. Ela poderia ir até a loja sozinha. Ela ficou tão brava com isso que tirou vários dos ternos dele do armário, picotou-os, então jogou-os em uma poça de lama do quintal e pisou em cima deles.

O marido de Alie decidiu que aquela era a gota d'água, levou as crianças e a deixou. A birra de Alie não só criou uma distância emocional em suas amizades próximas, mas também a fez perder a família. Mesmo que ela estivesse arrependida depois, suas palavras e ações não poderiam ser retiradas.

"Controle sua emoção, ou ela vai controlá-lo."
– Bertrand Russel

O marido de Barb era verbalmente abusivo quando eles se casaram, mas ela era amável e gentil, e sabia que poderia amá-lo o suficiente para fazer a diferença em sua vida. Vários anos e três filhos mais tarde, ele ainda era verbal e emocionalmente abusivo, não apenas com ela, mas com as crianças também.

Um dia, eu vi Barb no aconselhamento, logo após seu marido tê-la maltratado. Seu olho estava roxo e suas bochechas estavam inchadas. Ela sabia que precisava de coragem para deixá-lo, mas ela não tinha. Um amigo dela a levou para um abrigo com seus três meninos pequenos, insistindo que Barb ficasse lá por causa das crianças.

Barb deixou o abrigo e voltou para casa. Várias semanas depois, ela estava no hospital com ossos quebrados, e seu marido estava preso. Dessa vez, ela se manteve longe.

À medida que os anos foram passando, Barb se livrou da negatividade que a havia cercado. Ela manteve um cargo de responsabilidade em uma concessionária de serviços públicos, comprou uma casa e criou os meninos para que fossem bons moços.

Com a ajuda da comunidade e da sua igreja, ela se curou. Ela ganhou coragem e sabedoria através de seu sofrimento. Mas nenhum ser humano deve jamais ser tratado dessa forma.

Se você estiver em uma situação abusiva com um agressor físico ou emocional, vá embora. Busque recursos da comunidade para ajudá-la. Vá embora! Você não merece ser tratada dessa maneira. Proteja a si mesma e aos seus filhos.

> *"A língua é como uma faca afiada...
> mata sem derramar sangue."*
>
> *– Buda*

SEU PADRÃO DE COMUNICAÇÃO

Olhe para o seu padrão de comunicação para ver como ele a afasta daqueles que você ama. Mantenha um diário. Quando você reparar em algo específico, deixe uma observação para si mesma, para que você saiba quantas vezes o comportamento ou comentário aparece.

Você pode então escolher pensar antes de falar. Se tiver pensamentos positivos em sua cabeça, você não vai dizer nada negativo, porque, para início de conversa, você não está pensando dessa forma. Você vai descobrir que o benefício do pensamento otimista transborda em pensamentos positivos sobre si mesma. Isso pode se tornar um ciclo edificante em sua vida.

A meta em direção à intimidade não é uma estrada de subida fácil. Todos nós damos alguns passos para a frente e então deslizamos um pouco para trás, mas, cada vez que nos deparamos com um vale, sabemos que estamos mais alto na montanha do que estávamos antes.

A borboleta tem um aliado natural na sua amiga, a asclépia. Os pássaros a deixam em paz porque ela se nutriu dessa planta – um presente protetor da natureza para a borboleta.

Você também tem o presente da natureza de ser capaz de pensar antes de falar. Essa é a preservação, um refúgio contra as tempestades da vida, permitindo-lhe manter energia otimista e luz.

O OTIMISMO INTERIOR CONVIDA À INTIMIDADE

Descrição dos Passos:

- Reconheça os padrões.
- Registre os incidentes em seu diário.
- Pense antes de falar.
- Tenha pensamentos positivos sobre os outros.
- Tenha pensamentos positivos sobre si mesma.
- Estabeleça uma meta em longo prazo.
- Esteja ciente do progresso em longo prazo.
- Seja paciente consigo mesma em relação ao seu objetivo.

Capítulo 20
Controle *vs.* Confiança

*Eu não quero estar no controle o tempo todo,
mas sinto medo quando não estou no controle.*

Receber um presente de última hora na forma de uma visita rápida de um amigo que você não vê há algum tempo ou uma ida às compras de última hora com o seu filho pode lhe trazer alegria e grandes bênçãos. Presentes improvisados como esses podem alterar a sua lista de afazeres para o dia. Você pode ter que deixar algumas coisas de lado para que tenha tempo de desfrutar das bênçãos de última hora que entraram em sua vida. Mas, às vezes, nós bloqueamos esses prazeres, por causa da nossa necessidade de permanecer no controle e planejar todos os detalhes de um evento ou situação. Os Alcoólicos Anônimos têm um ditado que diz:

*"Liberte-se da vida que você planejou
e aceite a que está à sua espera."*

– Joseph Campbell

Essa é uma mensagem sobre confiar na vida e em seu poder superior. Repita esse mantra para si mesma com frequência e deixe que a luz cure as suas questões de controle.

A oração da serenidade também traz paz.

> *"Deus, conceda-me a serenidade para aceitar as coisas que não posso mudar, coragem para mudar as coisas que posso e sabedoria para saber a diferença."*
> – Anônimo

Erik Eriksen, renomado psicólogo dinamarquês, ensinou que a confiança *versus* a desconfiança é um dos primeiros estágios de desenvolvimento da infância. Um bebê que é abraçado, alimentado e cuidado com amor cresce com confiança. A criança que vive em um ambiente sem segurança ou ameaçador aprende a desconfiança. Ela tenta controlar tanto quanto pode, porque sente que sua vida está fora de controle.

PROCURANDO A SEGURANÇA ATRAVÉS DO CONTROLE

Uma vez, uma mãe em terapia veio ao meu consultório extremamente transtornada. Ela deixou os filhos na sala de espera por apenas alguns minutos, enquanto nós conversamos. Quando saímos, a menina mais velha, Haley (seis anos), tinha empilhado todas as revistas. Quando questionada sobre a pilha, Haley disse: "Eu consigo deixar minha mãe feliz se eu limpar." Ela tinha uma crença equivocada de que poderia controlar o humor de sua mãe, quando, na verdade, o humor de sua mãe não tinha nada a ver com a limpeza.

Circunstâncias difíceis podem lançar crianças em situações que fazem com que se sintam inseguras. Às vezes, as crianças aprendem a perceber os sentimentos dos outros, com a necessidade de ter certeza de que todos estão felizes o tempo todo.

Wendy, de seis anos de idade, entrou para o aconselhamento porque a avó estava preocupada com ela. Seus pais tinham morrido em um acidente de automóvel, e ela tinha se mudado para a casa da sua avó viúva.

Sua avó relatou que, antes de seus pais morrerem, Wendy era uma criança despreocupada e feliz. Mas, depois da morte deles, ela passou a se preocupar em cuidar dos outros exageradamente. Ela se certificava de que sua avó sempre tivesse um refrigerante quando queria um e corria para buscar o jornal quando era entregue, mesmo que ela estivesse brincando com suas bonecas favoritas. Ela corria para levar o cachorro para fora e para ajudar a avó a arrumar o jantar. Wendy estava sempre observando, sempre com o cuidado de atender às necessidades de sua avó, mas, ao fazê-lo, ela se descuidava de si mesma.

Wendy trabalhou seus sentimentos de luto e solidão pela morte dos pais através da arte na bandeja de areia e com massa de modelar. Ela me disse que estava com medo de que sua avó morresse também, pois então ela não teria mais ninguém.

Sua avó disse a ela que havia uma família inteira que a amava. A avó fora a pessoa sortuda e especial que tinha sido escolhida para cuidar dela, mas as tias e os tios poderiam ajudar também. Ela não precisava se preocupar. Ela poderia relaxar e apenas brincar.

Em pouco tempo, Wendy começou a relaxar e acreditar que cuidariam dela. Através do amor de uma família inteira, Wendy descobriu que estava a salvo.

"Onde há confiança, o amor pode florescer."
– Barbara B. Smith

Um adulto tem dificuldade em abrir mão do controle se sua infância foi insegura. Ele pode não confiar em si mesmo ou nos outros.

Trinity cresceu em um lar abusivo. Quando seu primeiro filho nasceu, ela prometeu tornar a vida melhor para seu filho, Derrick. O menino teria a vida mais perfeita que ela poderia lhe dar. Trinity ninava Derrick à noite e estava lá para ele sempre que ele precisava de alguma coisa. Era um ambiente maravilhoso para o crescimento de um bebê. No entanto, quando Derrick ficou mais velho e se tornou mais assertivo, Trinity ficou frustrada. Ela queria que Derrick tocasse um instrumento na banda, como ela tinha feito. Mas Derrick amava artes e se matriculou em uma aula de cerâmica, em vez disso. Trinity havia sido uma corredora de longa distância quando jovem e queria que Derrick se juntasse à equipe de atletismo *cross-country*. Mas Derrick queria jogar futebol. Ele sentia que sua mãe não estava lhe dando escolhas.

Através de aulas de leitura e de como educar os filhos, Trinity aprendeu a dar a ele liberdade limitada com as escolhas que ela apresentava. Ela começou a ouvir Derrick, para que ele pudesse se sentir valorizado. Trinity veio a entender que tanto a arte quanto a música são passatempos maravilhosos e que, se Derrick escolheu a arte, em vez da música, estava tudo bem. Ela também aprendeu que o próprio exercício é ótimo para todos nós, não importa se é *cross--country* ou futebol.

Derrick tentou entrar para o time de futebol e conseguiu. As crianças são grandes professores. Conforme Trinity foi aprendendo a educar Derrick, ela educou sua própria criança interior. Ela se deu escolhas e seguiu seus próprios interesses. Derrick ensinou a Trinity sobre a confiança e o amor por si mesmo e pelos outros.

"Viva de modo que você possa aprender a amar. Ame de modo que você possa aprender a viver. Nenhuma outra lição é necessária."

– *Provérbio*

A NECESSIDADE DE CONTROLE LEVA À FALTA DE CONFIANÇA

Desde o momento em que nossos filhos nascem, eles trabalham para se emancipar. Quanto mais nós confiamos neles, mais eles confiam em si mesmos.

Gabriella veio de um lar desfeito. Ela amava seus filhos e queria apenas o melhor para eles. Seu marido havia tido um caso, então ela queria ensinar seus filhos como escolher parceiros ideais que seriam leais a eles para sempre.

Sua filha mais velha era uma música maravilhosa, boa aluna, trabalhadora e bonita. Ela tinha um namorado na escola de quem Gabriella não gostava. Ela tinha certeza de que esse jovem estava namorando outra garota "por fora".

Sua filha amava esse menino, mas Gabriella a convenceu a deixá-lo ir. Tanto sua filha quanto o ex-namorado estavam tristes. Eles realmente tinham carinho um pelo outro. O casal voltou após várias semanas de separação, mas Gabriella convenceu sua filha a terminar com ele novamente. Finalmente, o jovem seguiu em frente para casar com outra pessoa.

A filha de Gabriella agora tem trinta anos e está começado a namorar novamente. Ela está trabalhando para se separar de sua mãe e encontrar seu próprio caminho na vida. Ela não pede mais a opinião de sua mãe sobre tudo, especialmente não sobre homens. Ela está aprendendo a tomar suas próprias decisões.

Será que ela vai ser bem-sucedida? Provavelmente. Ela é uma boa aluna, uma boa música e trabalha duro em cada tarefa colocada diante dela. Como ela está se saindo bem em outros aspectos de sua vida, o padrão provavelmente vai continuar. Ela vai superar esse problema e encontrar um parceiro que ela possa amar.

As relações entre pais e filhos podem ser complicadas às vezes. Como pais, temos que permitir que nossos filhos se emancipem. Como filhos, precisamos encontrar o nosso caminho. Mesmo se nós cometermos erros, está tudo bem. Meus pais e avós tiveram problemas também, e eles aprenderam com eles – assim como aprendemos com os nossos.

*"A paz vem de dentro de você mesmo.
Não a procure à sua volta."*
– Buda

CONFIANÇA

Aprender a confiar é uma missão que pode levar a vida toda. A confiança requer libertação suficiente para receber bênçãos. Quando você sentir a necessidade de controlar as situações e as pessoas, aprenda a reconhecer o seu comportamento. Peça a um amigo para treiná-la, se necessário. Diga "PARE" e visualize uma placa de "PARE" em sua cabeça. Então, escreva vários mantras ou use citações sábias de grandes mestres de sua confiança, tais como:

- Eu não posso fazer uma pessoa sentir aquilo que ela não escolhe sentir.
- Entregue sua vida aos cuidados de Deus (AA).
- O mundo não é ordenado de acordo comigo.
- Eu incapacito uma pessoa quando faço por ela o que ela pode fazer por si mesma.
- Eu só posso escolher por mim.
- As coisas vão acontecer como deveriam.

A respiração profunda também pode ajudar. Crie um lugar seguro para si mesma e vá até lá para reduzir a sua ansiedade. (Veja a seção sobre Imaginação Guiada.) Procure o meio-termo nas situações em que você estiver envolvida. Fique longe do pensamento simplista. Uma pessoa não está certa ou errada. Se pedíssemos a um grupo de pessoas que resolvesse um dilema, cada uma delas poderia desenvolver um plano diferente, e não haveria problema nisso.

Se você estiver com problemas para permitir que os outros tomem decisões, dê a eles escolhas limitadas. Decida com quais limites você está confortável e, em seguida, dê-lhes liberdade dentro de seus parâmetros. Olhe para o panorama geral e permita que aqueles ao seu redor façam algumas escolhas, como Trinity fez com seu filho Derrick.

Eu tenho uma querida amiga que brinca comigo. Ela diz "eu não estou no comando" quando a neta joga todos os seus sapatos para fora do armário para brincar de se arrumar. Quando minha amiga se arruma para sair de noite, é capaz de encontrar um anel ou um lenço preso em um dos sapatos. Ela apenas sorri e diz a si mesma que está ajudando a criar uma neta, e não um armário perfeito cheio de sapatos.

O maior presente que podemos dar ao mundo é o nosso amor. Que possamos apreciar o amor que temos dentro de nós e doá-lo, um pequeno ato de cada vez.

Muitas borboletas têm pernas "peludinhas", para sentir sabor e cheiro. Esses pequenos "pelos" são uma bênção para a nossa borboleta, garantindo que o alimento seja encontrado. A segurança surge da confiança nesse importante membro.

Você, da mesma forma, é grata pela segurança de deixar o seu poder superior guiá-la através de cada dia. Que benção, ter a dádiva da confiança em algo maior do que você!

A AUTOAFIRMAÇÃO CONDUZ À PAZ INTERIOR

Descrição dos Passos:

- Tenha um diário.
- Reconheça padrões de controle.
- Use a técnica de interrupção de pensamento.
- Escreva seus mantras e recite-os com frequência.
- Faça exercícios de respiração profunda.
- Vá para o seu lugar seguro.
- Planeje detalhes, mas permita acontecimentos de última hora.
- Encontre presentes em cada situação.
- Imagine-se confiando nos outros.
- Ame aqueles ao seu redor.

Capítulo 21
Responsabilidade Própria

*Eu não quero ser responsável pelos
sentimentos dos outros.*

Sempre que fazemos para os outros o que eles podem fazer por si mesmos, nós os incapacitamos. Se nos concentramos demais nos outros, não somos livres para dar e receber energia positiva para nós mesmos. Importar-se com os outros é uma maneira saudável de viver. Importar-se pelos outros é uma barreira às dádivas.

*Eu sou responsável por mim mesma, mas estou
sempre disposta a servir e ajudar os outros.*

DESENVOLVENDO A AUTONOMIA

As crianças nos ensinam sobre a autonomia. Elas se empenham pela sua independência. Nossa neta de quatro anos de idade geralmente diz: "Não me ajudem. Eu posso fazer isso sozinha."

> *Nunca faça algo para uma criança (ou um*
> *adulto) que ela possa fazer por si mesma.*

Se eu amarrar o sapato de uma criança de três anos de idade, tudo bem, mas, se eu ainda amarrar seus sapatos quando ela tiver oito, então eu quebrei minha regra: eu estou me importando *por* ela, em vez de me importar *com* ela.

> *Eu incapacito uma criança fazendo por ela*
> *o que ela pode fazer por si mesma.*

Danielle era a única filha de um casal mais velho. Eles ficaram emocionados quando ela nasceu e cuidaram meticulosamente dela enquanto ela crescia. Quando Danielle foi para a primeira série, ela esperou que a professora tirasse a jaqueta dela e a guardasse, e, em seguida, sentou-se em sua mesa vazia, esperando que a professora colocasse seu papel e lápis na frente dela antes que ela começasse a escrever. Danielle teve que descobrir como cuidar de si mesma observando as outras crianças.

A mesma dinâmica é válida para os adultos. Um casal com seus quase oitenta anos tem um filho, de cinquenta anos de idade, que vive com eles. O filho não tem trabalho, carreira ou outro contato com a família. Ele está vivendo uma vida improdutiva, e pode ter dificuldade em se ajustar e trabalhar novamente quando seus pais se forem.

> *"Você não pode percorrer o caminho até que*
> *você tenha se tornado o próprio caminho."*
> – Buda

China teve dificuldades em estabelecer limites. Uma irmã mais velha sempre falava por ela quando ela era mais nova. Então, na idade adulta, ela tinha medo de contar aos outros como se sentia.

O filho de oito anos de idade de China estava tendo aulas de trompete, e seu professor exigiu que ele praticasse uma hora e meia todos os dias. O filho de China não queria praticar tanto diariamente, o que resultou em uma batalha. China não sabia o que fazer, mas, depois de aflita com a situação, ela decidiu procurar outro professor.

Ela encontrou um grupo de orquestra de metais do qual seu filho poderia fazer parte, que exigia apenas trinta minutos de prática diária. Seu filho se comprometeu a fazer isso, e eles decidiram mudar de grupo. Agora, China tinha que dizer ao atual professor que os seus serviços não eram mais necessários – embora ela desejasse que outra pessoa cuidasse disso para ela.

China não queria ferir os sentimentos do professor, então ela pensou que talvez seu filho pudesse fazer tanto as aulas particulares quanto as da orquestra. O marido de China disse a ela que isso era loucura. Ele a lembrou de que a razão pela qual eles estavam mudando de professor em primeiro lugar era por causa da prática extensa. O filho deles definitivamente não queria praticar para dois cursos.

China ficou aflita de ter que contar ao professor. Ela pensou no que diria e, então, praticou a conversa.

1. Dizer ao professor que ela apreciava o que ele havia feito pelo seu filho.
2. Agradecer ao professor.
3. Declarar sua posição.

Pelo telefone, China disse ao professor que o apreciava e estava grata por seus serviços, mas o seu filho queria tomar outra direção em seus estudos. China se sentiu muito bem depois de resolver seu problema – ela estava um passo adiante no caminho da responsabilidade própria.

Tentar controlar os sentimentos de outras pessoas nos impede de alcançar a energia positiva que espera para abençoar nossas vidas.

ENCONTRANDO A SUA PRÓPRIA FELICIDADE

Quando nos concentramos nos outros, permitindo que a energia negativa nos envolva, perdemos de vista as coisas boas nas pessoas que são mais próximas.

Helen entrou em meu consultório reclamando de tudo que o marido fazia. Quando eu pedi a ela que tentasse reformular suas declarações para que fossem "para" si mesma, em vez de "contra" o marido, ela virou uma múmia. Helen não sabia como pensar "para" si mesma. Ela não sabia o que queria.

Ela estava tão acostumada a controlar e cuidar dos outros que não sabia como entrar em contato com suas próprias necessidades. Ela tinha se preocupado, manipulado e monitorado. Ela tinha assumido responsabilidades que pertenciam a seu marido; ela não havia pensado em si mesma.

No início, Helen fez um esforço consciente para decidir quais eram as suas necessidades. Cada vez que estava de mau humor, ela se sentava para escrever exatamente o que ela queria. O que a faria feliz? No começo, Helen apenas olhava para o papel, sem saber o que escrever. Então, aos poucos, ela se deu conta de como poderia cuidar de si mesma.

O marido de Helen era muito simpático. Ele adorava falar com outras pessoas – e falar muito. Ela disse a ele como se sentia e explicou que ela realmente queria vê-lo de uma forma positiva. Seu marido estava feliz em se comprometer com ela. Quando eles estavam fora com os amigos, ela poderia dar tapinhas no joelho dele, e ele saberia que estava dominando a conversa. Por outro lado, ela também começou a ouvir e lançar seus próprios pensamentos na discussão. O tempo com os amigos se tornou mais interessante para ela.

Ela disse ao marido que se sentia incomodada quando ele deixava as roupas no chão. Ele disse que tentaria fazer mais um esforço para pegá-las, e ela comprou um cesto para roupa suja, onde ela poderia jogar as coisas se a bagunça a incomodasse muito.

O casal definiu um tempo para que eles pudessem estar juntos à noite. O marido disse a Helen que gostava muito mais de passar o tempo com ela agora que ela estava se concentrando na positividade. Eles reacenderam a forte amizade que tinham antes de se casarem.

Helen disse que transformar a sua maneira de pensar foi como escalar uma alta montanha. Ela deu um passo de cada vez, um dia de cada vez. Depois de um tempo, ela não precisa mais escrever suas necessidades e soluções, porque ela poderia encontrá-las espontaneamente.

Helen avaliou sua vida e decidiu estabelecer novas metas para si mesma. Ela achou muito libertador fazer as coisas que queria fazer para desenvolver suas próprias forças.

"Aprenda a conhecer a si mesmo."

– Maomé

CUIDAR X TOMAR CONTA

Somos ensinadas pela sociedade e por nossas famílias a ser cuidadoras. A humanidade olha para as mulheres como cuidadoras, e é verdade que as mulheres, por temperamento, são sensíveis. Mas os homens também podem ser muito carinhosos por natureza, e muitos deles não só cuidam de suas famílias, mas também tornam-se profissionais de cuidados médicos. Quase todos nós, a menos que sejamos extremamente egocêntricos, cuidamos de alguma forma das pessoas ao nosso redor.

Evelyn tentou cometer suicídio quando seu filho mais velho foi morto em uma avalanche, e o médico a colocou na ala psiquiátrica do hospital local. Sua data de liberação chegou e passou, mas Evelyn ainda não tinha completado seu plano de tratamento.

Quando seu psicólogo veio encontrá-la, Evelyn estava no fim do corredor, ajudando um outro paciente com um projeto de arte. Na hora do grupo, Evelyn trabalhava com outra pessoa em uma passagem de diário. Ela estava tão focada nos outros que negligenciava a si mesma.

Um quarto de isolamento ajudou Evelyn a perceber a gravidade de sua situação, e ela começou a concluir suas próprias tarefas. Ela havia passado toda a sua vida em um trabalho de caridade, nunca pensando em si mesma. Ela veio a descobrir, por meio de sua cura, que precisava de carinho tanto quanto todos os outros.

Ajudar os sobreviventes de avalanches e suas famílias tornou-se uma missão para ela, enquanto ela estava de luto pela morte de seu filho. Ela descobriu uma mistura saudável entre lidar com a sua própria tristeza e, ao mesmo tempo, trabalhar com os outros.

A diferença entre cuidar e tomar conta é o desapego.

O desapego pode ser definido como manter-se livre do envolvimento emocional excessivo. Quando nos importamos com os outros, esperamos que eles estejam felizes. Mas não cabe a nós fazê-los felizes. As pessoas podem crescer e mudar a partir das dificuldades que enfrentam, mas elas são as únicas que podem fazer isso acontecer. Nós não podemos fazer isso por elas. Devemos honrar os outros o suficiente para saber que eles podem atender às suas próprias necessidades e satisfazer os seus desejos.

Eu dei aulas sobre como educar os filhos por vários anos, e a última lição incluía a seguinte história:

Você está em um barco no lago com a sua família quando uma tempestade vem à tona. O barco vira. Todo mundo está se debatendo na água. Quem você salva primeiro: você ou seus filhos?

A maioria das pessoas respondeu que salvaria seus filhos em primeiro lugar. Mas como você pode salvar o seu filho se você está se afogando? Vocês todos vão afundar juntos.

Eu aprendi ao longo dos anos a me fortalecer em primeiro lugar. Eu gosto de relacionar esse processo à mensagem de segurança dada pelas companhias aéreas antes da partida. Se houver despressurização na cabine, o pai deve primeiro colocar sua própria máscara, depois colocar uma em seu filho. Eu devo encontrar meu próprio suporte de vida antes que eu possa ajudar os outros.

O que significa colocar minha própria máscara de oxigênio ou encontrar meu próprio salva-vidas? A resposta é tão variada quanto o número de pessoas a quem perguntamos. Quando meus filhos eram pequenos, era tirar alguns minutos para ler quando eles estavam cochilando, ou conversar com um amigo no telefone depois que eles estavam na cama à noite. Quando cresceram, era trabalhar em um projeto com um amigo querido, ou me matricular em um programa de mestrado em uma universidade próxima. Considere o que isso pode significar para você.

Kathleen e sua família passaram por um evento catastrófico. Sua casa foi levada em um deslizamento de terra no sul da Califórnia, devastando-os totalmente. Memórias preciosas foram perdidas: a foto da avó de Kathleen, a receita para o seu bolo de maçã favorito e projetos escolares de seus filhos. Tudo estava perdido no solo lamacento.

Kathleen e sua família trabalharam para reconstruir suas vidas após a sua perda com a ajuda da comunidade e da sua igreja. O aconselhamento lhes forneceu um meio para se fortalecerem durante esse processo.

Sua filha de quatro anos de idade parecia devastada pelo desastre. Ela desenvolveu birras prolongadas. Em um primeiro momento, Kathleen a colocava de castigo, mas ela não ficava. Kathleen ficava com raiva, e a filha dela também. O conselheiro de crise sugeriu que Kathleen abraçasse sua pequena filha e cantasse para ela às vezes, quando ela não estivesse chateada. A criança respondeu quase imediatamente ao cuidado e carinho.

Kathleen percebeu que não poderia acabar com a raiva de sua filha, mas poderia ajudá-la a passar por isso dando a ela o seu amor. Ela cuidava *de* sua filha, e não *pela* sua filha, permitindo que ela tivesse seus próprios sentimentos.

Após algumas semanas de "momento de amor" (como ela chamava), a filha de Kathleen voltou a ser a criança feliz que era antes da tragédia. Era como se Kathleen tivesse colocado a sua máscara de oxigênio para que pudesse respirar e, em seguida, ajudar a filha dela a respirar também.

> *"Eu imploro que você tenha coragem; a alma valente pode reparar até mesmo um desastre."*
>
> *– Catarina, a Grande*

PERMITINDO QUE OS OUTROS SEJAM RESPONSÁVEIS

Ruth deixava muita negatividade correr através dela. Ela estava com raiva de seu marido e do problema de bebida dele. Ela o trouxe para falar comigo, esperando que o aconselhamento fosse "consertá-lo". Ela o ameaçava, dizendo que ele precisava parar de beber, "senão"... Ela não sabia o que o "senão" significava. Era uma ameaça vã, e o marido dela sabia disso.

Seus padrões de comunicação incluíam o seguinte:
- Se ela estivesse com raiva, diria: "Você me dá tanta raiva."
- Se ele ficasse bravo, ela diria: "Sinto muito por tê-lo chateado."
- Quando ele ameaçava ir embora, ela dizia: "Eu não posso viver sem você."

Ruth se sentia responsável pelos sentimentos do seu marido. Ela tinha dificuldade para ver que poderia ter seus próprios sentimentos, separados dos dele. No entanto, ela começou a fazer coisas para si mesma, de qualquer forma. Ela voltou a estudar e fez um curso de contabilidade.

Uma noite, quando já era tarde e o marido não havia voltado para casa, ela sabia que ele estava bebendo. Ela percebeu que não poderia controlar cada movimento seu e não sabia o que fazer. Ruth falou com um amigo, que sugeriu que ela devia gostar de viver com um alcoólatra, porque ela continuava com ele, não importava quantas vezes ele saísse para beber. De repente, algo iluminou a mente de Ruth: ela só podia controlar seu próprio comportamento, não o dele. Quando o marido chegou em casa, ela não estava com raiva dele como estaria normalmente. Ela lhe disse que lamentava que ele tivesse escolhido a bebida. Ela o amava, mas não queria mais viver com o problema dele. Se ele optasse por continuar bebendo, ele poderia encontrar outro lugar onde morar.

Agora o marido dela estava preocupado. Ele podia sentir a força nas declarações de Ruth. Ela não queria viver com um alcoólatra e poderia se virar sem ele. Ela não estava implorando de joelhos como fizera antes. Suas ameaças vazias tinham desaparecido, e ele sabia que ela falava sério dessa vez. Ele entrou para os Alcoólicos Anônimos e começou a trabalhar em um programa para si mesmo.

As coisas mudaram em suas vidas. Ruth começou a se preocupar *com* os outros, e não *pelos* outros. A comunicação mudou.

Se ela estivesse com raiva, não diria mais: "Você me dá tanta raiva." Ela sabia que ninguém poderia fazer com que ela se sentisse de uma forma que ela não escolheu se sentir. Em vez disso, ela optava por dizer: "Eu estou chateada agora. Vou tirar um tempo até me sentir calma."

Se o marido ficasse bravo, ela não diria: "Sinto muito por tê-lo chateado." Ela dizia: "Eu sinto muito que você está chateado. Vou lhe dar um tempo para resolver os seus sentimentos." Ela sabia que ele era o único responsável por seus sentimentos.

Quando ele ameaçava ir embora, ela não dizia: "Eu não posso viver sem você." Ela dizia: "Eu o amo e gostaria que você ficasse. Ficarei triste quando você partir, mas ficarei bem." Ela sabia que era uma pessoa independente que poderia cuidar de si mesma.

> *"Pensar bem é sábio; planejar bem é mais sábio; fazer bem é o mais sábio e o melhor de todos."*
>
> – *Forbes*

A borboleta continua a se espremer, se empenhar e forçar o caminho para fora da prisão de seu casulo. Cores vivas estão começando a aparecer, mostrando ao mundo que essa pequena criatura logo será responsável por trazer graça à Terra. Que presente é ser abençoada de mais uma forma!

Através da responsabilidade própria recém-adquirida, você também está trazendo sua beleza ao mundo – todos os seus talentos e habilidades tornarão a vida mais agradável para aqueles ao seu redor. A Terra é grata por sua capacidade de compartilhar de si mesmo.

A ALEGRIA E O ENTUSIASMO TRAZEM SUCESSO COM AS OUTRAS PESSOAS

Descrição dos Passos:

- Observe os seus relacionamentos pessoais próximos.
  - Seus limites são saudáveis?
  - Você consegue funcionar de forma independente?
- Converse sobre as coisas com a pessoa com a qual você está envolvida.
- Trabalhem juntos para resolver seus problemas.
- Estabeleça linhas de comunicação positivas e claras.
- Interrompa padrões negativos.
- Seja sensível quanto aos seus sentimentos.

- Faça uma lista de suas necessidades.
- Pense em maneiras de satisfazer essas necessidades.
- Use sua capacidade de pensar positivamente.
- Tire um tempo para si mesma.

Capítulo 22
Positividade nos Relacionamentos

*Eu não quero ter uma energia
negativa com meu parceiro.*

Entrar em um relacionamento é como pisar em chão sagrado. Ser convidado para dentro do espaço de outra pessoa é uma experiência sagrada. Conhecer a alma do outro é uma verdadeira bênção. Valorize isso.

"Vós não entrareis no paraíso enquanto não tiverdes fé, e vós não completareis a vossa fé enquanto não amardes uns aos outros."

– Maomé

Há incontáveis maneiras de trazer energia positiva para dentro de um relacionamento. A seguir estão algumas que eu vi em meu consultório:

ESTANDO ABERTA A NOVOS COSTUMES

Às vezes achamos que nossas ideias são as melhores e queremos que tudo e todos estejam ordenados do nosso jeito.

Josie sempre queria as coisas à sua maneira e fazia cara feia se algo não saísse exatamente como ela havia planejado. Ela achava que o mundo inteiro deveria pensar da maneira que ela pensava.

Como a filha mais nova da família, ela havia crescido amada e mimada por todos. Ela tinha tudo o que queria.

Quando Josie casou-se com Sam, sua vida mudou completamente. Ela adorava o Sam, e eles eram muito bons amigos, mas, no início do seu casamento, ela ficava brava, porque queria as coisas do seu jeito sem compromisso. Ela não queria trabalhar, lavar a roupa ou limpar o apartamento.

Depois de fazer uma birra séria com o Sam, ela se sentou na sala, chorando. Sam se ajoelhou ao lado dela e lhe disse que queria que ela fosse feliz. As palavras gentis dele, em contraste com as de raiva dela, realmente a fizeram olhar para si mesma. Ela decidiu que não gostava de si mesma dessa maneira. Ela conversou com as amigas e descobriu que elas também estavam com dificuldade para fazer ajustes em seus casamentos. Ela percebeu que precisaria conversar sobre as coisas com Sam se quisesse ser feliz.

Ela disse ao Sam que sentia como se toda a responsabilidade da casa caísse sobre ela. Ela estava tão cansada quanto Sam depois do trabalho e não queria ficar com todo o trabalho doméstico. Então, os dois traçaram um plano. Eles organizaram as tarefas de casa de modo que ambos tivessem atribuições diárias. Dessa forma, eles juntos poderiam manter a casa aos poucos e ainda se divertir.

Josie e Sam tiveram êxito em seu casamento porque ambos estavam dispostos a tentar novos costumes. Eu admiro a Josie, porque ela largou sua vida de mimos e, com uma atitude construtiva, aprendeu a ajustar e compartilhar.

A energia positiva encontrou o seu caminho em direção a Josie e Sam por causa de suas atitudes otimistas.

Por outro lado, há aqueles que crescem com medo de viver fora de controle. Connie sofreu abuso quando criança e teve que trabalhar muito para agradar seu pai. Ela havia crescido em um caos tão grande que, quando adulta, decidiu viver uma vida ordenada. Ver tudo em seu lugar lhe dava um senso de controle que não havia feito parte de sua vida quando ela era pequena. Mesmo que seus pais já tivessem falecido, ela ainda sentia a dor de seus anos de infância.

Depois que Connie se casou, ela limpava a casa diariamente. Seu marido, Mel, vinha de uma família amorosa e unida, na qual todos contribuíam e trabalhavam juntos. Ele queria trabalhar com a Connie, mas ela não deixava. Ele não conseguia atingir seus padrões de limpeza. Ela tinha um acesso de raiva se alguma coisa estivesse fora do lugar e tinha que colocar tudo em ordem imediatamente. Tudo na vida dela tinha que ser perfeito e ela não deixava nem mesmo o marido ajudá-la.

Connie planejava seu dia nos mínimos detalhes. Ela ficou exausta quando seus filhos nasceram e percebeu quanto trabalho eles davam. Ela teve particularmente bastante dificuldade quando um de seus filhos ficou doente e ela teve que reorganizar a vida de alguma forma.

Connie havia experimentado vergonha e abuso grave na vida dela, por isso reagia às situações de uma forma negativa e raivosa. No entanto, ela estava determinada a ter uma vida diferente da que ela havia vivido quando era criança.

No começo, ela e o marido vinham para a terapia semanal, mas agora eles retornam ao longo dos anos sempre que precisam de ajuda para resolver um problema. Ela tinha um diário. Ela também escreveu cartas furiosas ao pai e a outros abusadores na sua vida para liberar os sentimentos negativos que ela tinha dentro de si. Ela então rasgou as cartas, sabendo que seu verdadeiro valor estava na libertação emocional, não em enviá-las.

A interrupção de pensamento ajudava Connie quando ela estava chateada. Ela tirava um tempo para se recompor e decidir onde estava o seu nível de conforto no momento. A visualização também era útil para ela. Ela criava um lugar seguro e imaginava os possíveis resultados positivos de situações difíceis. Ela permitia a luz na vida dela sempre que se sentia negativa. Ela se imaginava com uma atitude flexível. Por exemplo, se o seu filho de dois anos estivesse fazendo birra, ela tirava um tempo para pensar e se via enfrentando a situação calmamente. Ela então conseguia redirecionar e dar os limites adequados de uma forma amável e carinhosa.

Connie era ativa na religião dela, sentindo-se cuidada e apreciada por seu ministro e pela congregação à qual ela pertencia. Ela dizia que aquelas pessoas eram como sua família e, de certa forma, substituíam sua família abusiva de origem. Ela se tornou mais próxima de seus amigos da igreja, porque eles a tratavam mais como família do que os pais dela jamais haviam feito.

Por causa da atitude positiva de Connie, ela conseguiu criar um lar carinhoso e amoroso para ela e para seus filhos. Através de seu trabalho duro, ela realmente tornou o mundo um lugar melhor para sua família do que havia sido para ela na infância.

A abertura a novos costumes com uma atitude positiva traz luz e energia às nossas vidas. Tanto Josie quanto Connie aprenderam que no mundo o importante é dar e receber, e que a felicidade vem do compartilhamento, da libertação e de se deixar levar.

*"Só o amor pode ser dividido infinitamente
e ainda assim não diminuir."*

– Anne Morrow Lindbergh

SEGURANÇA NOS RELACIONAMENTOS

A avaliação das questões de segurança em seu relacionamento considerará dois aspectos:
- O seu parceiro é uma pessoa segura?
- Você é uma pessoa segura?

Gwen entrou na terapia dizendo que estava com raiva do marido. Ela o descreveu como:
- Negativo
- Crítico
- Argumentativo
- Incapaz de guardar segredos
- Sem limites
- Incapaz de escutar

Eu comentei sobre o comprimento da lista e então perguntei se ela tinha alguma daquelas características nela mesma. Ela corou e admitiu que sim.

A segurança em seu relacionamento começa com você. Se você for gentil e carinhosa com as pessoas ao seu redor, elas geralmente serão gentis e carinhosas de volta. Encontre o que você vê de bom em seu parceiro. Diga a ele diariamente que o ama e compartilhe detalhes sobre suas qualidades positivas.

Os relacionamentos são como espelhos. Nós nos vemos no outro. Examine os comportamentos que você critica em seu companheiro e veja com quantas das mesmas coisas você tem problemas em si mesma. Uma senhora uma vez me disse: "Eu não suporto meu marido. Ele é muito crítico." Ela não conseguia ver que estava sendo tão crítica quanto ele.

Gianna estava com raiva do marido porque ele era muito crítico. Ela não aguentava ter que ir para casa e se mudou temporariamente para a casa de uma amiga. Durante a minha primeira sessão de aconselhamento com ela, ela passou o tempo todo me contando os defeitos e os erros do seu marido.

Como Gianna era uma pessoa muito introspectiva, ela foi capaz de olhar para as suas próprias imperfeições também. Quando eu apontei que algumas das coisas negativas que ela disse sobre o marido também se aplicavam a ela, ela ficou perplexa. Mas, à medida que refletiu sobre isso, ela começou a enxergar.

Gianna começou a mudar, tornando-se mais gentil e trabalhando em suas imperfeições. Como tarefa, eu pedi a ela que fizesse uma lista das qualidades positivas que o marido possuía – as coisas que a fizeram se apaixonar por ele. Ela veio para a sessão seguinte com uma longa lista, que a ajudou a se lembrar de suas boas qualidades – as razões pelas quais ela se apaixonou por ele em primeiro lugar.

O espelho do relacionamento funciona de uma forma tanto positiva quanto negativa. Conforme Gianna enumerava as boas qualidades de seu marido, sua atitude e suas interações se tornaram mais positivas. Se a comunicação se tornasse negativa entre eles, ela era capaz de interrompê-la e começar de novo em uma veia positiva.

Ela decidiu pedir a ele que viesse à terapia com ela. Ao longo das semanas, ambos trabalharam para encontrar as coisas boas um no outro. Antes, eles haviam empacado em um padrão de atacar e culpar um ao outro, sem obter progresso. Agora, quando surgiam problemas, eles eram capazes de avançar de uma forma centrada na solução.

A segurança havia se infiltrado em seu relacionamento por causa de suas atitudes positivas.

"Você mesmo, tanto quanto qualquer outra pessoa no universo, merece amor e carinho."

– Buda

Considerando tudo o que foi dito, há situações em que uma pessoa não é segura em um relacionamento. Quando houver abuso físico, abuso sexual ou agressão, procure ajuda profissional. Cuide de si mesma e da sua família. Mantenha-os seguros.

VALORIZE A POSITIVIDADE

Se eu quero encontrar o amor e a aceitação em minha vida, primeiro devo encontrá-los em mim mesma.

Como você lida com um parceiro perfeccionista e que critica o seu trabalho?

Hilary era obsessiva em suas exigências quanto à limpeza e manutenção da casa. Quando seus gêmeos de dois anos sujavam as roupas, ela os trocava imediatamente e colocava as roupas na máquina de lavar. Quando ela tirava os talheres da máquina de lavar louça, tomava um cuidado extra para se certificar de que as facas e os garfos estivessem agrupados de forma ordenada na gaveta.

O marido, Jake, tentava ajudar, mas nada do que ele fazia era bom o suficiente. Ela estava sempre criticando seu trabalho. Jake passou a ficar na defensiva e eles brigavam sobre coisas bobas, como a louça da janta.

Hilary queria que a relação fosse positiva e pacífica, mas não sabia o que fazer. Uma noite, quando ela começou a rebaixar Jake, como de costume, ele ficou furioso e decidiu que não queria mais ser tratado como uma criança. Ele não queria dizer coisas das quais se arrependeria mais tarde, então disse a ela que voltaria em trinta minutos. Ele estava saindo para dar uma caminhada.

Hilary o esperou chegar em casa. Quando ele chegou, ela disse que estava arrependida. Ela não queria ser assim. Ela tentaria manter a calma para que eles pudessem conversar sobre o problema.

Hilary percebeu que era obsessiva em sua perfeição. Ela prometeu relaxar mais e pediu a Jake que dissesse a ela quando ele sentisse que estava sendo tratado como uma criança.

Ambos escreveram um mantra para ajudá-los a manter a positividade em mente.

Hilary: Hoje eu vou relaxar, viver e deixar viver.

Jake: Hoje vou ser responsável por meus sentimentos e compartilhá-los de uma forma carinhosa.

Ambos ganharam um sentimento de segurança no relacionamento, porque eles podiam conversar sobre seu problema e trabalhar juntos para resolvê-lo. Esse casal teve êxito porque estava disposto a mudar a sua comunicação.

A segurança em todos os relacionamentos é importante. Natalie possuía o título norte-americano de Contadora Pública Certificada (CPA) e estava em ascensão, empregada por uma empresa de contabilidade bem-sucedida. Ela havia marcado um almoço de trabalho com um cliente importante e esperava convencê-lo a trazer seu negócio para a empresa de contabilidade dela.

O chefe de Natalie, William, tinha um temperamento forte e, às vezes, era conhecido por intimidar seus colegas de trabalho. Ele invadiu seu escritório no dia do almoço e disse a ela que precisava de sua ajuda para planejar uma festa surpresa para o aniversário da esposa. A filha dele estava encarregada de cuidar de todos os preparativos, mas ela havia viajado com o namorado no fim de semana para o condomínio da família em Palm Springs. William estava bravo.

Natalie disse que tinha um almoço de negócios com um cliente em potencial. William disse que a reunião não era importante. Ele sabia que seu cliente não fecharia com eles e que ela estava perdendo tempo. Em vez disso, Natalie precisava ajudá-lo com a festa de aniversário.

No passado, Natalie teria se sentido criticada e intimidada, e teria cedido ao chefe. Ela teria se acovardado na presença dele e feito tudo o que ele desejava. Mas Natalie havia acabado de concluir um curso de assertividade e queria praticar o que tinha aprendido.

Ela sabia que fazer o inesperado o pegaria desprevenido, então sorriu.

– Parece que você precisa de um favor meu – ela disse.

William congelou com a mão no ar para fazer outra observação em seu argumento. Ele sorriu.

– Eu acho que você está certa – ele disse.

– Ficarei feliz em ajudá-lo *depois* do meu almoço de negócios – Natalie disse.

William apertou a mão dela e disse:

– Tudo bem.

Como Natalie foi criada com um pai crítico, ela poderia ter feito seu papel habitual como a criança vitimada – o chefe dela era, certamente, o pai crítico. Em vez disso, ela decidiu agir como adulta na situação, e ele respondeu da mesma forma.

Procure seu valor, e os outros também o farão.

Você gosta de si mesma? Você conhece o seu valor? Você sabe que tem um grande valor? Você é um ser humano divino, criado com um cérebro complexo e inteligente. Você vive em um mundo lindo, com muito a agradecer. À medida que você começar a desenvolver padrões de pensamento positivo sobre si mesma, pessoas positivas serão atraídas para você.

No início do nosso relacionamento, eu e meu marido estávamos presos a padrões de comunicação negativa. Conforme eu iniciei minha jornada do negativo para o positivo, nossa relação foi afetada. Eu parei de discutir. Eu desisti de sempre sentir que eu tinha que estar "certa". Eu deixei de ouvir a negatividade dele. Nós aprendemos a rir de nós mesmos e dos nossos problemas. Desde então, nós dois nos tornamos positivos em nossos padrões de pensamento e de discurso.

Ainda há momentos em que um ou outro escorrega de volta, mas nós somos um ponto de equilíbrio um para o outro.

Escreva seus padrões de pensamento negativo em um diário e substitua-os um por um. Lembre-se de que você tem que mudar seu pensamento antes de que possa mudar seus sentimentos e comportamentos.

Pense... Sinta... Aja.

Torne-se o melhor que puder, e aqueles ao seu redor também a seguirão ou serão substituídos por alguém melhor.

"Eu nunca soube adorar até aprender a amar."
– Henry Ward Beecher

Eu amo a sinergia que se desenvolve quando eu trabalho com os outros. É uma coisa mágica que acontece na terapia ou com os amigos quando a soma do todo é maior do que a soma das partes individuais. Os homens que extraíram bórax do Vale da Morte descobriram que o sinergismo funcionava para as suas mulas. Vinte mulas individuais, transportando vagões carregados individualmente, não conseguiam puxar tanto bórax quanto vinte mulas trabalhando juntas, puxando um trem longo. Encontre um exemplo disso em sua vida. Há sinergia em qualquer um dos seus relacionamentos?

Grandes borboletas azuis possuem a bênção da positividade nos relacionamentos. As formigas levam as pequenas lagartas aos seus ninhos e as deixam comer larvas de formiga. As lagartas, por sua vez, dão às formigas um líquido doce produzido a partir de uma glândula em seu corpo. As formigas protegem a crisálida, então veem as borboletas se libertarem de suas cápsulas e voar para longe. Tanto as borboletas quanto as formigas se beneficiam desse relacionamento.

Você também preza pela positividade em seus relacionamentos. Você cuida daqueles ao seu redor e eles cuidam de você. A bênção da reciprocidade traz o potencial para sinergia – tornando-se maior do que você mesma – em sua vida.

A SATISFAÇÃO PROFUNDA É CRUCIAL PARA A CONQUISTA PRÓPRIA E O AMOR DOS OUTROS

Descrição dos Passos:

- Avalie o seu nível de conforto para aceitar novas ideias.
- Escreva sobre a sua necessidade de controle em um diário.
- Observe seus padrões de pensamento negativo.
- Escreva-os no diário.
- Substitua padrões negativos com positividade.
- Interrompa o pensamento.
- Tire tempo para pensar.
- Visualize resultados positivos.
- Pratique o ato de doar aos outros.
- Passe algum tempo "improvisado" se divertindo todos os dias.
- Permita que o sinergismo trabalhe em sua vida.

Capítulo 23
Sentindo-se Livre nos Relacionamentos

Eu não quero me sentir presa em um relacionamento.

Às vezes, os casais ficam presos em um ciclo interminável de comunicação disfuncional – às vezes chamado de um relacionamento entre "perseguidor/distanciador". Parte das vezes, uma pessoa vai perseguir e a outra vai se distanciar. Então, elas podem trocar de lugares, de modo que a segunda vai perseguir e a primeira vai fugir. A menos que novas informações sejam incluídas na situação, isso não vai mudar. As pessoas ficam em relacionamentos assim porque:
- É confortável.
- Elas têm medo de mudança.
- Elas têm medo de tentar algo novo.
- Elas não querem sentir a solidão de terminar um relacionamento.
- Elas não veem o que está acontecendo.
- Elas não entendem o que está acontecendo.

Ser livre em um relacionamento significa ficar no relacionamento porque você opta por ficar, não porque você se sente presa ou está com medo de partir.

UMA RELAÇÃO "EMPACADA"

Um casal de namorados não tem tanto em jogo quanto um já casado. As regras que regem os relacionamentos são as mesmas, mas os casais de namorados podem entrar em relacionamentos e sair deles com bastante liberdade, porque o compromisso do casamento ainda não foi estabelecido. Já os casados podem ter filhos, que precisam ser considerados. Todas as oportunidades para salvar a relação devem ser exploradas.

Dito isso, às vezes as pessoas casadas estão presas em relacionamentos porque não dão a si mesmas ou aos seus parceiros a escolha de ficar ou partir. Isso também impede o casamento de crescer e mudar. Sempre que você ficar porque sente que "tem que ficar", a parceria estará empacada. Mas, se você ficar porque quer, o casamento poderá seguir em frente.

Burt e Cindy estavam namorando há três anos. Ela se mudou para o apartamento dele depois de seis meses de relacionamento. Então, eles decidiram comprar uma casa juntos, porque precisavam de uma área maior para seus labradores pretos.

Cindy tinha 38 anos e era professora do ensino médio. Os pais a pressionavam para casar – a mãe dela queria netos. Cindy sabia que não estava ficando mais jovem e também queria filhos. Quando ela começou a namorar Burt, sabia que ele tinha alguns problemas, mas ela decidiu que ele era o melhor que ela poderia conseguir.

Burt era um reclamão, sempre procurando o negativo nas situações. Todo mundo estava querendo "prejudicá-lo". Ele era paranoico quando se tratava de sair de casa. Se eles fossem viajar no fim de semana, ele tinha que esconder suas armas e relógios. Ele tinha certeza de que alguém iria roubá-lo, mas não queria gastar dinheiro com um sistema de alarme.

O pai de Cindy era tão negativo quanto Burt, e Cindy discutira com ele toda a sua vida. Agora ela discutia com Burt, mas ele tinha sempre a última palavra. Às vezes, ela se perguntava por que continuava com Burt, mas achava que era porque se sentia confortável em ter alguém com quem brigar – mesmo que ela odiasse fazê-lo.

Cindy pressionou Burt para casar e ter filhos, mas ele não tinha certeza. Ela ameaçou ir embora, porque ele não a tinha pedido em casamento depois de três anos. Ela foi morar com uma amiga, mas depois de um dia longe ligou para Burt. Cindy tinha se tornado "o perseguidor".

O casal teve outra briga, e Cindy saiu de férias com os pais dela, ameaçando nunca mais voltar. Burt ligava para ela todos os dias. Ele sentia falta dela e precisava dela. Agora, Burt havia se tornado "o perseguidor". Como ela poderia deixá-lo?

Cindy não tinha coragem para deixar Burt porque não queria ficar sozinha.

Burt queria uma relação agradável, e, mesmo que eles discutissem, Cindy era melhor do que algumas das meninas "malucas" que ele tinha namorado no passado. Ele decidiu que era melhor ficar com ela. Ele não sabia se a amava ou não, mas esse relacionamento era melhor do que os que ele tivera no passado.

Um conselheiro sugeriu que cada um deles trabalhasse com um terapeuta antes que tomassem qualquer decisão importante a respeito do seu relacionamento. Burt tinha certeza de que um terapeuta convenceria Cindy a deixá-lo, então se recusou a ir e tentou convencer Cindy a fazer o mesmo.

Cindy continuou vivendo com Burt, mas começou a terapia sozinha – mesmo que ele não concordasse com isso. Como ela se sentia insegura e não sabia o que a vida havia reservado para ela, ela fez uma lista das coisas que poderia fazer para trabalhar em uma direção na qual ela pudesse se tornar o tipo de pessoa que realmente queria ser e começou a ler livros de pensamento positivo.

Quando jovem, ela havia abandonado a religião da família, mas agora ela queria voltar. Cindy encontrou uma igreja em sua vizinhança e começou a frequentá-la. Ela se juntou a um grupo de amigos solteiros envolvidos em projetos voluntários e adorava trabalhar com eles.

Conforme os meses se passaram, ela se permitiu receber o amor e as bênçãos da energia positiva. Ela recebeu uma proposta para lecionar em uma escola particular na costa leste, mas precisava pensar sobre sua decisão antes de tomá-la. Ela listou seus objetivos em curto e longo prazo. Havia uma igreja na área nova com um grupo de solteiros.

Cindy não sabia o que aconteceria em seu relacionamento com Burt. Ela podia ver dois caminhos que ele poderia seguir.

Possibilidade 1: Burt se sentiria desconfortável com a força e a atitude positiva recém-descobertas de Cindy. No início, isso o deixaria aborrecido e assustado, mas o seu relacionamento com Cindy seria importante o bastante para que ele começasse o seu próprio programa de cura através da terapia, um grupo de autoajuda, um programa de leitura positiva, um envolvimento em algum grupo de serviço comunitário ou um grupo religioso. Ele e Cindy se tornariam pessoas mais fortes, e sua comunicação melhoraria para que seu amor pudesse florescer. Eles cresceriam e mudariam juntos.

Possibilidade 2: Burt se sentiria desconfortável com a força e a atitude positiva recém-descobertas de Cindy. Ele ficaria mais assustado do que nunca e brigaria com Cindy, mesmo que ela não revidasse. Se ela se mudasse, ele pensaria que ela ligaria para ele. Mas ela não faria isso. Ele ligaria para ela várias vezes por dia e imploraria para ela voltar. Ela diria a ele que, se ele escolhesse começar um programa de melhoria positiva, ela adoraria continuar o relacionamento.

Burt escolheu o segundo caminho. Ele ficou mais desconfiado do que nunca. Ele tentava brigar com Cindy, mas ela não revidava. Ele ficou deprimido.

Foi difícil para ela vê-lo tão para baixo, porque ela o amava muito. Ela estava machucada por dentro, porque podia ver a dor dele. O grupo de autoajuda a apoiou bastante, e uma amiga querida se sentou com ela tarde uma noite para que ela pudesse falar sobre seus sentimentos.

Burt estava com raiva e conheceu uma garota em um bar, que o ouviu com simpatia. Ele a convidou para ir à sua casa – a casa que ele compartilhava com Cindy.

Cindy ficou chateada e com ciúmes. Como ele poderia fazer isso com ela? Como ele poderia encontrar a felicidade quando ela estava se corroendo por dentro? Ela discutiu isso com seu terapeuta e percebeu que ele não havia feito nada com ela. Ele estava tentando controlar e manipular Cindy com suas ações. Ele não ia ficar mais contente do que estava antes.

Cindy tinha um nível mais elevado de funcionamento, porque ela entendia mais sobre relacionamentos. Em um primeiro momento, ela tinha apenas momentos fugazes de felicidade e força, mas, à medida que o tempo passou, os dois presentes estiveram presentes na vida dela com cada vez mais frequência.

Cindy tomou a decisão de aceitar o emprego na escola particular da costa leste e terminar o relacionamento. Houve um período de luto, em que a tristeza parecia envolvê-la quando ela pensava em Burt. Mas, em longo prazo, ela encontrou a felicidade sem ele.

Esse casal não conseguia desfrutar das bênçãos da energia positiva devido à energia negativa em torno deles.

> *"O sucesso e a felicidade não são destinos, mas jornadas emocionantes e intermináveis."*
>
> *– Zig Ziglar*

As dádivas da energia positiva e da luz podem entrar nos relacionamentos de forma bastante abundante. As palavras somente não são suficientes para expressar a abundância que o amor pode trazer.

UMA RELAÇÃO COM UM VÍCIO

Patty e Adam estavam casados há 25 anos. Adam tinha certeza de que tinha um relacionamento feliz com Patty. Eles passavam tempo juntos como um casal e apreciavam os laços fortes que tinham com seus filhos. Patty voltou a estudar quando as crianças ficaram mais velhas. Ela queria concluir um MBA para ter mais opções no local de trabalho. Adam sabia que Patty precisava de tempo para estudar, então, quando ela dizia que estava na biblioteca, ele acreditava. Mas ela estava passando cada vez mais tempo longe de casa. Eles pareciam ter menos dinheiro do que antes, e Adam não conseguia entender o que estava acontecendo.

Certa noite, Adam seguiu a esposa e a encontrou apostando em um cassino. Ele esperou seis horas até que ela saísse e a confrontou. Ela ficou na defensiva e não quis conversar.

Adam não sabia o que fazer. Patty ficou em casa durante vários dias, mas depois sumiu uma noite inteira. Ela voltou para casa cheirando a fumo, por isso Adam sabia aonde ela tinha ido.

Adam amava sua esposa e queria fazer o casamento funcionar, mas não sabia o que fazer. Ele se sentia impotente. Ele procurou aconselhamento para resolver os seus sentimentos.

Ele aprendeu duas regras sobre relacionamentos:

*A pessoa cujo comportamento é
o mais atípico tem o poder.*

*A pessoa que quer menos
o relacionamento tem o poder.*

Adam amava a sua esposa e queria que seus filhos tivessem uma família unida, mas se sentia traído por causa do jogo. Ele estava com medo de ficar e enfrentar uma potencial falência. Adam decidiu que precisava reequilibrar o poder, então disse a Patty que ele a amava e queria permanecer casado se ela parasse de jogar e começasse a trabalhar em algum tipo de programa contra o vício. Ele não se importava com exatamente com qual: Jogadores Anônimos, terapia, qualquer coisa que pudesse ajudar. Ela poderia escolher.

Patty disse que não queria largar o jogo e saiu de casa. Adam andava de um lado para o outro com raiva. Ele queria que ela ficasse – ele e os filhos se sentiam solitários. Depois de alguns dias, Patty ligou. Ela também se sentia solitária. O coração do Adam disparou; talvez ela voltasse. Ela começou a ligar para ele todas as noites apenas para conversar. Uma noite, depois de um mês que ela tinha ido embora, ela disse que tinha gasto todo o dinheiro dela. Ela tinha perdido seu emprego e não tinha dinheiro suficiente para pagar o aluguel. Adam disse que sentia muito e adoraria tê-la de volta se ela começasse um programa de tratamento.

Participar de um programa não fazia parte dos planos de Patty. Ela desligou com raiva. Adam ficou devastado. Ele a queria de volta. Várias semanas depois, Patty ligou de um abrigo para dizer a Adam que tinha participado de uma reunião do JA e queria voltar para casa.

Adam não conseguia entender por que ela tinha esperado tanto tempo. Ele não sabia se podia confiar nela, mas respirou fundo e disse que ela poderia vir. Seus filhos pequenos a receberam de braços abertos, mas os adolescentes estavam com raiva. Gradualmente, a família começou a ser restaurada. Adam participava de um grupo de codependência para mostrar apoio a Patty e se certificar de que ele estava no caminho certo.

Toda a família entrou para o aconselhamento. Eles aprenderam a falar sobre seus sentimentos e, se houvesse um problema, negociar um compromisso. Todo mundo aprendeu a ser responsável por seus próprios atos. Todos eram donos de seus próprios sentimentos e eram responsáveis pelos seus respectivos comportamentos.

A cura foi um processo lento e constante. Cada pessoa da família tornou-se mais sábia e mais forte. Dádivas e bênçãos vieram até eles. Adam estava grato por sua família. Ele sabia que eles eram a maior bênção que ele poderia ter recebido.

> *"Se você ama algo, deixe-o livre. Se voltar, é porque você o conquistou; se não, é porque nunca o teve."*
> – Provérbio

TRABALHANDO EM CONJUNTO

Muitas pessoas vêm para o aconselhamento se perguntando se devem permanecer em um relacionamento ou deixá-lo. Ninguém pode tomar essa decisão além do próprio casal. Eu nunca diria a alguém o que deveria decidir, mas aqui estão dois princípios que podem ajudar:

- Se duas pessoas estão dispostas a trabalhar em um relacionamento, os problemas podem ser resolvidos.
- Se apenas uma pessoa está disposta a mudar e crescer, o relacionamento pode não durar.

Tina e Sean estavam namorando há cinco anos. Os negócios de Sean envolviam muitas viagens, e ele realmente só tinha tempo de ver Tina nos finais de semana, quando estava na cidade.

O pai de Tina havia deixado a mãe para ter outro romance quando Tina era jovem. Ela sempre achou – tal como a mãe – que não merecia alguém que a amasse e lhe desse carinho.

Quando ela teve aulas de psicologia na faculdade, decidiu que queria alguém que tivesse tempo para ela.

Tina pediu a Sean que viesse fazer terapia com ela. Ele recusou, dizendo que estava bem e não precisava ser "consertado". Que ela era a única que tinha problemas. Tina amava teorias de pensamento positivo e as estudava atentamente. Ela ganhou confiança em si mesma à medida que estudava e disse a Sean que queria mais tempo com ele. Ainda assim, Sean não demonstrou qualquer esforço para estar com ela, então Tina seguiu em frente.

Tina se sentiu traída, mas era grata por ter conseguido coragem interior suficiente para se libertar. Depois disso, ela encontrou um homem maravilhoso, que agora é o marido dela. Eles trabalham juntos e gostam de passar bastante tempo um com o outro.

Existem muitas outras situações em que os casais têm longos períodos de separação e fazem o melhor que podem.

Não existe uma maneira certa ou errada de um casal organizar suas vidas e circunstâncias. Cada parceria terá uma forma diferente de resolver os seus problemas e viver suas vidas. Não é maravilhoso? É como um lindo jardim com uma variedade infinita de flores ou de lindas borboletas. Seria muito chato se todos nós fôssemos iguais.

Quando apenas uma pessoa está disposta a mudar e melhorar, a relação não pode ser salva. Mas, se duas pessoas estão trabalhando em direção ao crescimento e à intimidade, a maioria dos problemas podem ser superados.

Willa e Henry estavam casados há dez anos quando Willa descobriu que Henry via pornografia na internet. Ela estava angustiada e não sabia o que fazer. Tanto sua melhor amiga quanto seu ministro aconselharam que ela o abandonasse.

Quando Willa conversou com Henry, ele pediu desculpas imediatamente. Ele disse a ela que queria parar e precisava de ajuda, então ligou para um terapeuta e começou a trabalhar no problema dele. Willa também começou a fazer terapia por si mesma. Com a ajuda de um amigo, ela foi capaz de instalar bloqueios no computador para que os sites pornográficos de Henry não estivessem mais disponíveis e aprendeu como verificar o histórico dos sites visitados a cada dia.

Henry trabalhou bastante para se livrar de seu problema. Ele e Willa passam tempo juntos, conversando sobre seus problemas e se comunicando em relação aos objetivos de suas vidas. Eles encontraram uma igreja em que o clérigo estava disposto a ajudar Henry, em vez de apenas condená-lo. Os dois queriam seguir seus objetivos espirituais, sabendo que Deus poderia ajudar a curar seu relacionamento.

Quando perguntada se ela era grata pela sua provação, Willa respondeu que teria dito "não" no ano anterior – quando ela começou o aconselhamento – mas agora as coisas em seu relacionamento estavam tão melhores que ela tinha que dizer "sim". Ela e Henry tinham superado juntos seus problemas e eram gratos pela capacidade de enxergar melhor e pela profundidade do amor que havia vindo até eles.

Willa e Henry estavam dispostos a trabalhar em seu relacionamento, por isso foram capazes de resolver os seus problemas. Eles estavam no relacionamento porque escolheram estar, não porque tinham que estar.

Todo casal tem problemas, e nenhum casamento sobrevive sem algumas provações. Quando duas pessoas se unem, há um processo de fusão de suas vidas que traz momentos de discussão e compromisso.

> *"Aqueles que usam a tolerância como um rótulo chamam outros pontos de vista de intoleráveis."*
> *– Phyllis McGinley*

Apoie-se, empurre, rasgue a crisálida! As asas brilhantes e molhadas se agitam. O sangue pulsa através delas. A borboleta abre as asas e apanha o caloroso sol de verão. As asas secam e endurecem. O ovo minúsculo se transformou em lagarta, e agora na borboleta que alcançou o seu objetivo final: liberdade para voar, trazendo prazer e beleza a todos aqueles ao seu redor.

Você encontrou as suas asas, pronta para se tornar a pessoa dos seus sonhos, livrando-se de suas algemas e das paredes ao seu redor que a aprisionavam. Que presente você é para o mundo! Que bênção para aqueles ao seu redor!

Você está se tornando livre.

A PAZ INTERIOR ATRAI ALEGRIA PARA OS RELACIONAMENTOS

DESCRIÇÃO DOS PASSOS:
- Identifique o problema em seu relacionamento.
- Busque informações externas usando:
  - Terapia
  - Grupo de autoajuda
  - Grupo de apoio religioso
  - Livros de pensamento positivo
  - Um programa para fortalecer a si mesma
- Leia, estude, converse, faça um diário.
- Dê-se tempo antes de tomar decisões que podem mudar a sua vida.
- Pense antes de agir.
- Se houver crianças envolvidas, faça todo o possível para salvar o relacionamento.

Parte 4
Praticando o Processo

Eu estou sempre à procura de paz e beleza em minha vida. Compartilhar o processo com as pessoas é uma das maiores alegrias da minha vida. Eu encontro novas visões quando converso com elas sobre viver. Aproveite as próximas páginas de ideias e sabedoria que eu reuni ao longo dos anos. Eu lhes dou a você com os meus melhores votos de energia positiva e luz para abençoar a sua vida.

Uma vez eu ouvi uma palestra no curso de graduação de uma escola internacional de negócios que dizia que, se uma pessoa bem-sucedida topa com uma parede, ela cria uma porta. Se ela não consegue ver, faz uma janela.

O que isso significa em sua vida? Há quaisquer portas ou janelas que você precisa criar? Ao fazer isso, você se abre e abre a sua vida para coisas boas, para que elas possam lhe proporcionar seus desejos e sonhos.

Se você encontrar uma parede, crie uma porta. Se você não conseguir ver, faça uma janela. Use as técnicas a seguir desta seção para produzir portas e janelas na sua vida. Seja positiva e encontre soluções. Permita que o sucesso entre em sua vida.

Capítulo 24
As Chaves para o Sucesso

PENSE, SINTA, AJA

Ainda que essa técnica já tenha sido discutida antes neste livro, é importante internalizar o conceito e agir com base nele se você quer mudar a sua vida. Ela é apresentada novamente nesta seção como uma abordagem importante para a cura.

A maioria de nós comete o erro comum de acreditar que os nossos sentimentos criam o nosso pensamento. Nós poderíamos permitir que os sentimentos assumissem o controle das nossas vidas, mas não teríamos direção ou metas. Os nossos sentimentos nos arrastam para um lado e para o outro, sem qualquer plano em relação ao caminho que deveríamos seguir.

Pesquisas recentes sobre o cérebro indicam que podemos mudar a nós mesmos, bem como as nossas vidas, a partir do nosso pensamento e experiência. Crie a vida que você quer viver – o seu sonho – mudando os seus pensamentos, para gerar sentimentos e ações congruentes com a existência que você deseja.

A seção seguinte do livro é dedicada aos métodos que vão lhe mostrar como mudar o seu modo de pensar, sentir e agir – todos os aspectos da sua vida. Deixe essas técnicas se tornarem parte de você. Elas são as chaves para acessar a luz positiva.

LISTE OS SEUS SUCESSOS DIÁRIOS

Mantenha um diário das suas conquistas diárias. Tire dez minutos todas as noites para listar algumas coisas boas sobre si mesma. Você pode falar das coisas que conquistou. Ou dos seus belos olhos, do seu sorriso. A sua gratidão pode ser aquilo que você fez de bom durante o dia.

Quando eu aconselhava crianças, eu dava a elas a tarefa de dizer ao pai ou à mãe três coisas boas que elas tinham feito cada dia.

Eu pedia a elas que pensassem em pequenas coisas, como:
- Eu arrumei a mesa para o jantar.
- Eu alimentei o cachorro.
- Eu fiz um desenho bonito.
- Eu li um livro.
- Eu brinquei com o meu amigo.
- Eu fiz carinho na minha mãe.
- Eu fiquei abraçado com o meu pai.

Era surpreendente o quanto essa tarefa era difícil para alguns deles. Mesmo quando somos adultos, a dificuldade dessa tarefa não diminui.

Encontre a sua própria lista positiva:
- Eu sorri para alguém.
- Eu abracei a minha esposa.
- Eu colhi uma rosa.
- Eu cheguei ao trabalho na hora.
- Eu li um bom livro.

Como você sabe que isso será parte da sua rotina noturna, procure pelas coisas positivas na sua vida ao longo do dia. Fale sobre elas no almoço. Escute outras pessoas compartilhando os seus sucessos.

PADRÕES POSITIVOS DE DISCURSO

Crie um discurso otimista em sua vida.

Você é positiva e focada em soluções, ou você sempre encontra um "mas" quando as pessoas a elogiam?

Eu tinha uma cliente sábia, Marsha, que cuidava de Cassandra, uma criança adotada. Sempre que Marsha elogiava Cassandra, a garotinha dizia "sim, mas..." e inventava uma desculpa a respeito de por que ela tinha falhas.

Finalmente, Marsha disse a Cassandra: "*Mas* pro quarto." Cassandra tinha que ir para o quarto até que pudesse responder "sim" ou "obrigada" a Marsha.

Se você encontra um "mas" nas coisas boas que escuta, está desqualificando a declaração positiva. Você não consegue ser positiva ou focada em soluções com "mas". Ele a prende e impede que você siga adiante. Lembre-se: "*Mas* pro quarto." Seja positiva e focada em soluções.

Capítulo 25
Meditação

Uma vez, eu ouvi de uma amiga: "Eu não consigo meditar. Minha mente pula de um lugar para o outro, e eu não consigo controlá-la."

Meditar é como focalizar uma câmera. A visão borrada se torna clara à medida que você ajusta as lentes, concentrando a sua atenção em um pensamento ou imagem.

Tire um tempinho para si mesma – pode ser alguns minutos, ou quanto tempo desejar, dependendo das suas metas e da sua disponibilidade. Encontre o seu lugar favorito e fique confortável. Talvez você tenha uma enorme cadeira bem fofinha na qual adora relaxar. Você gosta de ficar sob o sol? O quintal é o seu lugar favorito? Andar no meio do mato é uma coisa que eu adoro. Relaxe, fique confortável e simplesmente curta a sua existência.

Reflita. Essa é uma nova jornada, um novo cenário para explorar. Concentre-se em uma recordação ou ideia particularmente agradável. À medida que a sua mente se afastar do seu pensamento central, perceba a ideia divergente. Trata-se de algo que você precisa confrontar, ou será que você pode transformar isso em um raio de luz e usá-lo para iluminar o mundo à sua volta?

Dê-se tempo para se familiarizar com a arte da meditação. Estude um livro de meditação da sua escolha. Deixe que o processo seja uma passagem pacífica para você. Deixe que ele flua como uma jornada serena em direção ao relaxamento.

DEFINIÇÕES PARA A MEDITAÇÃO

Para que todas nós estejamos falando a mesma língua, aqui estão algumas definições e ferramentas que auxiliarão a nossa discussão sobre a meditação.

A **meditação** se refere a uma grande variedade de técnicas usadas para promover o relaxamento, entrar em contato com um guia espiritual, permitir a aproximação do seu próprio pensamento positivo, bem como o desenvolvimento de amor, paciência, perdão e vários outros destinos mentais. Aqueles que praticam essa arte são capazes de se concentrar sem maiores esforços em uma variedade de objetivos.

O **mantra,** para nosso uso aqui, é uma frase ou grupo de palavras usadas para desenvolver a transformação mental desejada se repetidas várias vezes. Essa frase pode ser uma expressão de um trabalho religioso ou de um mentor, ou algo que você mesma escreveu.

A **imaginação guiada** é uma mensagem criada com imagens, usada como uma intervenção comunicada à mente.

A **auto-hipnose** é um estado que lembra o sono, induzido pela sua própria sugestão, no qual você se torna cada vez mais inconsciente dos seus arredores. Nesse estado, você é capaz de dar sugestões críveis à psique.

A **respiração** a ajuda a entrar em um estado de relaxamento. Inspire pelo nariz e expire pela boca. Use a barriga para respirar. O seu peito deve se manter parado. Conte até três conforme você inspira pelo nariz e conte até três conforme você expira pela boca.

A **m**úsica pode auxiliar o seu processo e melhorar a sua visualização.

Os **scripts** para imaginação guiada e auto-hipnose podem ser comprados em qualquer livraria ou pela internet. Existem centenas de diferentes tipos de script para ajudá-la a melhorar a sua autoestima, parar de fumar, visualizar um corpo saudável e daí por diante. Escrever o seu próprio script é um método maravilhoso que a ajudará a se concentrar em seus objetivos e reprogramar a sua mente.

CRIANDO AS SUAS VISUALIZAÇÕES

A sua mente não consegue dizer a diferença
entre o que é real e o que é imaginado.

Você pode começar a sua visualização ou meditação na sua parte preferida da casa. Escolha um lugar onde você não será perturbada. Você pode deixar uma música suave tocando de fundo e pode querer perfumar o quarto com o seu aroma preferido, aquele que faça com que você se sinta relaxada. Agora, fique confortável. Deite-se ou sente-se em uma cadeira – o que for melhor para você.

Comece a se concentrar ouvindo uma fita de meditação que você adore, ou crie o seu próprio script. (Veja o próximo capítulo, que fala sobre escrever o seu próprio script.)

À medida que você começar a colocar palavras no seu script, diga-as devagar, pausando enquanto imagina cada frase para permitir que a sua mente tenha tempo para assimilar cada figura que você criou. Aqui estão algumas possíveis palavras que você pode usar para um script, mas sinta-se livre para escrever o seu próprio.

Comece a se concentrar subindo uma escada. Use uma voz serena enquanto você conversa consigo mesma. "Eu subo o primeiro degrau e me sinto relaxada. Eu subo o segundo degrau e me sinto calma. Eu estou consciente da minha respiração: dentro e fora, dentro e fora." Continue até que você tenha subido dez degraus.

"No topo da escada, eu vejo um belo campo cheio de narcisos. Eles estão balançando com a brisa. Eu estou repleta da luz do sol que brilha sobre mim. Eu estou em paz." Use a visualização que funcionar melhor para você. Diga a mensagem que você gostaria que a sua mente recebesse.

Quando você estiver concentrada no mantra que deseja que a sua mente aceite, desça lentamente os degraus, um de cada vez, enchendo-se de paz e amor ao longo do caminho. Tire alguns minutos depois que tiver terminado para continuar respirando profundamente e permita-se voltar ao seu lugar confortável e livre de estresse.

Aqui estão duas das minhas visualizações favoritas.

Trilha nas Montanhas: Eu estou andando por uma trilha em uma área arborizada. Eu saio em um campo cheio de luz e com uma brisa fresca. Há um campo de amoras silvestres à direita. É agosto, e elas estão maduras. Eu consigo sentir a doçura suculenta na minha língua e o seu aroma. Eu as colho ao longo do caminho, comendo até que eu esteja satisfeita, então continuo seguindo em frente. O campo é denso, com girassóis altos balançando na brisa. O ar da montanha é fresco e refrescante. Há uma brisa suave soprando o meu cabelo. Um pequeno riacho gorgoleja ao lado da trilha e vai se estreitando à medida que eu subo a montanha. A água é cristalina e eu consigo ver os peixes nadando nela. Eu continuo caminhando. O cheiro das pinhas me cerca conforme eu continuo a subir a montanha. Logo eu estarei no topo. Eu posso olhar para o vale abaixo. Eu estou no topo do mundo. Eu sinto paz. Eu adoro a beleza do mundo. Eu me sinto conectada com a Terra. Eu me sinto nutrida.

Floresta em Família: Eu estou andando pela floresta acima da nossa cabana. Eu adoro essa em especial porque estou fazendo o caminho pelo qual sei que meu pai e meu avô passaram. Às vezes, eu vou no começo da noite e vejo coelhinhos correndo para as suas tocas conforme passo por eles. Eu vejo um veado ao longe. Ele olha para mim, e eu olho de volta. A floresta é densa e os altos pinheiros sussurram acima de mim. Eles estão acenando em reconhecimento à minha presença. Eu sei que as gerações antes de mim também viram esses pinheiros. Eu estou perto daqueles que se foram antes de mim. Eles estão comigo. Nós conversamos. O cheiro da floresta me relaxa. Eu estou com a natureza.

Visualize a si mesma sendo instruída por um mentor sábio. Veja a si mesma no meio do seu sonho. Familiarize-se com os elementos que cercam a sua meta. Se você tornar isso parte da sua visão interior, ela fará parte da sua visão exterior também.

VISUALIZAÇÕES COM CRIANÇAS

Eu comecei a perceber o poder da imaginação guiada através das crianças. Jéssica entrou para a terapia porque estava tendo pesadelos. Eu pedi que ela guardasse um caderno perto da cama para desenhar os sonhos. A cada semana que ela vinha para a terapia, ela trazia os desenhos para me mostrar o quanto eles eram assustadores.

Eu pedi que ela desenhasse um final feliz para cada sonho. No começo, isso foi difícil para ela. Então, nós passamos a discutir juntas ideias para conclusões positivas. Depois que Jéssica praticou encontrar alguns finais felizes, ela foi capaz de criá-los sozinha quando acordava depois de um pesadelo. Ela adorava fazer isso, que acabou virando um jogo para ela. Logo, os pesadelos acabaram. Ela se curou através da sua imaginação positiva, porque participou de forma ativa do seu processo mental.

A imaginação guiada também ajudou crianças que estavam reprovando. Uma garotinha chamada Tanya tirava notas ruins em matemática. Eu pedi a ela que se visualizasse indo bem nas aulas. Em um primeiro momento, ela achou a ideia "idiota", mas, conforme passamos a nos conhecer melhor, ela passou a se divertir com a visualização. Ela se imaginava levantando a mão porque sabia a resposta para a pergunta que o professor tinha feito. Tanya se imaginava recebendo uma prova de volta com uma nota dez. Ela começou a mudar o seu modo de pensar, então seus sentimentos em relação à matemática mudaram. A atitude dela para com os estudos se transformou – o que costumava ser uma batalha com os pais passou a ser uma experiência positiva. Conforme a imagem que ela tinha de si mesma mudava, ela mudava junto.

As crianças são excelentes em criar suas próprias imaginações guiadas. Elas adoram colocar os seus problemas em uma bolha e soprá-la para longe. Um balão de preocupação é capaz de levar as preocupações delas para um anjo da guarda ou um ajudante imaginário. Elas ganham força por meio de um amigo de mentirinha. Algumas vezes, elas conseguem imaginar que um mago vai transformar os monstros de seus sonhos em brinquedos de miniatura, ou elas conseguem se imaginar dando um picolé ou sua rosquinha preferida a um monstro assustador.

Certa vez, eu conversei com uma mãe que já estava sem ideias porque o filho, de seis anos, tinha medo de que sapos pulassem nele dos arbustos. Ela tentou argumentar com ele, dizendo que não havia sapos em seu jardim. Ela explicou que os sapos eram bonzinhos porque comiam moscas varejeiras. Nada ajudou. Eu sugeri que ela pedisse ao filho que usasse a imaginação para se livrar deles – afinal, o medo estava na cabeça dele. Juntos, eles inventaram uma armadilha gosmenta verde para sapos. Ela pegava todos os sapos – na verdade, isso se tornou um jogo divertido –, e o medo se foi.

A mente das crianças é maravilhosamente criativa. Nós, como adultos, podemos adquirir sabedoria com elas.

> *"Nenhum homem chega tão alto como quando se inclina para ajudar uma criança."*
> – *Abraham Lincoln*

Capítulo 26
Escrevendo o Seu Próprio Script

Eu incluí uma seção sobre como escrever o seu próprio script porque a cura é mais eficaz quando você cria a cena e escreve as palavras que são ideais para você. Quando eu trabalhava com minhas clientes, permitia que cada uma projetasse sua própria cena. Para que elas realmente se curassem, as palavras precisavam vir de dentro.

ENCONTRANDO AS PALAVRAS CERTAS

Além de esboçar o seu próprio script, escreva alguns mantras para ajudá-la no processo de cura. É importante que você use palavras que sejam importantes para você. Às vezes, as minhas clientes me pediam para ajudá-las a criar frases, mas eu jamais poderia encontrar as palavras certas. Elas eram as únicas que conheciam seus sentimentos interiores, logo, elas eram as únicas que poderiam escrever scripts de cura. As palavras precisam atingir as nossas feridas mais profundas para curá-las.

Por exemplo:

O pai de Margie havia sido morto nas selvas do Vietnã, e ela se sentia abandonada por ele.

Aqui estão alguns dos mantras dela:
- Meu pai estará comigo para sempre.
- Eu tenho uma relação afetuosa com o meu pai.

À medida que se curava, Margie começou a se ver com um parceiro especial que não a abandonaria. Ela também se divertia escrevendo scripts para isso.

Os mantras dela incluíam frases como:
- Eu mereço ser cuidada.
- Eu sou digna de amor.
- Eu mereço um relacionamento afetuoso.
- Eu mereço alguém em quem eu possa confiar.

Eu achava que ela tinha feito uma lista ótima, mas ela ainda não havia terminado. Ela queria que a lista incluísse Deus, seu anjo da guarda e seu pai.
- Deus vai cuidar de mim.
- Deus vai sempre me guardar com Ele.
- Meu anjo da guarda me ama.
- Eu posso confiar no meu anjo da guarda.

Eu pude perceber que Margie tinha acertado nas palavras, porque seus olhos se enchiam de lágrimas a cada frase que ela dizia. As palavras falavam com a profundeza de sua alma.

Com direcionamento, a própria sabedoria interior da Margie continha o poder de cura.

Eu sempre me sinto mais humilde quando trabalho com alguém como Margie. Isso reafirma o que eu já sei. A cura – a verdadeira cura – vem de dentro.

> *"Se você deseja conhecer o caminho para a montanha, pergunte ao homem que vai e volta dela."*
>
> – Zenrin

UMA MENTE DISTRAÍDA

Às vezes, a sua mente pode divagar. Não tem problema. Deixe-a ir de encontro ao pensamento. Você precisa da ideia agora? Trata-se de sabedoria ou apenas tagarelice? Aceite isso como parte de você e viaje gentilmente de volta à Terra, como uma bolha de luz.

É difícil desligar uma mente acelerada. Ela é como um cavalo selvagem que não foi domado, correndo para todos os lados ao mesmo tempo. Quando você perceber que a sua mente está se desconcentrando, não critique a si mesma. Apenas deslize os pensamentos para fora da sua mente calmamente. Mande-os para o mundo como um presente de luz. Volte ao seu foco.

> *"Um devaneio em si é a essência da sabedoria – imanente e intrínseco."*
>
> – Milarepa

> *"Eu estava tentando sonhar acordado, mas minha mente insistia em divagar."*
>
> – Steve Wright

VISUALIZAÇÕES BASEADAS NA REALIDADE

Muitas pessoas usam uma recordação agradável da infância. Se o seu ambiente familiar não era agradável, procure em outro lugar. Que tal sua tia ou seu tio favorito? A casa dos seus avós era um lugar de amor? Talvez um amigo no fim da rua vivesse em um ambiente afetuoso.

Meu avô costumava me levar ao leilão de gado, então eu criei uma visualização com o meu avô, o leiloeiro, os lances, os animais e um almoço divertido depois. Ela é uma das minhas favoritas.

Talvez você tenha tido férias incríveis e gostaria de usá-las. Assista a um programa de viagens e crie uma maravilhosa meditação de férias. Tirar férias mentais é uma das minhas formas favoritas de relaxar. O céu é o limite. Qualquer lugar, a qualquer hora e com qualquer pessoa está ótimo. Seja criativa.

> *"Nunca é tarde demais para ter uma infância feliz."*
> *– Tom Robbins*

Visualize criando um cômodo ou lar tranquilo. Decore-o com as suas cores favoritas e com um lugar confortável onde se sentar e relaxar. Encha o seu lugar seguro de coisas que você ama, como boa música, livros, arte e qualquer outra coisa da qual você goste.

A fantasia é popular hoje em dia. Eu adoro a criatividade que ela produz. Faça o seu próprio mundo; visualize o seu próprio lugar. Deixe a sua mente livre para dar a você o que for seu.

MELHORE AS SUAS VISUALIZAÇÕES

Reforço Sensorial

A visualização vai adquirir mais significado e profundidade se você usar a maior quantidade possível de elementos sensoriais:
- A beleza do oceano
- O som das ondas quebrando na costa
- O cheiro do sal no ar
- A sensação da brisa soprando o seu cabelo
- O toque da areia sob os seus pés
- O calor do sol penetrando a sua alma

- O som dos passarinhos ao alto

Torne-a sua, exatamente da forma como você gostaria que fosse. Se você estiver se sentindo sobrecarregada, mantenha a imagem simples e serena. Permita-se ser nutrida.

Relaxamento

Quando você perceber que está tensa e estressada, ensine um exercício de relaxamento ao seu corpo. Você também pode ser criativa com isso. Invente da forma que desejar. Eu gosto de me visualizar deitada, com água cristalina correndo ao meu redor, começando com o topo da minha cabeça e apoiando o meu corpo lentamente até os dedos dos pés. A água me segura, me relaxa e me nutre.

Aqui está outra técnica que eu acho útil quando estou descansando: tensione os seus dedos dos pés e conte lentamente até dez; depois, relaxe-os. Em seguida, tensione os seus pés e relaxe-os, então os seus tornozelos, e continue subindo lentamente pelo seu corpo até chegar à sua cabeça.

Visualize-se recebendo uma massagem, ou deitada em um banho de lama. Faça uma viagem mental a um *day spa* caro, com todas as regalias.

Crie um Mentor Sábio

Imagine um mestre ou conselheiro sábio. Eu tive uma cliente que se perguntava: "O que a Christy me aconselharia a fazer?" Ela me usava como sua sabedoria interior e, com o passar do tempo, veio a descobrir que as reflexões eram, na verdade, dela mesma, e não de mim.

Procure um guia interior na sua vida. Pode ser uma pessoa sábia que você tenha conhecido. Pode ser um humanista famoso como a Madre Teresa. Pergunte a si mesma: "O que a Madre Teresa faria?"

Que tal um anjo da guarda? Existe alguém no céu, talvez um santo ou uma pessoa de outra vida, que poderia ser o seu tutor? E que tal uma figura histórica? A escolha é sua, de acordo com o seu sistema de crença.

> *"Se você não conseguir de si mesmo,
> aonde você vai buscar?"*
>
> – Zenrin

Crie um lugar seguro e encontre-se com o seu sábio lá. Converse com ele ou ela como se vocês estivessem se vendo pela primeira vez, porque vocês estão. Tentem se conhecer melhor. Pergunte sobre ele ou ela e responda sobre si mesma. À medida que vocês dois se tornarem amigos, compartilhe os seus problemas e peça conselhos. O seu sábio vai guiá-la.

> *"Nós temos aquilo que buscamos.
> Está lá o tempo todo e, se dermos
> tempo, vai se mostrar a nós."*
>
> – Thomas Merton

Fale com Deus, ou com o seu poder superior, que é amável e afetuoso, e adoraria passar algum tempo com você. Conheça seu anjo – ou seus anjos – da guarda, ou a pessoa espiritual que está ao seu lado. Compartilhe com eles e peça conselhos.

Visualizações da Criança Interior

Converse com a sua criança interior e reeduque-a. Abrace-a e ame-a. Dê a ela o tempo e o cuidado de que uma criança necessita. Mostre a ela que você a manterá segura e protegida. Sinta a paz que pode resultar desse tipo de imagem.

Esse é um jeito especialmente poderoso de usar a sua imaginação guiada. Se você sobreviveu a um abuso ou tem outro trauma de infância, escreva um final diferente para a sua história – ou escreva uma história totalmente diferente.

Veja a si mesma visitando a sua família, pessoas próximas ou amigos, se desejar. Meu pai morreu quando eu tinha seis anos, e, enquanto eu crescia, eu costumava ter longas conversas com ele. Eu criava as minhas próprias visualizações.

Imagine uma sala com os seus pais, avós e até mesmo tataravós. Converse com cada um para descobrir as forças e fraquezas deles. De que forma você é parecida com eles? Encontre as formas positivas como eles influenciaram a sua vida.

E se você não os conheceu? Como você pode descobrir sobre eles? Peça informações à sua família e amigos. Leia os diários deles, se eles escreviam. Talvez outros membros da família tenham guardado os diários e álbuns deles. Estude-os. Leia sobre a história política, cultural e religiosa da época deles. Monte a sua própria compreensão de quem eles eram.

Visualização da Autoestima

Para uma visualização da autoestima positiva, imagine-se em um álbum de fotos da sua infância. Veja cada página e celebre os bons momentos da sua vida. Reescreva os momentos negativos para que se tornem positivos.

Crie um refúgio imaginando uma casa com fotos em tamanho real de você crescendo. Coloque recordações especiais e seus objetos favoritos na casa. Torne-a um recanto calmo e relaxante apenas para você.

Preocupação

Às vezes é difícil dormir de noite por causa das preocupações. É difícil desligar a sua mente. Imagine uma caixa ao lado da sua cama. Quando um pensamento aparecer na sua cabeça, coloque-o na caixa para pensar nele no dia seguinte. Escreva os seus medos em pequenos pedaços de papel e coloque-os dentro de um boneco. Ele vai cuidar deles até amanhã. No dia seguinte, você poderá decidir se realmente precisa tirá-los dali e ficar ansiosa de novo.

Ria

Rir é um dos melhores jeitos de acabar com o estresse. Crie uma visualização cômica. Inclua histórias engraçadas dos seus amigos. Leia um livro de piadas. Assista a um canal de comédia e visualize a si mesma como parte dela.

Crie um Lugar Seguro na Sua Casa

Construa um lugar seguro na sua própria casa. Eu tenho uma amiga que mora a continentes de distância da família, mas deixa um cômodo com a mobília da avó e algumas lembranças. Ali é um lugar seguro aonde ela vai e se conecta com os seus entes queridos, agora que ela está tão longe de casa.

Inclua elementos espirituais que funcionem para você na sua decoração.

Eu tenho fotos dos meus filhos e dos meus netos em lugares onde eu possa vê-los diariamente, porque eles não moram perto de mim. Os retratos me ajudam a me conectar com eles.

OUTRAS TÉCNICAS

Visualize-se plantando um jardim de flores, pintando um belo quadro, nadando em um lago maravilhoso, andando de quadriciclo ou em uma corrida de bicicletas.

Reescreva os seus medos e crie força interior à medida que você visualiza. Encare os medos nas visualizações reduzindo as pessoas a miniaturas.

Levante um escudo contra a negatividade ao seu redor. Depois, caminhe em direção à luz positiva.

Talvez a sua visualização possa ser de um sucesso que você teve recentemente e que vai inspirá-la a seguir em direção a mais sucessos. Uma amiga minha era artista e adorava pintar, mas, cada vez que ela sentava para trabalhar, tinha dificuldades em colocar o pincel na tela. Uma voz crítica na cabeça dela dizia que ela não faria um bom trabalho e que ela não tinha qualquer capacidade criativa. Ela parecia estar empacada. Então, antes de começar cada quadro, ela dizia a si mesma que era uma boa artista e tinha capacidade criativa. Depois, ela retornava mentalmente ao momento em que havia terminado sua última tela, visualizando e sentindo o sucesso daquele momento. Essas técnicas a ajudavam a começar o próximo projeto.

Se você estiver interessada, a aromaterapia também pode ajudá-la no seu processo.

Seja tão criativa quanto desejar. Inclua criatividade em tudo o que você fizer. Isso vai cultivar a sua alma.

Respiração Profunda

A respiração pode ajudar a acalmar a sua ansiedade e mudar os seus hábitos nervosos. Olhe para as suas ações e para a forma como a sua mente trabalha. Você se sente frustrada ou ansiosa? Você fica enrolando uma mecha de cabelo com o dedo ou rói as unhas? Pare com o comportamento externo e concentre-se internamente. Visualize calma e paz, e use a respiração profunda para relaxar o seu corpo.

Comece o processo de respiração limpando o seu corpo com uma inalação profunda. Inspire usando o seu abdome inferior. Visualize a sua respiração percorrendo todo o seu corpo. Veja-a enchendo as suas pernas e pés. Sinta-a encher os seus ombros e braços, percorrendo todo o caminho até as suas mãos e dedos. Deixe que ela limpe o seu corpo.

Inspire pelo nariz e expire pela boca. Mantenha seu peito parado e permita que a sua respiração encha o seu abdome. É preciso um pouco de prática, mas vale a pena.

Conte até três enquanto inspira, depois de novo até três ao expirar.

Não permita a distração. Mantenha-se concentrada na sua respiração. Sinta o poder da liberação conforme você expira. Para mim, a respiração libera a ansiedade, as preocupações e outras emoções negativas que estão reprimidas. Ela faz com que eu me sinta liberta e limpa.

Essa é uma técnica que você pode usar a qualquer hora, em qualquer lugar. Você sempre precisa respirar, então respire profundamente no metrô, ou dirigindo o seu carro, ou numa reunião entediante de diretoria. Quando você perceber que está se sentindo tensa, comece esse exercício de respiração, e ele liberará as suas emoções negativas. Esse exercício é especialmente bom para ser feito antes de ir para a cama.

Combine a respiração com um mantra que auxilie na sua cura. Use uma mensagem significativa para este momento da sua vida, tal como o mantra do AA:

> *"Eu estou me libertando do medo e enchendo a minha vida de fé."*
> *– Alcoólicos Anônimos*

Declarações com "eu sou" são poderosas. Lembre-se de que você precisa mudar a sua mente primeiro, para que os seus sentimentos e o seu comportamento possam seguir a mudança.

- Eu sou suficiente.
- Eu sou saudável.
- Eu sou digna de amor.
- Eu tenho sabedoria interior.

- Eu tenho as bênçãos da energia positiva.

Essas declarações vão enchê-la de paz. Se você lê obras espirituais, escolha uma declaração de sabedoria de lá.

Deixe que isso faça parte do seu programa de cura. Sua vida será mais longa e você será mais feliz. Minhas clientes e eu encontramos força fazendo da respiração profunda parte de um programa diário.

Sonhos

"Siga o seu coração, e os seus sonhos se tornarão realidade."

– Provérbio

Algumas pessoas acreditam que o seu eu superior manifesta sonhos espirituais. Quando vemos algo em um sonho, isso se torna parte de nós. Os antigos acreditavam que os sonhos previam o futuro e atribuíam significados proféticos aos sonhos bíblicos.

Os sonhos podem fornecer perspectivas interessantes sobre a sua vida. Deixe um pequeno caderno perto da sua cama e anote os seus sonhos quando acordar.

As minhas clientes que faziam esse exercício me perguntavam: "O que o meu sonho significa?" Eu poderia ter dado um palpite educado sobre suas implicações, mas ele provavelmente não faria sentido para elas.

Eu sempre devolvia a pergunta a eles. "O que você acha que o seu sonho está indicando?" Eles custavam a encontrar a resposta, mas, quando arriscavam um palpite, o significado se tornava claro. Geralmente, os seus sonhos acabavam sendo uma metáfora de algo que estava acontecendo na vida deles. Eles poderiam olhar para a situação e escolher mudar, se quisessem.

Essa é uma maneira maravilhosa de acessar a sua sabedoria interior e fortalecer a sua compreensão de self (ou "si mesmo").

Às vezes você pode ter um sonho recorrente, noite após noite. Analise-o cuidadosamente. Os sonhos nunca são iguais. Em um campo de narcisos, todos parecem iguais olhando de longe, mas, quando examinados de perto, todos eles possuem características que os definem individualmente. As menores mudanças no seu sonho recorrente podem fornecer a você uma compreensão específica.

Às vezes, o período de transição entre a vigília e o sono é quando você recebe mensagens a respeito da sua vida. Ouça. A sua sabedoria interior pode estar falando com você durante esse momento de relaxamento, quando o mundo não pode interferir.

Use os seus sonhos como uma ajuda para entender a si mesma. Relacione-os com o que está acontecendo na sua vida e permita-se ser guiada pela sua sabedoria interior na interpretação.

Capítulo 27
Sabedoria Interior

Nós temos dentro de nós o poder para tomar decisões e encontrar nosso próprio caminho. Às vezes, é difícil buscar em nós mesmos as respostas para os nossos problemas.

> *"Todos nós somos de Deus da mesma forma como uma gota de água é do oceano."*
> *– Gandhi*

Explorar a sua sabedoria interior é uma jornada maravilhosa. Mas como começar? Ter a ideia e então a meta é o primeiro passo. Procure pelo entendimento dentro de si mesma. Quando foi a última vez que você usou o bom senso? Faça uma lista. Peça a um amigo, mestre ou líder religioso que você admire que a ajude a listar os seus pontos fortes. Aceite o amor deles e busque o carinho deles. Converse sobre as coisas com eles.

ACESSE O SEU GUIA INTERIOR

Esteja em um lugar confortável quando começar. Mantenha-se em paz durante esse processo. A paz convida a luz e o conhecimento a entrar. Use a respiração profunda e concentre o seu pensamento.

Chame o seu sábio à sua mente. Crie uma imagem dessa pessoa na sua cabeça. Seja capaz de vê-lo e descrevê-lo em detalhes. Se você tiver uma fotografia, use-a, se desejar. Liste os atributos dele – as suas forças e fraquezas.

Comece a construir (ou reconstruir) a sua relação com ele. Cumprimente-o ao se aproximar e deixe-o responder. Convide-o para ser seu guia interior. Conte a ele sobre a sua vida cotidiana e escute o que ele tem a dizer em resposta.

Converse com ele e compartilhe os seus problemas. Preste atenção aos conselhos dele. Avalie o que ele tem a dizer e examine todas as opções. Encontre-se com ele frequentemente.

Eu amava o meu pai, e ele me amava. Nós costumávamos sentar juntos e conversar sobre tudo antes de ele morrer. Depois da sua morte, eu continuei conversando com ele. Nós tínhamos longas conversas e ainda apreciávamos a companhia um do outro. Ele continuou comigo ao longo da minha vida, simplesmente estando lá para mim quando eu tinha problemas ou confusões na minha vida. Nossa relação é diferente de como seria se ele tivesse vivido, mas nós continuamos a fazer parte da vida um do outro, ainda que ele tenha partido. Eu sei que ele me ama, e eu certamente o amo.

Deixe o amor do seu guia interior inundá-la. O amor e a luz nos preenchem e nos curam diariamente. Permita que as bênçãos da energia positiva tragam amor para você em abundância.

> *"Tudo o que nós somos é resultado daquilo em que pensamos. A mente é tudo. Nós nos tornamos aquilo em que pensamos."*
>
> *– Buda*

Capítulo 28
Gratidão

A gratidão é uma ferramenta poderosa para colocar a sua mente em uma direção positiva. Ter e sentir pensamentos de gratidão proporciona otimismo e amor. Quando a energia positiva flui, ela erradica a ansiedade e o orgulho, e você é levada a um lugar de humildade onde estará aberta a novas ideias.

> *"A gratidão não é somente a maior das virtudes, mas também a mãe de todas as outras."*
> – Cícero

Fazer um diário de gratidão traz energia positiva. Emmons e McCullough, na revista científica *Journal of Personality and Social Psychology*, estudaram o reconhecimento das bênçãos em oposição ao reconhecimento dos fardos e descobriram que aqueles que se concentravam nas bênçãos cotidianas eram mais otimistas, vigorosos, agradáveis e melhor aptos para lidar com os problemas da vida. O sono deles melhorou e eles ficavam doentes com menos frequência. Eles eram mais caridosos e faziam progressos maiores em direção às suas metas.

Se você gostaria de ter todos esses atributos em sua vida, inclua a gratidão no seu dia. Existem maneiras incontáveis de conseguir isso. Encontre a que funcione melhor para você.

RITUAIS DIÁRIOS DE GRATIDÃO

Diário de Gratidão Detalhado

O uso de um diário de gratidão no cotidiano foi útil para muitas das minhas clientes. Durante a parte intensa da cura delas, muitas mantinham diários detalhados.

As clientes deprimidas que mantinham um diário de gratidão pareciam capazes de se livrar da depressão mais cedo do que aquelas que não escreviam. Quando você se concentra no positivo, isso ilumina a sua alma, o que leva a um pensamento mais centrado e afirmativo, que leva a mais luz. Quando você faz isso, um ciclo de feedback positivo é estabelecido.

Inclua a sua gratidão no seu diário regular, se quiser.

Lista Diária de Gratidão

Para se manter focada no pensamento positivo durante o dia, estabeleça uma meta de listar três bênçãos antes de ir para a cama todas as noites. No começo, pode ser difícil pensar em três coisas positivas pelas quais você é grata. Eu descobri que o poder disso é especialmente grande ao tratar a depressão em crianças.

Calli, de sete anos, tinha dificuldades em achar algo de positivo em si mesma. Pensar em três coisas positivas para escrever a deixava sobrecarregada no começo. No início, a lista dela incluía:
- Eu sou grata pelo meu cabelo.
- Eu sou grata pelas minhas aulas balé.
- Eu sou grata por ter terminado a minha lição de Português.
- Eu sou grata por não ter gritado com a minha irmã.

Conforme as semanas se passaram, os itens na lista dela começaram a mudar:
- Eu sou grata pela menina nova no colégio hoje.
- Eu sou grata pelas folhas. Eu e meu pai as juntamos e eu pulei nelas.
- Eu sou grata por saber como fazer contas.
- Meu pai e minha mãe me amam.

A lista de Calli passou a incluir as mudanças na sua capacidade de comunicação, a disposição dela em se empenhar nas tarefas e a aceitação do amor de outras pessoas em sua vida. E tudo isso começou com uma lista de gratidão.

Pensamentos Diários de Gratidão

Incluir mais uma tarefa na correria do dia a dia pode sobrecarregar algumas pessoas. Mas, se você combinar os seus pensamentos diários de gratidão com outra coisa que você faça todos os dias, isso vai incorporar força e luz à sua atitude. A sua lista de gratidão pode ser dita a você mesma enquanto você dirige o seu carro ou pega o metrô. Ou você pode usar o momento de uma atividade física para completar uma lista diária de gratidão.

Se você conseguir combinar uma tarefa que quer concluir com uma que você sempre realiza, você terá completado duas tarefas, em vez de uma. Eu tenho um amigo que prefere morrer a perder um dia de golfe, então ele repete o seu mantra de gratidão no sétimo buraco, o que tem a paisagem mais bonita. Agora, ele não perde nenhum dos dois.

Visualizações de Gratidão

Eu gosto de visualizar, então às vezes escrevo visualizações de gratidão; mas, em outras, eu simplesmente tiro alguns minutos e aproveito um tempinho dentro da minha mente.

Eu fico maravilhada com a magnificência de um botão de rosa desabrochando. De seu pequeno e fechado invólucro, pouco a pouco, ela vai florescendo. Cada pétala tem um papel no todo. A cor risca a suavidade do branco ao rosa profundo, do amarelo ao vermelho vivo. Eu sou grata pela beleza individual de cada uma das pétalas e pela flor adorável que elas criam.

Eu sou grata pela mamãe pisco-de-peito-ruivo que constrói seu ninho no parapeito do lado de fora da minha janela. Logo, pequenos ovos aparecem e se transformam em filhotinhos famintos. Eu tomo cuidado para não perturbá-los, mas assisto enquanto o milagre da vida se revela. A mãe ensina aos pequenos como voar. Ela os empurra para fora do ninho repetidas vezes, até que eles decolem. Eu me pergunto se os pequeninos sentem medo quando começam o processo de deixar o ninho.

Eu adoro a lembrança do toque da mão da minha avó. Eu sinto a proximidade dela e sei que ela me ama. Eu era dela e ela era minha. Algumas das minhas formas de pensar são iguais às dela. Alguns hábitos meus são iguais aos dela. Eu me sinto conectada a ela e sou grata pelo seu legado.

Eu sou grata pela nova vida de um gatinho ou de um cachorrinho. Eles pulam, brincam e rolam por aí. Eles se agarram em brinquedos ou em algum outro bichinho. Há a novidade, a inocência e a brincadeira, uma conexão com os outros que é revigorante.

MANTRAS DE GRATIDÃO

Todas as religiões e grandes mestres acreditam que a gratidão é um aspecto importante de seus ensinamentos. Quando você gostar de uma frase, coloque-a na sua lista de mantras. Eu tenho uma no computador que eu consulto diariamente. Eu adoro a sabedoria que os mantras nos trazem. Troque de lista toda semana e repita-a sempre que abrir o seu computador.

Aqui estão alguns exemplos de frases de gratidão:

"Quando eu admiro a maravilha de um pôr do sol ou a beleza da lua, a minha alma se expande em adoração ao Criador."

– Gandhi

"Nós conseguimos passar pela noite mais escura com a radiante convicção de que todas as coisas trabalham juntas para o bem."

– Martin Luther King Jr.

"A gratidão é o sinal das almas nobres."

– Aesop

"A gratidão é a mais bela flor que brota da alma."

– Henry Ward Beecher

"A gratidão é a memória do coração."

– Provérbio

"Agradecimento e reconhecimento são sinônimos de gratidão."

– Dicionário

"A dívida de um homem... não é uma virtude; o seu pagamento, sim. A virtude começa quando ele se dedica ativamente ao trabalho da gratidão."

– Ruth Benedict

Eu dou graças por mim mesma e pela minha divindade.

AS PROVAÇÕES GERAM GRATIDÃO

A menos que você seja bem diferente do resto de nós, você passará por provações. Todos nós temos coisas em nossas vidas com as quais é difícil lidar. Repare na sua família e você vai vê-las. O filho da nossa sobrinha tem leucemia. Nossa filha sofreu uma perda no divórcio dela. Uma vizinha tem mal de Parkinson.

Nossas provações podem nos deprimir e nos puxar para baixo, ou elas podem ser uma fonte de crescimento e maturidade para nós. Nossa sobrinha tem uma personalidade gentil e doce, agora combinada com a força e a coragem, por causa das dificuldades médicas que ela experimentou lidando com a leucemia. Nossa filha está criando dois filhos maravilhosos. A alma dela foi lapidada através da experiência do divórcio. Nossa querida vizinha consegue encontrar a alegria na vida, mesmo com o mal de Parkinson. Alguns dias, ela luta contra as tonturas que sente por causa da medicação; outros, ela consegue se encontrar com os amigos e aproveitar a sua companhia. Eu consigo ver a coragem em seus olhos quando ela sai de casa sozinha por aí.

> *"Você nunca sente falta da água até que o poço seque."*
> – *Provérbio*

Cada vez que a adversidade se tornar sua companheira, ela trará um presente para você. Aprecie o presente e receba a sabedoria que ele traz. Assuma a responsabilidade pela lição e coloque-a em prática na sua vida. Deixe que o seu poder maior saiba da sua gratidão.

A ENERGIA NEGATIVA E A GRATIDÃO

Para liberar a energia negativa que você não quer, seja capaz de olhar para ela e identificá-la.

Acolha a energia negativa como parte da sua vida e procure a dádiva que ela traz.

Pergunte a si mesma o que você seria se deixasse que a luz curasse essa energia.

Visualize-se sem essa energia.

Você é confiante o bastante para se expor dessa forma? Se você responder que "sim", visualize a luz curando o seu pessimismo.

Seja grata por não ser perfeita. Você está crescendo – cheia de energia positiva e luz. Você está no processo para a plenitude.

Faça um diário de gratidão das suas provações. Será revelador voltar e ler os sentimentos que você teve no seu pior momento. Você verá que andou em direção à luz.

"A gratidão é a confiança na própria vida."

AS DÁDIVAS DA GRATIDÃO

Quando somos gratos, recebemos as dádivas da energia positiva e da luz em abundância. A gratidão desembaça a nossa visão para que possamos enxergar com mais clareza.

"A vida é o primeiro presente, o amor é o segundo, e a compreensão é o terceiro."
– Marge Piercy

Um terrível acidente de carro matou um jovem pai e seu filho, deixando para trás uma esposa e vários filhos. A causa: um motorista bêbado. Situações como essa são trágicas e difíceis experiências para uma família. Entretanto, eu fiquei impressionada pela atitude da esposa e mãe. Ela sabia que seria um momento difícil para ela e para a família, mas eles seriam abençoados por Deus e fortalecidos à medida que se aproximassem d'Ele. Ela pareceu reconhecer o fogo refinador enquanto lidava com a situação. Ela não reagiu com amargura ou desejo de vingança, nem disse que a vida era injusta. Ainda que ela tivesse muitas provações difíceis pela frente, ela as aceitou com o conhecimento de que a família dela seria curada e fortalecida.

> *"A cada momento, você está vivendo e morrendo, adentrando mais a vida e indo embora dela."*
> – Thomas Moore

Às vezes é difícil sentir-se grato ou procurar pelas dádivas. Lembre-se: primeiro nós pensamos, depois nós sentimos, e por último agimos.

Pense... Sinta... Aja.

Mesmo se você não se sentir grata, diga as palavras. Então, os sentimentos virão. Há uma bênção universal que é trazida pela gratidão e será sua, se você simplesmente começar com palavras de agradecimento.

Capítulo 29
Criando Dádivas

Problemas acontecem. Todos têm provações na vida. As dificuldades podem tanto nos deprimir quanto nos ajudar a crescer mais fortes. Nós podemos existir na letargia diária, ou podemos permitir que a sabedoria lapide a nossa alma. Tudo depende da nossa atitude.

Quando assumimos a responsabilidade pelas coisas que acontecem na vida, nós podemos mudá-las. Nós podemos transformá-las em experiências de aprendizado bem como receber nova luz e bênçãos positivas.

Assumir responsabilidade pessoal traz crescimento. Se nós não nos responsabilizarmos pelas coisas que ocorrem em nossas vidas, então seremos vítimas, sofrendo ações.

ASSUMINDO RESPONSABILIDADE PESSOAL

O filho de Virgínia foi morto em um acidente de carro, e sua nora se casou de novo. Ela queria manter contato com seus netos, mas não sabia como. Nós buscamos soluções, e a seguir estão algumas das ideias que tivemos. Ela poderia manter contato através de:

- Fotos
- Cartões
- Cartas
- Chamadas telefônicas
- Webcam
- E-mail
- Skype
- Vídeos
- Viajar para visitá-los
- Trazê-los para uma visita em sua casa

A tecnologia está criando um mundo cada vez menor, o que permite que nos conectemos com praticamente qualquer lugar no nosso planeta. Virgínia era grata pelas bênçãos de se viver nos dias e na época de hoje. Vários anos atrás, ela não teria encontrado muitas opções. Virgínia assumiu a responsabilidade por suas ações nessa situação e fez com que as coisas funcionassem.

A atitude de responsabilizar-se cria um canal para a energia positiva, o que proporciona poder. Isso deu a Virginia liberdade para encontrar as dádivas em sua situação e resolver os seus problemas.

EXPRESSE OS SEUS SENTIMENTOS ATRAVÉS DE TALENTOS

Muitas clientes com quem eu trabalhei foram capazes de expressar os seus sentimentos através da música, arte, poesia e dança. Algumas delas liberaram suas emoções durante os dias sombrios de suas provações. Outras, que foram abusadas na infância, libertaram-se da sua dor e raiva através das artes criativas quando se tornaram adultas.

Ângela foi vítima de abuso grave quando criança. Ela cresceu e se tornou uma mulher de beleza estonteante com muita habilidade artística. Através de seus desenhos e pinturas, ela se libertou da vergonha de sua infância. Um dia, ela entrou no meu consultório com uma tela grande de desenho em pastel retratando a sua situação abusiva. Era uma representação pungente e marcante do que ela tinha passado. No início, ela escondia suas obras em uma pasta no meu escritório, mas, à medida que se curava, ela passou a compartilhar os seus desenhos com os outros. Eu a encorajei a contatar um museu local para expor as suas pinturas, porque ela era uma excelente artista, e ela o fez.

Eu sinto muita admiração pela Ângela. Para mim, foi um privilégio acompanhar a sua sabedoria interior refinar seu coração até que ele brilhasse como ouro puro.

A beleza alimenta a alma. Deixe-a resplandecer em sua vida como for melhor para você.

ENCONTRANDO AS DÁDIVAS

As pessoas criam dádivas de uma infinidade de maneiras. Uma menina pequena que tinha sido abusada encontrou a dádiva da segurança. Ela poderia se proteger:
- Estando perto de pessoas em quem ela confiava.
- Gritando e correndo, se ela estivesse em uma situação perigosa.
- Contando aos pais dela se ela tivesse um problema.
- Praticando a comunicação de suas necessidades.

> *"Pare de pensar nas suas noites escuras como problemas e comece a vê-las como oportunidades para mudança."*
> – Thomas Moore

Que tal uma dádiva no divórcio? Um homem descobriu que o seu presente era a liberdade. Ele não se sentia mais oprimido. Ele também encontrou o presente da autonomia e o da liberdade na busca de um relacionamento amoroso, o que levou à força pessoal.

Eu tenho uma amiga, Melissa, que insistia em um casamento difícil. Às vezes, ela pensava que era maluca por não ir embora, mas seu poder superior e seu guia interior a ajudaram a encontrar o sucesso. O casal resolveu seus problemas. Os presentes que ela encontrou foram:

- Comunicar as necessidades dela
- Defender a si mesma
- Aprender a negociar
- Tornar-se mais gentil e carinhosa

Agora, o marido a ama e valoriza a amizade dela. Eles são felizes e se sentem mais próximos, porque as suas provações os fortaleceram. À medida que eles envelhecem juntos, são gratos pelo companheirismo que compartilham.

Todos nós temos problemas e provações. Nenhum de nós vai passar pela vida sem dificuldades, e há vezes em que nos sentimos profundamente desesperados. Essa não é a hora de procurar pelo presente. Passe algum tempo sentindo a dor da sua situação. Talvez você possa encontrar um amigo que vá apenas escutar e não dê conselhos. Tire um tempo para sentir a dor e, *depois* de ter descarregado todo seu pesar, comece a procurar pelos presentes. Não antes.

> *"A colheita da velhice é a lembrança*
> *e a abundância das bênçãos*
> *asseguradas previamente."*
> – Cícero

Viva sua vida hoje, para que você não tenha arrependimentos de agora em diante. Escolha o seu caminho e torne-o positivo. Ofereça luz ao mundo através de uma atitude otimista, da ajuda e do amor.

Todos nós cometemos erros no passado e nos sentimos arrependidos por algumas das coisas que fizemos. Peça perdão a aqueles ao seu redor e apresente os seus arrependimentos passados ao poder curativo da luz. Busque os presentes da luz e do amor em todos os aspectos da sua vida, e você vai encontrá-los.

Nós crescemos quando oferecemos presentes ao mundo e os aceitamos conforme eles chegam até nós.

Lembre-se da borboleta. Ela adentra a escuridão antes de encontrar a luz, beleza e liberdade.

Capítulo 30
Escreva, Escreva, Escreva

O uso de um diário cria uma janela para dentro da sua alma. Conforme você escrever, vai encontrar cômodos escondidos e passagens secretas das quais não estava ciente. Escreva para se conectar consigo mesma. Registre os seus sentimentos, acontecimentos diários e aspirações. Existem várias formas de fazer um diário. Use um papel e uma caneta, um computador, seu telefone, um álbum de recortes, seu blog, um gravador de áudio ou qualquer outro método que funcione para você.

> *"O jardim deve ser preparado primeiramente na alma, ou ele não florescerá."*
> *– Provérbio*

O DIÁRIO É:

Um Momento para Estabelecer Metas

O registro das suas metas em um diário é uma forma maravilhosa de acompanhá-las. Esse é um ótimo jeito de verificar o seu progresso e manter-se no caminho em que você deseja estar. Quando você olhar para trás, verá a força que ganhou e o seu desenvolvimento ao longo dos anos.

Não um Lugar para Registrar Tarefas Corriqueiras do Dia

Meu tataravô tinha diários pequenos sobre os seus dias. Eu me sinto grata por tocá-los e segurá-los, por saber que foram escritos por ele, mas eles estão cheios de registros sobre compras de feno, a ordenha da vaca e o conserto de cercas. É bom saber que tipos de atividades preenchiam o dia dele, mas eu teria preferido descobrir o que estava no coração dele através da sua escrita. Ele era um homem bom, que se doava à sua comunidade de forma altruísta.

Eu realmente adoraria me conectar com os desejos, sonhos e esperanças dentro do coração dele. Eu tenho que ler nas entrelinhas para adivinhar a sua compaixão e empatia pelos outros. Eu me pergunto se ele realmente se conhecia, porque ele nunca compartilhava seus sentimentos. Você não conseguirá crescer através da sua escrita se ela tratar apenas das suas tarefas, e não das suas percepções.

Registre as suas tarefas cotidianas para a posteridade, mas deixe o seu espírito resplandecer através da sua escrita. Esse não será apenas um presente para a posteridade, mas também para si mesma, enquanto você compartilha os seus sentimentos.

Um Momento para Registrar os Seus Sentimentos

Que jeito incrível de descobrir o que você está sentindo e pensando! Quando eu começo a escrever, a minha mente está dispersa e sem foco. Mas, à medida que eu continuo, a situação difícil com a qual eu estou lidando se torna clara. Eu me sinto livre à medida que permito que os meus sentimentos sejam transmitidos para as páginas do meu livro. É como se eu tivesse exteriorizado o problema e pudesse olhar mais objetivamente para ele.

Conforme você trabalha nesse processo, escrever em um diário vai enriquecer a sua vida. Releia os seus registros para ver a maturidade que ganhou, as reflexões que teve e a profundidade dos sentimentos que você possui.

Um Momento para a Quietude

A quietude nos conecta com a energia positiva. É um momento para ouvir a sua sabedoria interior, conhecer os seus mestres sábios, entender a vida. A solidão revigora o seu espírito. Tire algum tempo para ficar sozinha e compartilhar os seus pensamentos consigo mesma e com o seu diário.

> *"Um homem não procura se ver em água corrente, mas em águas tranquilas. Porque apenas o que é tranquilo pode transmitir tranquilidade aos outros."*
>
> *– Chuang-tse*

Um Momento para Registrar Memórias

Lembranças registradas no seu diário vão alentá-la muitas vezes conforme forem relidas. As suas memórias do passado serão mais ricas por causa do seu registro escrito. Registre um belo pôr do sol colorido de azul e rosa, ou de laranja e dourado. Escreva sobre um campo de margaridas balançando ao vento, e ele estará sempre com você.

Um Momento para Relembrar os Seus Sentidos

Escreva o que você ouve, cheira, vê, toca, saboreia. Inclua todos os seus sentidos na sua escrita. Eles a colocam em contato consigo mesma.

> *"Nada é capaz de curar a alma além dos sentidos, assim como nada pode curar os sentidos além da alma."*
>
> – Oscar Wilde

Um Momento para Registrar as Suas Meditações

Faça um diário de meditação. Ele não apenas a ajudará a encontrar foco e paz em sua vida, mas também será evidência do seu crescimento conforme você reescreve e muda as suas visualizações para que se encaixem às suas necessidades.

Um Momento para Registrar as Suas Férias

Viagens podem ser aventuras únicas na vida. Registre os lugares que você vê, as fotos que você tira, os sentimentos que você tem, as memórias que você cria e as pessoas que você conhece. Use seu blog para compartilhá-los com a sua família. Esses registros trarão prazer a você e aos seus entes queridos no futuro. Conforme os anos forem passando e os seus filhos e netos visitarem alguns dos seus lugares preferidos no mundo, será divertido comparar as anotações.

Um Momento para Sonhar

Deixe um caderno ao lado da sua cama para registrar os seus sonhos. Eu os esqueço se não anotá-los imediatamente. Escreva as suas interpretações no seu diário de sonho. Eu gosto de manter um registro separado dos sonhos, porque eu geralmente tiro alguns dias para pensar sobre eles e decifrar seus significados. A interpretação dos sonhos é a sua conexão com o seu subconsciente.

Um Momento para Registrar a sua Gratidão

Crie um diário de gratidão separado, se desejar. Ele será uma bênção na sua vida nos anos que se seguirão.

> *"Mantenha um diário de gratidão. Todas as noites, liste cinco coisas que aconteceram no dia pelas quais você é grato. Isso vai começar a fazer com que você mude a sua perspectiva do seu dia e da sua vida."*
>
> – Oprah Winfrey

DIÁRIOS CRIATIVOS

Lembre-se de que criar belas artes pode ajudar a libertar sentimentos reprimidos durante o processo de cura. Algumas das clientes com as quais eu trabalhei faziam diários separados da sua arte, poesia e escrita criativa.

Carol gostava de costurar. Ela criava blocos de quilt e os transformava em colchas maravilhosas como o seu diário de cura. A mãe de Carol costurava quando ela era criança, então Carol tinha retalhos de todas as suas roupas de infância. Carol fez uma colcha de festa com todos os seus vestidos de festa, uma colcha de domingo com as roupas da igreja e uma colcha para o dia a dia com as roupas de brincar. Certa noite, ela as expôs em um jantar da igreja. Elas eram lindas. Ela disse que conseguia sentir a sua criança interior ficar mais forte à medida que via (e ajudava) Carol costurando. Sua criança interior sabia que Carol ouvia e se importava de verdade.

Cynthia Rylant entendeu esse conceito quando escreveu o livro *Missing May*. May criava sinos de vento da mesma forma que Carol costurava colchas de quilt. May deixou seu legado nos sinos de vento depois que partiu; Carol criou seu legado em suas colchas de quilt.

DIÁRIO DA CRIANÇA INTERIOR

Permita que a sua criança interior (a garotinha que você costumava ser) crie um diário para si mesma. Essa é uma ferramenta muito eficaz para se conectar com o seu passado. Deixe que a criança faça o que quiser. Se você usar a sua mão não dominante, a sua criança vai falar com você através de desenhos ou escritas, ou talvez de uma nova criação.

Conecte-se com a sua criança interior por meio de perguntas. Use a sua mão dominante como adulta e sua mão não dominante como criança. Com a sua mão direita (se você for destra), pergunte à sua criança interior coisas como:

- Quantos anos você tem?
- Qual é o seu nome?
- Como você se sente?
- Você está feliz ou triste?
- Você está com medo?

Permita que a criança responda a cada pergunta usando a sua mão esquerda (se você for destra) para escrever. Ela vai contar a você no que está pensando e como ela se sente. Seja paciente com ela quando ela tiver dificuldade para registrar sua resposta com seus garranchos do jardim de infância.

Essa é uma forma perspicaz de começar a se conhecer e escutar seus sentimentos.

Roxanne cresceu em um ambiente familiar com pais perfeccionistas. Eles criticavam tudo o que ela fazia. Ela tentava ser perfeita, mas nunca era o bastante. Quando adulta, ela se tornou exigente e crítica – exatamente como os pais.

Eu pedi a ela que escrevesse uma meditação para se familiarizar com a sua criança interior. Ela escreveu uma visualização muito bacana, na qual abraçava a Roxanne de seis anos de idade e dizia que a amava. Ainda que ela usasse essa meditação várias vezes, ela dizia que não sentia uma conexão. Geralmente, esse tipo de exercício traz emoções à tona.

Como Roxanne não sentia uma conexão com a sua criança interior, ela usou a técnica de escrever em um diário para perguntar à pequena Roxanne como ela se sentia. A pequena Roxanne disse que tinha medo dela. Ela tinha medo de que Roxanne fosse má com ela como a mamãe e o papai eram.

Roxanne trabalhou durante várias semanas com o método do questionamento para ganhar a confiança da sua criança interior. Logo Roxanne foi capaz de confortar e amar a menininha que ela era, porque a pequena Roxanne passou a confiar nela.

PRIVACIDADE

A segurança é importante para muitas pessoas. Algumas das minhas clientes ficavam preocupadas que os filhos lessem os seus diários. Outras ficavam preocupadas que os ex-maridos os encontrassem. Se você estiver preocupada, esconda o seu diário. Se você trabalha com um computador, bloqueie o arquivo com uma senha.

A cura e o pensamento positivo trazem confiança e esperança para as nossas vidas. Conforme o tempo for passando, você será capaz de deixar o seu diário em cima da mesa sem se preocupar, mas proteja-se até esse momento chegar.

GRUPOS DE REDAÇÃO DE DIÁRIO

Você pode se interessar em encontrar um grupo de redação de diário ou criar um por conta própria. Encontre um grupo de mulheres que estejam tão interessadas em fazer diários quanto você. Vocês podem sentar uma vez por mês para escrever juntas, compartilhar os seus textos umas com as outras e falar sobre como o processo de escrever em um diário as ajudou.

Verifique nas aulas de redação de uma universidade próxima, na sua igreja ou na sua livraria local se algum grupo já foi montado. Em caso negativo, encontre um grupo de amigas e monte o seu próprio.

É importante que o grupo estabeleça regras de segurança e privacidade, bem como decida como a organização vai funcionar de modo geral. Onde vocês vão se encontrar? Com que frequência? Vocês tomarão um lanche?

Como você quer que o grupo seja uma experiência positiva, permita que os membros ofereçam apenas feedback atencioso e educativo. Se um membro do grupo tiver um problema, ele precisa ser abordado por todo o grupo de uma maneira positiva – não por fofocas com outros membros.

Lembre-se de que podem ser criados grupos para qualquer tipo de prática de registro, incluindo álbuns de recortes e blogs.

Uma experiência em grupo é uma maneira maravilhosa de alcançar as suas metas e um jeito incrível de desenvolver amizades duradouras. Apreciem a companhia uns dos outros.

Capítulo 31
Interrupção e Substituição de Pensamento

Como o nosso pensamento determina os nossos sentimentos e, então, as nossas ações, é importante manter os nossos pensamentos em um caminho positivo. Se você passou por alguma experiência devastadora, sabe o quanto pode ser difícil encontrar um lugar para o otimismo em sua mente.

Interrupção de pensamento significa parar de pensar em um assunto negativo. Quando você se encontrar concentrada em um tópico que quer eliminar, diga "PARE" mentalmente. Se você estiver sozinha, diga em voz alta. Essa ação concentra imediatamente o seu pensamento no "PARE".

Quando você disser "PARE", imagine uma placa de PARE na sua cabeça. Então, você terá interrompido o seu pensamento tanto com um comando verbal quanto com uma imagem.

Substituição de pensamento é um termo que significa exatamente isso. Encontre um assunto alternativo no qual pensar. Preferivelmente, considere um assunto positivo e algo de que você goste como um hobby, um mantra sábio, um membro da família ou qualquer coisa que você escolher.

> *"Existe uma técnica, um jeito, para pensar, assim como para fazer outras coisas. Você não está completamente à mercê dos seus pensamentos, pelo menos não mais do que eles dependem de você. Eles são uma máquina que você pode aprender a operar."*
>
> – Alfred North Whitehead

PENSAMENTOS RUINS

> *"Tudo o que nós somos é resultado daquilo em que pensamos. A mente é tudo. Nós nos tornamos aquilo em que pensamos."*
>
> – Buda

Eu tive algumas clientes que sofriam as dores do divórcio e não conseguiam superar o fim do relacionamento. Elas se perguntavam de minuto a minuto o que o seu ex-cônjuge estaria fazendo – certas de que eles estavam passando momentos maravilhosos em um novo relacionamento.

A interrupção e substituição do pensamento no dia a dia é o melhor jeito de sair desse dilema. Estudar as palavras de um grande mestre ou escrever alguns mantras como os que são mostrados a seguir também ajuda.

> *"Nós somos moldados pelos nossos pensamentos; nós nos tornamos aquilo em que pensamos. Quando a mente é pura, a alegria a acompanha, como uma sombra que nunca vai embora."*
>
> – Buda

> *"Não deixe o que você não pode fazer interferir no que você pode."*
>
> – John Wooden

> *"Mude os seus pensamentos e você mudará o seu mundo."*
>
> – Norman Vincent Peale

> *"Mas que seja aquietado cada pensamento que floresce / da amargura das coisas."*
>
> – William Wordsworth

> *"Sucesso: paz de espírito que é resultado direto da satisfação própria de saber que você fez o seu melhor para se tornar o melhor que você é capaz de se tornar."*
>
> – John Wooden

ATRAINDO NEGATIVIDADE COM OS SEUS PENSAMENTOS

Eu tive várias clientes que se concentravam nos mínimos detalhes dos seus problemas de saúde. Elas se concentravam tanto nas suas dificuldades que os seus problemas se tornavam piores.

Se essa for a sua situação, mudar o foco do seu pensamento para os atributos positivos da sua saúde será útil. Escreva sobre os milagres da sua vida. Seus olhos são criações tão complexas. O homem não consegue duplicar sua capacidade de visão nem mesmo com a câmera mais cara. Os seus pulmões a ajudam a respirar. O seu coração mantém o seu sangue circulando. Essas partes de você são conquistas maiores do que qualquer homem pode produzir. Você é um milagre.

> *"Todos os eventos em sua vida são um espelho do seu pensamento."*
>
> – Mark Fisher

Use a interrupção e substituição de pensamento para encontrar um caminho positivo. À medida que você permitir a entrada da luz em sua vida, aproveite as bênçãos trazidas pelo pensamento positivo.

Capítulo 32
Renovando-se

A energia positiva está em toda a sua volta. Ela é a essência da primavera e o fruto do verão. Ela é o flutuar das folhas do outono e o reino encantado da neve. Ela vem todos os dias com o nascer do sol e adentra a noite com a beleza de um céu estrelado de luar. Olhe ao seu redor; ela está em tudo o que você vê. Inclua isso em seu pensamento e na sua vida.

PERCEPÇÃO

A nossa percepção de uma situação conduz os nossos pensamentos e sentimentos. Todos nós vemos o mundo de formas um pouco diferentes. A seguir está um exemplo de como duas pessoas encararam um acontecimento, cada uma do seu jeito.

Felicity e Ingrid receberam um convite para um workshop de fim de semana sobre o estabelecimento de metas. A chefe lhes disse que a empresa arcaria com todas as despesas.

Felicity se perguntou se sua chefe estaria considerando promovê-la e ficou animada. Por que a empresa gastaria dinheiro para que ela participasse do workshop se não fosse para subir de cargo?

Ingrid se preocupou com o workshop. Ela pensava que a chefe só a mandaria para o workshop porque as suas habilidades eram insuficientes. Talvez ela fosse demitida, se não fizesse o seu trabalho bem o bastante. Por que a chefe a escolheria se não fosse por perceber que Ingrid não era boa o suficiente?

A ansiedade e o estresse instigam as nossas percepções – não os eventos externos em si. Se nós escolhemos olhar para as coisas que acontecem de uma maneira positiva, passamos a enxergar os acontecimentos posteriores como maravilhosos. Se olhamos pelo lado negativo, as coisas parecem intransponíveis.

Uma visão positiva gera otimismo. Felicity estava empolgada com o workshop e sabia que receberia uma promoção. Imagine a forma como Felicity se apresentaria no workshop. A mensagem positiva que ela mandou voltaria para ela.

> *"A maior descoberta da minha geração é que os seres humanos podem alterar as suas vidas alterando as atitudes da mente."*
> *– William James*

Quando somos negativos, nós nos sentimos presos em duplos vínculos, sem ter como ganhar. Ingrid acreditava que a chefe a havia mandado para o workshop como uma forma de punição. Ela começava muitas das suas frases de preocupação com "E se", o que causava muito estresse e ansiedade a ela. Ela se colocou em um duplo vínculo pensando: "Se eu for para o workshop, minha chefe vai entender que eu acredito que sou desorganizada e incompetente. Se eu não for, ela vai me ver como uma pessoa que não coopera e não está disposta a seguir ordens."

Como você acha que Ingrid se apresentou no workshop? A mensagem dela para o mundo gerou uma negatividade que voltaria para ela.

Reformular os nossos pontos de vista do negativo para o positivo é uma questão de modificação do pensamento. A crença influencia o nosso comportamento e o nosso estresse. Pare e busque pensamentos que sejam positivos e focados em soluções.

> *"É bom lembrar que nada pode trazer-lhe sucesso além de você mesmo."*
> – Napoleon Hill

REESCREVENDO A SUA HISTÓRIA

Todo mundo tem um jeito de pensar que foi aprendido durante a infância. As pessoas contam diversas vezes a mesma história, consciente ou inconscientemente, até que as suas mentes acreditem nelas. Pode ser a história de uma infância feliz, ou um conto de abuso e confinamento, ou até mesmo um de batalha pela independência. Essa ideia do mundo afeta suas vidas de uma forma positiva ou negativa. Reescreva a sua história, e ela vai mudar a sua percepção da vida.

Aqui está a minha narrativa:

Meu bisavô por parte de mãe foi acertado na cabeça por um equipamento pesado quando minha avó era criança. Ele não teve uma vida longa. Meu avô morreu de febre tifoide quando minha mãe tinha seis anos. Um adolescente com raiva ignorou a placa de pare e matou meu pai em uma batida de carro quando eu tinha seis anos.

Minha vida se tornou "Os homens me abandonam". Toda vez que um dos meus filhos fazia seis anos, eu tinha medo de que o meu marido morresse. Ele não morreu.

Eu vivi a minha vida como se os homens que faziam parte dela fossem me abandonar. Essa era uma crença subconsciente que eu não expressava, mas que estava lá. Quando eu consegui entender a minha história, decidi reescrevê-la:

- Os homens me apoiam.
- Os homens na minha vida ficam ao meu lado.
- Os homens na minha vida se importam comigo.
- Eu sou amada.
- Eu sou querida.

A mudança positiva de perspectiva levantou o meu astral. Conforme eu repetia os meus mantras, meu pensamento começou a mudar. Eu me tornei receptiva ao amor que os outros queriam me dar. Eu parei de viver a minha vida como se eu tivesse que grudar nos homens para que eles não me abandonassem. Eu conseguia permitir que o meu marido fosse ele mesmo e eu conseguia ser eu mesma. Agora eu era livre nos meus relacionamentos.

Qual é a sua história? Você aprendeu a cuidar de si mesma, ou é capaz de confiar nos outros? Você resolvia seus problemas fugindo deles, ou aprendeu a ficar e lutar? Os problemas ficavam escondidos e nunca eram discutidos, ou eram resolvidos através do diálogo? Você nasceu em uma família que brigava muito, com a qual precisava discutir para expor sua opinião? Membros importantes da sua família fugiam do cotidiano buscando um vício? Você aprendeu a correr e se esconder? Você ainda age assim?

Essa lista é interminável, pois jamais uma família será exatamente igual à outra. Ninguém tem uma história completamente igual à sua. Escreva a sua história e mude-a da forma que desejar.

UMA NOVA VISÃO

Pense na sua versão "melhorada". Agora, pegue o seu "eu" ideal e a sua nova percepção da vida, então escreva uma nova história. Pegue as informações que você escreveu sobre a sua melhor versão de si e reescreva quem você está se tornando, incluindo a sua mudança de percepção e história.

Agora que você descreveu a pessoa que vai se tornar, estabeleça as suas metas a partir dos detalhes que acabou de definir.
- Visualize a pessoa que você quer se tornar.
- Desenvolva metas para se tornar essa pessoa.
- Escreva mantras que programem o seu cérebro para acreditar na sua melhor versão de si.
- Imagine o seu "eu melhorado" dizendo essas frases como parte da sua meditação.

> *"A imaginação é tudo. Ela é a prévia das atrações da vida que estão por vir."*
> *– Albert Einstein*

A conexão entre mente e corpo é ótima. Use a sua energia positiva como uma forma de auxílio para conquistar as suas metas. Visualize-se como uma pessoa bem-sucedida com energia e luz positiva. Deixe que a conexão entre a mente e o corpo trabalhe para você de forma proativa. O seu esforço vai ajudá-la a atingir as suas metas. Veja-se como uma pessoa bem-sucedida, e isso se tornará realidade.

O SEU CORPO VAI ACREDITAR NA SUA MENTE

A mente é capaz de mudar o corpo de várias formas. Aqueles que já sofreram de doenças físicas sabem que o pensamento positivo ajuda a curar tanto o corpo quanto a mente.

Nós tínhamos uma amiga querida diagnosticada com câncer terminal. Determinada a melhorar, ela usava a imaginação guiada todos os dias para se ver como uma pessoa saudável e plena. Ela imaginava o corpo dela acreditando em sua mente. Ela trabalhou em conjunto com seus médicos e se aproveitou dos métodos e procedimentos mais modernos. Imergir-se em energia positiva –

cercando-se de bons amigos, luz, amor e energia positiva – tornou-se o foco de cada dia.

Nós nos mudamos, e eu passei algum tempo sem vê-la, mas acabamos nos encontrando socialmente alguns anos mais tarde. Ela estava com vários dos seus netos. O câncer dela estava em remissão, e ela se sentia ótima fisicamente.

O pensamento positivo dela ajudou a curá-la. A mente dela abençoou seu corpo com saúde.

"O seu verdadeiro chefe é aquele que está escondido dentro de você."

– Napoleon Hill

ENERGIA POSITIVA

Encha-se de luz e amor. Permita-se ser parte da luminosidade. Contribua para a claridade. Qualquer que seja a sua paixão, satisfaça-a. Torne-se o melhor que você pode ser. Faça do mundo um lugar melhor com um pequeno pensamento de cada vez.

Capítulo 33
Dessensibilização

Muitas pessoas possuem fobias ou ansiedades, incluindo:
- Medo de voar
- Medo de cobras
- Medo de certos animais
- Medo de lugares fechados, como elevadores
- Medo de dirigir em estradas movimentadas
- Medo de germes
- Medo de certas comidas

E a lista continua. As razões para eliminar essas ansiedades são: elas a mantêm em um estado de medo elevado e alteram o seu estilo de vida de um modo que você não consegue viver livremente da forma como gostaria.

"O medo consiste em falsas expectativas que parecem reais."

– Autor desconhecido

O processo de dessensibilizar-se das falsas expectativas que parecem reais é chamado de "dessensibilização sistemática". Depois de aprender a relaxar, esse é um processo de se expor gradualmente à situação que causa medo, para que você possa permanecer tranquila e tornar-se insensível a ela. Através desse método, você aprende a lidar com a situação, para que ela não altere o seu estilo de vida.

ESTRATÉGIAS DE SOBREVIVÊNCIA

Aprender a lidar com a ansiedade é uma habilidade importante a ser dominada antes de que você se exponha a uma situação assustadora. Técnicas calmantes, tais como relaxar os seus músculos e partes do corpo, meditação, visualização positiva e respiração profunda, são todas úteis.

Imaginar resultados positivos da sua situação carregada de ansiedade coloca a sua mente em uma nova direção, assim como reescrever um sonho ruim com um final bom reduz o medo e acalma os nervos abalados.

Para muitas pessoas, a combinação de medicação e mudança de comportamento funciona bem. Se você tem ansiedade, verifique com seu médico ou psiquiatra se o uso de medicação é uma opção que você deseja explorar.

ESTABELECENDO UMA HIERARQUIA

Depois de aprender a relaxar, o próximo passo é expor-se à situação de medo, um pouco de cada vez. Eu esbocei todo o processo aqui, seguido de exemplos para esclarecimento:

Use o método a seguir:
- Pense em todas as exposições possíveis à sua situação de medo.
- Crie de dez a vinte incidentes.
- Escreva-os em cartões ou em pedaços separados de papel.
- Reduza o número a cerca de quinze.

- Ordene os incidentes desde o que causa menos medo ao mais temível.
- Defina um horário específico para meditar (um momento para se concentrar) sobre cada tarefa causadora de ansiedade que você puder combinar com uma técnica de relaxamento da sua escolha. Decida se você vai fazer isso diariamente, três vezes por semana ou uma vez por semana.
- Concentre-se na situação imaginada por vários segundos. A quantidade de tempo pode variar de acordo com o nível de ansiedade que cada situação cria. Se uma imagem invoca uma grande quantidade de medo, concentre-se nela por apenas alguns segundos.
- Use técnicas calmantes para manter-se relaxada conforme você se concentra em cada incidente.

EXPONDO-SE AO MEDO

Há duas maneiras de se expor a situações de medo: você pode anotar seus exemplos imaginados e visualizá-los, ou você pode se expor a situações reais.

Medo Imaginado

Esse tipo de medo é chamado de "in vitro", ou artificial. É uma técnica muito eficaz para começar, porque o cérebro não consegue distinguir se algo é real ou imaginado. Combinar situações imaginadas com momentos de tranquilidade pode ser útil no início para neutralizar as emoções.

Medo Real

Esse tipo de medo é chamado de "in vivo", ou ameaça presencial. Para vencer completamente um medo, é necessário expor-se a essas situações. Por exemplo, o último item em sua lista de dessensibilização pode ser pegar um voo de avião, visitar um zoológico para ver as cobras sendo alimentadas, ou andar de elevador.

Medo Debilitante

Blair tinha medo de dirigir nas ruas movimentadas da grande cidade do oeste na qual ela vivia. Era difícil para ela chegar ao trabalho todos os dias, porque ela tinha que evitar todos os principais cruzamentos. Ela levava pelo menos uma hora para ir ao trabalho e voltar para casa, quando a viagem poderia ter demorado quinze minutos.

Blair começou seu processo de dessensibilização criando uma lista de cenas. Ela as ordenou de acordo com a ansiedade que cada uma produzia nela.

Sua lista incluía:
- A imagem de uma rua movimentada no jornal
- A imagem de um policial preenchendo uma multa de trânsito
- A imagem de um pedestre no cruzamento de uma rua movimentada
- A imagem de um passageiro em um carro na rua movimentada
- A imagem de si mesma dirigindo em uma rua moderadamente movimentada
- A imagem de si mesma dirigindo em uma rua movimentada
- Blair de pé na esquina de uma rua movimentada
- Blair sentada em um carro estacionado em uma rua movimentada
- Blair andando como passageira em um carro na rua movimentada
- Blair dirigindo seu carro em uma rua moderadamente movimentada
- Blair dirigindo seu carro em uma rua movimentada

Blair praticou suas técnicas de relaxamento. A meditação e a respiração profunda foram as que ela utilizou mais. Ela decidiu realizar o processo de dessensibilização duas vezes por semana. Ela trabalhava com três itens de cada vez. Então, quando iniciava a sessão seguinte, ela sempre começava com o último item com o qual ela tinha trabalhado anteriormente. Se ela ainda tivesse ansiedade em um item, praticava o relaxamento com ele por várias sessões.

Demorou cerca de seis semanas para que Blair conseguisse pegar rotas mais movimentadas para trabalhar, e ela ainda evitava o tráfego em horário de pico. Dirigir em ruas movimentadas nunca foi algo de que ela gostasse, mas isso deixou de atrapalhar a vida dela como antes. Ela estava aliviada por ter a energia positiva em sua vida e grata pela força que ganhou com o processo.

Se você tem ansiedades, trabalhe para criar um estilo de vida que seja inclusivo, e não exclusivo. Ter o controle de sua vida, em vez de ficar presa ao medo, vai impulsionar tremendamente a sua autoestima.

"Em um mar calmo, todo homem é piloto."

– John Ray

Capítulo 34
Riso

Rir é o melhor remédio. O que mais pode ser dito? Essa frase antiga é válida para todos nós. Um pouco de loucura vai mantê-la longe do estresse e perpetuar uma mente saudável.

"A risada se traduz em qualquer idioma."
– Roy Zuck

O HUMOR PODE APAGAR A NEGATIVIDADE

Jillian não gostava do criticismo do seu marido, Russell, a respeito dela e de seus filhos. Parecia que ele estava sempre dizendo a ela o que fazer, presumindo que ela e as crianças não eram boas o suficiente. Jillian disse a Russell que não gostava da interferência dele o tempo todo, mas nada mudou.

Um dia, quando Russell estava no meio de um sermão a respeito da maneira "correta" de empilhar os pratos na máquina de lavar louça, Jillian disse: "Peixe".

"Peixe?", Russell disse. "O que isso tem a ver com a nossa discussão?"

"Nada", Jillian disse e começou a rir.

Russell olhou para ela e sorriu. "Eu estou sendo crítico de novo, não é?"

Os dois riram. Depois disso, a palavra "peixe" se tornou um código que qualquer um deles poderia utilizar quando se visse repetindo o padrão.

*"O humor é um prelúdio da fé, e
o riso é o início da oração."*

– Reinhold Niebuhr

AS CRIANÇAS E O HUMOR

As crianças são maravilhosos instrumentos de humor. Uma vez, eu estava em uma reunião em que um menino pequeno tirou o sapato e o rodopiou ao redor de sua cabeça pelos cadarços para, em seguida, fazê-lo voar. Ele foi aterrissar no colo de uma senhora mais velha. Ela começou a rir, e logo todo mundo também estava rindo.

Minha netinha estava animada quando eu cheguei para visitá-la em Portland, Oregon. Ela queria me mostrar os pontos turísticos, e, quando vimos o Monte Hood ao longe, ela se virou para mim e disse: "Olha, vovó, lá está a montanha Hood.

Nosso sobrinho insistia em chamar o meu marido de "Tio Bog" (pântano em inglês), em vez de "Tio Bob".

Meu irmão quis se raspar quando estava na segunda série, então ele cortou as sobrancelhas. Ele parecia um fantasma.

Uma jovem mãe e seu filho levaram uma lata de spray de chantilly cada um para o quintal e fizeram uma guerra de chantilly, antes de passarem correndo pelos irrigadores.

Toda família tem a história de uma criança manchada de batom por todo o rosto, ou uma criança jogando talco em outra criança até que as duas ficassem branquinhas como fantasmas. Talvez as crianças um pouco mais velhas tenham feito uma briga de lama no quintal. Encontre as suas próprias histórias engraçadas e dê boas risadas na sua próxima festa de família.

"Eu não trocaria o riso do meu coração pelas fortunas das multidões."

– Kahlil Gibran

ENERGIA POSITIVA

"Aqueles que não sabem chorar com todo o seu coração também não sabem rir."

– Golda Meir

A paixão e o sentimento vêm do coração. Há momentos para rir e para chorar. Depois das lágrimas, torne o riso parte de sua vida.

Deixe sua hilaridade ser apenas positiva. Filmes bobos, shows de comédia e lembranças divertidas são coisas sadias e saudáveis. Mantenha um fluxo de energia positiva através da sua alegria.

A diversão reduz o estresse e permite o livre fluxo de energia positiva na sua vida. Deixe o riso manter seu canal aberto para dar e receber.

Capítulo 35
Comunicação: Ouvindo e Refletindo

"Começamos a partir do reconhecimento de que todos os seres valorizam a felicidade e não querem sofrimento. Torna-se, então, tanto moralmente errado como pragmaticamente tolo buscar apenas a própria felicidade, alheios aos sentimentos e aspirações de todos os outros que nos rodeiam como membros da mesma família humana. O caminho mais sábio é pensar nos outros quando estivermos buscando a nossa própria felicidade."

– O Dalai Lama

Uma das maneiras pelas quais pensamos nos outros é através de nossos métodos de comunicação. Nós estamos em contato com os outros através dos nossos sinais não verbais e das palavras que dizemos. Às vezes, basta um olhar para mostrarmos a um ente querido como nos sentimos.

PADRÕES DE COMUNICAÇÃO

Se você tem um problema para discutir com seu parceiro ou um amigo, como você lida com isso? Quais tipos de habilidades de comunicação você tem? Como você poderia avaliá-las?

Você ignora um problema até ficar com raiva e, em seguida, atacar? Você fica dando voltas quando tem algo difícil para discutir? Você confronta a pessoa ou o problema de frente? Você é brutalmente honesta na sua avaliação de uma situação? Você já leu livros de comunicação suficientes para ser politicamente correta ao usar frases como: "Eu me sinto _____ a respeito de _____ porque _____"?

Seus sentimentos determinam a maneira como você lida com problemas de comunicação. Se você ignora dificuldades ou faz rodeios, talvez seja porque tem medo de ferir alguém. Você pode estar com medo de que a outra pessoa não goste de você, se você for honesta com ela. Ou talvez você realmente não saiba como se sente.

Quando você guarda seus sentimentos para si e não enfrenta o problema, acaba acumulando irritação, frustração e raiva. Finalmente, você explode quando a pressão se torna forte demais para suportar. Eu vi esse padrão de comunicação se repetir constantemente entre casais em terapia. Se você está irritada, lide com o problema no início, e provavelmente será possível trabalhar nele através de uma conversa racional. Se a questão é deixada para apodrecer, pode tomar proporções maiores. Então, ela se torna maior do que o necessário.

Se você não aborda um problema com o seu parceiro, está criando para vocês dois uma proteção contra a mudança, e isso empaca o relacionamento. Quando você não diz nada, está fazendo um tremendo desserviço tanto a si mesma quanto à outra pessoa. Você não se respeita o bastante para deixar os seus desejos e necessidades claros. Seu parceiro não sabe como os outros o veem até que alguém conte a ele. Ele não consegue mudar se ninguém lhe dá feedback. Uma pessoa não consegue modificar o seu comportamento se não sabe como os outros se sentem.

Você já esteve perto de uma pessoa que quer lhe dizer algo, mas não cria a coragem? Você sabe que ela quer dizer algo e pode quase adivinhar o que é, mas ela não abre a boca. Eu me sinto desconfortável com esse sentimento. Eu prefiro ter uma discussão honesta com uma pessoa sobre o que ela quer me dizer, mesmo que seja negativa.

É preciso coragem para falar sobre um problema. Antes de me tornar terapeuta, eu tinha medo de uma comunicação clara. Eu estou muito melhor agora, e nossa família se relaciona de uma forma mais saudável uns com os outros, porque nós conversamos e compartilhamos os nossos sentimentos. Se uma pessoa muda, isso cria uma diferença no grupo inteiro. É como jogar uma pedrinha no meio de um lago tranquilo. Formam-se ondulações pela água, atingindo cada margem.

As pessoas podem ter medo de você, se você chega com muita intensidade para atacá-las e apontar o dedo. Outras podem desconsiderar o que você diz, se você não for sensível aos seus sentimentos. Esse tipo de comunicação é uma receita certa para uma briga. Há raiva, orgulho e criticismo associados a esse tipo de comunicação. Se esse for o seu padrão, olhe para dentro de si mesma. Onde está a sua compaixão? É o medo que a está encobrindo?

A raiva é um manto de proteção para o seu medo.

VOCABULÁRIO DA COMUNICAÇÃO

Se sua comunicação for de confiança, você deve considerar a outra pessoa e seus sentimentos. Casais entram em brigas porque são críticos e atacam uns aos outros. Como você pode compartilhar os seus verdadeiros sentimentos sem atacar alguém?

Se você usar "Eu me sinto _____ a respeito de _____ porque _____", terá que pensar antes de falar.

Seja dona dos seus sentimentos e da sua comunicação. Se você não suporta um tubo de pasta de dente desajeitado porque foi espremido no meio, não diga: "Eu odeio quando você aperta o tubo de creme dental no meio. Você é tão bagunceiro". Tente, em vez disso: "Eu me sinto chateada quando o tubo de creme dental é apertado no meio, porque faz muita bagunça".

"Eu me sinto irritada com os pratos sujos na pia da cozinha, porque a comida fica seca nos pratos quando eles não são lavados e colocados na máquina de lavar." Descubram uma forma de se revezarem ou trabalhar em conjunto na limpeza depois do jantar.

"Eu me sinto chateada com a lama no chão da cozinha, porque eu não quero limpá-la." Uma consequência natural por sujar o chão de lama é fazer a pessoa com os sapatos enlameados limpá-lo. Façam um plano em conjunto.

Seja dona dos seus sentimentos. Isso evita que você ataque ou faça acusações. Se você mantiver fora da discussão declarações usando "você" e se concentrar em declarações usando "eu", a mensagem será muito mais suave.

Escreva as suas declarações se você tiver dificuldade em encontrar as palavras. Isso vai dar a você tempo para compreender os seus sentimentos.

A frase "Eu me sinto ___ com ___ porque ___" é apenas um ponto de partida. Use-a até que você tenha desenvolvido habilidade suficiente para diversificar com outras palavras. Pode soar ensaiado – memorizado. E é mesmo. Aprenda a realmente falar com seu parceiro, compartilhar seus sentimentos e ouvir.

ESPELHOS DO RELACIONAMENTO

Falar com outra pessoa é como segurar um espelho para si mesmo. Repare nos padrões de comunicação dos outros e veja se você consegue descobrir como eles se sentem por dentro. Alguém que fala incessantemente provavelmente sente ansiedade e medo por dentro. Uma pessoa que critica os outros geralmente tem raiva contida dentro de si.

Os relacionamentos são como espelhos. Conforme você falar dos outros, vai se ver no que você diz.

Um exemplo seria: "Eu odeio quando você é tão crítico comigo. Você me ataca o tempo todo." Se a pessoa que está falando segurar o espelho, verá que é ela que está sendo crítica – não a pessoa que está sendo acusada.

Um exemplo positivo seria: "Eu me sinto desconfortável quando você é crítico comigo. Isso machuca os meus sentimentos." Essa pessoa teve tempo para avaliar seus sentimentos e compartilhar de uma forma não ameaçadora.

Se você tiver um problema de comunicação, tire um tempo para entender os seus próprios sentimentos a respeito de uma situação. Escreva em um diário ou converse com um amigo até que você possa conversar de forma clara e gentil. Peça ao seu parceiro para ouvir enquanto você compartilha seus sentimentos.

Seja criteriosa e carinhosa consigo mesma e com o seu parceiro. Ouça a si mesma e ao seu parceiro.

"Nós exaltamos aqueles que mal conhecemos, agradamos o convidado de passagem, e desferimos muitos golpes completamente impensados naqueles que mais nos amam."

– Ella Wheeler Wilcox

OUÇA OS OUTROS

Ouvir não significa ficar quieta para que você possa pensar na sua resposta enquanto a outra pessoa está falando. Você tem que ouvir atentamente o suficiente enquanto seu parceiro explica os sentimentos dele de modo que você possa repeti-los. Continue refletindo até que seu parceiro esteja satisfeito que você o entenda.

Então, você pode dizer seus sentimentos. Permita que o seu parceiro ouça seus sentimentos e reflita sobre eles até que você esteja satisfeita que ele a tenha realmente ouvido.

Compartilhe os seus sonhos e esperanças, as suas aspirações e metas. Escute os desejos e anseios do seu parceiro.

Esse processo de comunicação é íntimo, porque vocês realmente vêm a conhecer um ao outro conforme se envolvem. Conhecer outra pessoa é conectar-se com uma criação Divina. Que privilégio! Permita que isso aja em sua vida. Conforme você der aos outros, compartilhando e ouvindo, eles vão começar a fazer o mesmo. Dê e receba em abundância!

"Eu nunca soube adorar até aprender a amar."
– Henry Ward Beecher

OUVINDO A NÓS MESMOS

Como todos nós somos imperfeitos e temos problemas, é importante que ouçamos a nós mesmos. Você realmente ouve o que está acontecendo dentro de você, ou está apenas reagindo a estímulos externos? Através das nossas ações, nós ensinamos aos outros como nos tratar. Como você ensina os outros a tratá-la?

> *"Não passamos a amar encontrando uma pessoa perfeita, mas aprendendo a ver perfeitamente uma pessoa imperfeita."*
>
> *– Sam Keen*

> *"Todo homem é uma divindade disfarçada, um Deus que se faz de tolo."*
>
> *– Ralph Waldo Emerson*

Terry estava deprimida. Ela conseguia encontrar o lado negativo de qualquer situação. Eu lhe perguntei quais eram os benefícios trazidos pela depressão e negatividade. Em um primeiro momento, Terry não conseguiu pensar em nada. Depois de pensar no assunto, ela disse que tinha grande compaixão pelos outros, porque ela sofria. Participando desse processo, Terry começou a mudar seus padrões negativos de pensamento por outros focados na solução. Ela ainda tinha que desenvolver um pensamento otimista, mas conseguia ver coisas boas em si mesma e ser grata por sua dádiva da humanidade.

> *"Quando não resolvido, o passado destrói nossas vidas. Ele enterra nossos dons especiais, nossa criatividade e nossos talentos."*
>
> *– Autor desconhecido*

Há sabedoria em ouvir a nós mesmos e encontrar todos os presentes que nos foram dados. Eu sou grata pelos meus dons humanos. Eu tenho que trabalhar com eles e me modificar, mas sou grata por esse processo, porque com ele eu ganho sabedoria e força.

> *"Quando amamos – crescemos."*
>
> *– Gautier*

Capítulo 36
Grupos de Acompanhamento

Conversar com outras pessoas ou envolver-se em um grupo é um jeito incrível de fazer amigos e conectar-se. Você pode caminhar com um amigo no início da manhã, conhecer alguém na academia durante o almoço, ou desfrutar de um jantar com outras companhias. Seja flexível para estabelecer o que funciona para você.

O sistema de amigos ou grupo de responsabilização é bom por muitas razões:
- A sociabilidade é ótima.
- Ele dá a você um tempo para compartilhar.
- Ele a mantém decidida e focada.
- Você tem um lugar para verificação do seu progresso.
- O reforço positivo do seu trabalho é um motivador.
- A criatividade pode ser estimulada.
- Explorar ideias a ajuda a pensar fora da caixa.
- É simplesmente muito divertido se reunir com outras pessoas.

Encontrar-se com os amigos é uma ótima maneira de assumir responsabilidade pelos seus objetivos. Quando trabalhamos com os outros, acabamos cumprindo os nossos compromissos feitos com nós mesmos.

Defina um horário que funcione para você – o que você e seus amigos preferirem. Seu grupo pode ser organizado formalmente ou desestruturado, como você desejar.

DIRETRIZES PARA COMEÇAR

- Decida um horário e local de encontro. Seja flexível, mas consistente.
- Estabeleça diretrizes que funcionem para os membros do grupo.
- Dê apenas sugestões positivas e elogios.
- Você pode começar cada reunião dando uma volta no círculo e oferecendo a todos um elogio sincero a respeito de seus objetivos.
- Dê a todos uma chance de relatar o próprio progresso de uma forma positiva.
- Nada de negativo deve ser dito, seja no relatório de progresso da pessoa ou na contribuição dos outros. Coloque cada sugestão em termos positivos.
- Explore maneiras criativas de lembrar seus objetivos todo dia – como colocar uma moeda em seu sapato para lembrá-la de seu objetivo, ou comer uma jujuba cada vez que você realizar um objetivo.
- Crie e compartilhe declarações de gratidão relacionadas aos seus objetivos.
- Peça feedback ao escrever mantras que vão mudar o seu pensamento.
- Construa declarações positivas relacionadas à realização de seus objetivos.
- Dê a todos em seu grupo um abraço, se eles quiserem um.

REGRAS DOS GRUPOS

Muitas das ideias na seção anterior podem ser incorporadas às regras que você gostaria de estabelecer no seu grupo. Eu já vi grupos funcionarem em uma variedade de maneiras diferentes, de estruturados a flexíveis e de muito focados a mais casuais.

Por favor, lembre-se de que nenhuma negatividade deve ser permitida no grupo: sem fofocas negativas sobre outros membros, sem conversas interiores negativas, sem feedback negativo aos membros do grupo. O que precisa ser dito pode ser feito de uma forma positiva.

DECISÕES EM GRUPO

Muitas vezes, os grupos precisam tomar decisões. Se o local de encontro precisa ser mudado ou um novo horário funcionaria melhor para alguns, permita que as decisões de mudança sejam feitas em conjunto. Quando alguns dos membros precisarem se ausentar do grupo, deixe o grupo como um todo decidir como lidar com a situação.

Por exemplo, se o anfitrião do grupo vai estar fora da cidade no dia definido para a reunião, o grupo pode decidir:
- Encontrar-se em um local alternativo.
- Reagendar quando todos puderem estar presentes.
- Cancelar a reunião.

Decidir com base na maioria dos votos dos membros é uma forma de atender às necessidades do grupo, bem como manter o poder centralizado e equilibrado entre os membros.

SINERGIA DOS GRUPOS

Os grupos que se reúnem podem desenvolver uma sinergia que pode beneficiar a todos os membros. Se a luz e o otimismo estiverem presentes, todos se beneficiarão.

Dizem que, quando mulas transportaram bórax para fora do Vale da Morte no final da década de 1800, os trabalhadores tentaram diferentes combinações de tropas de mula para carregar o bórax. Seu objetivo era levar a maior quantidade de bórax com o menor número de mulas. Eles descobriram que uma equipe de vinte mulas conseguia extrair mais bórax das minas do que qualquer outra combinação de mulas. O sinergismo de vinte mulas trabalhando em conjunto era maior do que a soma das partes separadas.

Os grupos podem funcionar da mesma forma. O amor, as ideias e o apoio que vêm de um grupo podem ser maiores do que as partes individuais. Quando o grupo trabalha junto, ideias compartilhadas levam a mais ideias. O apoio gera ainda mais apoio.

A seguir estão declarações que o seu grupo pode adotar como um mantra a discutir ou ser recitado no início de cada reunião.

"Metas que não são escritas são apenas desejos."

– Dodson

"Se você está entediado com a vida – você não se levanta todas as manhãs com um desejo ardente de fazer as coisas –, você não tem objetivos o bastante."

– Lou Holtz

"A confusão das metas e a perfeição dos meios parecem – na minha opinião – caracterizar a nossa época."

– Albert Einstein

"Obstáculos são aquelas coisas assustadoras que você vê quando tira os olhos do seu objetivo."

– Henry Ford

Capítulo 37
O que as Pessoas de Sucesso Têm

O que o sucesso significa? Se fôssemos perguntar a cinquenta pessoas, provavelmente obteríamos cinquenta respostas diferentes. É riqueza? É fama? Será que significa ser um grande professor, ou escritor, ou artista?

Poderia ser qualquer uma das opções, ou todas, ou nenhuma delas. O dicionário define o sucesso como "o resultado favorável ou próspero de tentativas ou esforços". Eu gosto dessa explicação porque ela inclui todas as pessoas em todas as jornadas e missões da vida.

Eu tenho uma tia que trabalha em seu jardim todos os dias. Seu gramado e seus canteiros lembram um parque. Ela não é famosa ou rica, mas tem sucesso no que ama na vida. Temos uma amiga no final da rua que ama visitar os doentes. Todos os dias, ela está na casa de repouso ou ao lado de um leito para animar alguém. Ela nunca será conhecida ou rica, mas ela está feliz e desfrutando de sua existência. Essas duas mulheres estão vivendo a vida abundante que escolheram. O mundo as abençoou, e elas recebem enquanto dão.

Eu descobri que as pessoas mais bem-sucedidas têm características em comum. Agora, em tempo, eu não fiz um estudo científico sobre pessoas bem-sucedidas nem conheci todas as pessoas bem-sucedidas do mundo. A seguir estão somente observações minhas. Use-as, se julgar que elas são úteis para você.

VIRTUDES

Temperamento Estável

As pessoas de temperamento estável são constantes em sua disposição. Elas aprendem a compartilhar seus sentimentos, permanecendo ao mesmo tempo firmes em seu caráter. Aqueles que trabalham para desenvolver um temperamento equilibrado têm ainda a bênção de conhecer os seus sentimentos e ser capazes de compartilhá-los sem perder a estabilidade.

> *"Apenas o caráter de um homem é o verdadeiro critério de valor."*
>
> – Eleanor Roosevelt

Autodisciplina

Atingir o sucesso é difícil se não há disciplina. A procrastinação e uma fraca ética de trabalho atrapalham muitas pessoas talentosas em seu campo escolhido de atividade. Estabeleça metas e trabalhe em direção a elas. Pequenos passos individuais criam a mudança permanente. Sinta a emoção conforme você começa a ver as mudanças internas em si mesma. A mudança vem para todos nós, um passo de cada vez.

Senso de Valores

O mundo é muito mais flexível do que costumava ser. Nós somos capazes de nos conectarmos com outras pessoas ao redor do mundo, com diferentes pontos de vista. Eu tenho uma amiga muçulmana querida que eu admiro. Nós nos víamos enquanto nossas crianças brincavam no parque. Quando moramos na Califórnia, tivemos vizinhos judeus. As nossas refeições de feriado juntos incluíam um jantar de Páscoa. Todos esses amigos e seus filhos tiveram muito sucesso em seus respectivos campos de atividade escolhidos. Cada família tem seu próprio senso de valores, e os filhos sabem no que a sua família acredita e o que ela defende. Identifique o seu senso de valores, compartilhe-os com a sua família e viva de acordo com eles.

"Seus hábitos se tornam seus valores.
Seus valores se tornam seu destino."
– Mahatma Gandhi

Atitude Focada em Soluções

A vida é cheia de obstáculos e desafios. Nós podemos reclamar da nossa situação, ou podemos assumir a responsabilidade por nós mesmos e encontrar uma solução. Crie uma porta na parede, se não houver uma passagem. Pense nas possíveis respostas para um problema e, em seguida, escolha uma solução.

"Concentre 90% do seu tempo em soluções e
apenas 10% do seu tempo em problemas."
– Anthony J. D'Angelo

Capacidade de Aceitar Mudanças

Já houve momentos em sua vida em que você foi resistente à mudança? Às vezes, leva um tempo para nos acostumarmos às mudanças. Eu tinha uma amiga que costumava dizer a seus filhos: "O trem está saindo da estação, e você pode ou embarcar ou ficar para trás."

> *"Deus, conceda-me a serenidade para aceitar as coisas que não posso mudar, a coragem para mudar as coisas que posso e a sabedoria para saber a diferença."*
>
> – Alcoólicos Anônimos

Senso de Humor

O riso é um grande presente. Ele é um porto seguro quando a vida parece nos sobrecarregar. Ele nos dá uma perspectiva de vida. Seu estado de espírito se tornará muito mais estável se você incluir humor em sua vida para aliviar o estresse.

Eu vejo minha comédia britânica favorita antes de dormir. Para mim, é como tomar um comprimido para dormir. Eu descanso bem e acordo renovada no dia seguinte.

Eu tenho um amigo médico que recomenda o riso aos seus pacientes com câncer. Ele sente que isso auxilia na cura.

> *"Cada kit de sobrevivência deve incluir um senso de humor."*
>
> – Autor desconhecido

FERRAMENTAS PARA UMA VIDA SAUDÁVEL

Momentos de Lazer

Todo mundo precisa de algum tempo para se divertir. Faça o que for do seu gosto, seja lá o que for. Às vezes, ficamos tão ocupados que não temos tempo para nós mesmos, para fazer o que amamos. Quando você não estiver cuidando de si mesma, seu corpo vai dizer a você. Quando isso acontece comigo, ou eu pego um resfriado ou fico com dor nas costas. Ambas as indisposições me deixam de cama para que eu possa ler um bom romance. Quando o romance termina, eu me sinto melhor. Então, eu aprendi a pular a parte da doença e simplesmente ler por prazer.

Encontre um hobby como esqui, patinação ou jardinagem, ou qualquer coisa que você desejar. Estar na natureza lá fora ou com as mãos no solo pode ser revigorante. Descubra o que funciona para você e deixe sua paixão livre.

> *"Se o pão é a primeira necessidade da vida,*
> *a diversão quase empata como a segunda."*
> – Edward Bellamy

Um Sistema de Apoio

As pessoas de sucesso têm um bom sistema de apoio. Pode ser um grupo de autoajuda, ou um conjunto de pessoas que compartilham um hobby. Nosso sobrinho gosta de praticar *mountain bike*. Ele entrou para um clube de bicicleta e adora participar dele. Também pode ser um grupo da igreja, ou um clube de costura. Meu marido e eu tínhamos um amigo que gostava de ponto cruz. Ele aprendeu a habilidade de sua mãe quando menino. Ele se reunia com as senhoras no clube de costura uma noite por semana e se divertia muito. Pense fora da caixa

Muitas vezes, as bênçãos de energia positiva vêm através daqueles ao nosso redor na forma de sabedoria, conselhos e simplesmente amor. Você precisa de um mínimo de quatro abraços por dia. Certifique-se de dá-los e pedi-los.

> *"Os amigos são as flores no jardim da vida."*
> – Autor desconhecido

Hábitos de Sono e de Alimentação Saudáveis

A capacidade de cuidar de si mesma, como comer e dormir bem, precisa estar no topo da sua lista. Se você está deprimida ou ansiosa, você provavelmente não está comendo ou dormindo bem. Os dois são pré-requisitos para ser saudável. Nenhum de nós funciona bem quando não cuidamos do nosso corpo.

Se você tiver problemas físicos, verifique com um médico a respeito dos sintomas e tratamentos. Elabore um programa nutricional para si mesma que atenda às suas necessidades. Há tantos planos bons. Tenha uma boa leitura nessa área!

Exercício Físico

Essa é uma área vital. Eleve sua frequência cardíaca, ou apenas desfrute de um passeio no parque ou no bairro.

Eu tenho um amigo que corre com os amigos diariamente. Um deles é Salinda, que tem câncer terminal. Ela ainda está nos estágios iniciais, por isso ainda pode fazer exercícios. Ela ama a vida e vive um dia de cada vez. A atitude positiva da Salinda é contagiante. Todos se beneficiam com isso.

Combine vários objetivos, se desejar. Você pode encontrar um grupo de apoio que se exercite, como o clube de bicicleta. Descubra o que funciona para você e se comprometa várias horas por semana. Sinta-se maravilhosa por causa disso.

> *"Aqueles que não encontram tempo para se exercitarem terão que encontrar tempo para a doença."*
>
> *– Provérbio*

EXPANDA A SUA VISÃO

Há um comedouro de pássaros no nosso quintal com uma mistura de alpiste selvagem. Os pássaros menores preferem as sementes pequenas e derrubam as sementes de girassol no chão, porque elas são muito grandes.

Um pequeno esquilo vem comer as sementes de girassol deixadas pelos passarinhos. Uma noite, ele estava desfrutando de uma refeição quando uma pomba pousou perto dele. A pomba abriu as asas para assustar o esquilo, mas o esquilo não se mexeu. Ele estava comendo. A pomba era maior do que o esquilo e poderia tê-lo espantado com bicadas. No entanto, ela continuou a andar ao redor do comedouro, abrindo as asas e esperando o esquilo sair.

Um pequeno pardal pousou no chão e pulou para comer perto do esquilo, encontrando sementes saborosas. A pomba continuou a andar em torno do perímetro, abrindo suas asas.

O pequeno pardal comeu satisfeito, e o pequeno esquilo desfrutou de uma refeição saborosa. Mas a pomba maior ficou nos arredores. Ela optou por não expandir sua perspectiva o suficiente para ver o que tinha.

"Onde não há luta, não há força."
– Oprah Winfrey

Você é como a pomba? Você espera até que o alimento esteja ao alcance?

Você está disposta a assumir riscos, como o pardal? Você pode comer com aqueles que são maiores do que você?

Você é como o esquilo? Você se impõe quando intimidada pelos outros?

A vida é um processo. Permita que a luz e o amor a abençoem enquanto você encontra o seu caminho.

Capítulo 38
Um Poder Superior

Um poder superior pode ser uma influência de cura em sua vida. Acabou sendo assim na minha. A maioria dos programas de autoajuda reconhece a influência de um poder superior no processo de cura. O espírito humano busca um poder superior.

Uma jovem, Lyla, viveu com famílias adotivas. Ela foi abandonada quando bebê e tinha sido criada no "sistema". As famílias com as quais ela viveu ao longo dos anos não tinham religião, sendo assim, Lyla não sabia nada a respeito de Deus ou de um poder superior. Ela lembra que, quando era mais jovem, precisava de alguém ou algo para o qual rezar, então ela escolheu o céu. Ela pedia ao céu que a ajudasse com os seus problemas. O céu era alguém com quem ela podia conversar sempre que precisava ser ouvida. Quando ela cresceu, encontrou uma religião que funcionava para ela, mas quando criança ela resolveu seu problema da melhor maneira que conseguiu – com o céu.

Encontre um poder superior que funcione para você. O apoio carinhoso de um grupo, uma religião organizada ou o estudo da natureza podem conectá-la com o Divino. Conecte-se com um poder maior do que você mesma de uma forma que seja significativa para você.

RITUAL RELIGIOSO

A religião pode trazer o ritual para a sua vida, ou você pode criar seus próprios rituais, se quiser, de acordo com as suas necessidades. Como em todos os aspectos deste livro, você deve escrever o seu próprio programa. Faça o seu próprio caminho. Encontre o que vá funcionar para você.

A RELIGIÃO COMO UM PODER DE CURA

A energia positiva virá até você conforme o seu pensamento positivo atraí-la. As sobreviventes de abuso com as quais trabalhei que acreditavam em um poder superior pareciam se curar de forma mais completa do que aquelas não tinham crenças.

Ciara sobreviveu a um abuso brutal quando criança. Quando adulta, ela teve sucesso na carreira, mas suas memórias assombrosas a mantinham presa à depressão. Ela lutou contra sentimentos difíceis à medida que recuperava as lembranças da infância, para que pudesse descartá-las.

Através do processo de cura, Ciara confiou em Deus e no poder curativo de suas crenças religiosas. Enquanto Ciara se purificava dos velhos padrões de pensamento, ela buscou persistentemente a seu Deus por ajuda. Ciara acreditava que seu sucesso na cura veio da fé em Deus.

Um poder superior é um poder de cura.

RELACIONAMENTO COM DEUS

Por que as pessoas são atraídas por um relacionamento com Deus ou um poder superior? Isso acontece desde o surgimento do homem. Eric Fromm acredita que, como humanos, nós sentimos ansiedade porque somos separados dos outros. Um relacionamento com Deus nos traz aquela sensação de pertencimento que todos nós buscamos.

Eckhart acredita que as culturas ocidentais olham para o amor de Deus em termos de crença em Sua existência, como uma experiência de *pensamento*. As culturas orientais veem a relação com Deus como uma poderosa experiência de *sentimento*, na qual a pessoa é inseparavelmente ligada a Deus e expressa seu amor por Ele nos atos da sua vida cotidiana.

Esses dois ideais culturais culminam em um para mim. Pensar e acreditar em Deus é uma experiência de sentimento profundo que me leva a viver atos diários de amor, de modo que eu esteja me conectando com a minha Divindade.

Pense... Sinta... Aja...

Esse tipo de vida só pode tornar-se realidade através de pensamentos, sentimentos e ações voltadas para a divindade dentro de você. Às vezes, você pode se desviar do seu âmago e não se manter tão focada nesse princípio como gostaria. No entanto, trabalhe para manter o seu foco diariamente.

Torne o estudo religioso parte de sua vida. Você pode se distrair com outras coisas às vezes, mas reoriente-se quando isso acontecer – seja paciente e persevere.

"Deus é, não era; Ele fala, não falava."
– *Ralph Waldo Emerson*

Viva a sua vida cotidiana como se você e Deus fossem um. Estude mestres sábios que a levem à premissa de que:

"Existe apenas um bem, que é Deus."
– *C.S Lewis*

MESTRES SÁBIOS

Há muitos líderes religiosos sábios que caminharam sobre a Terra no passado. Escolha um ou muitos dos mestres para estudar. Não há uma maneira certa ou errada. Encontre o jeito que for melhor para você.

Leia as obras desses mestres que abençoam a humanidade através dos seus ideais de sabedoria Estude-os, e você mesma vai adquirir sabedoria.

Se você não acredita em um deus ou um mestre sábio, encontre um poder superior em outro lugar. Eu tive um casal de clientes – sobreviventes de incesto – que não conseguia suportar pensar em um homem como divindade. Eles também não tinham conhecido boas mulheres em suas vidas.

Um deles usou o arco-íris como o seu poder superior. Ele foi um mestre maravilhoso para ela, trazendo a esperança e o brilho diante do desespero e da depressão. Ele a ajudou a reformular a sua vida de uma forma positiva. Ela pedia ajuda ao arco-íris para tomar decisões, e sua vida se tornou gradualmente uma mistura de cores bonitas.

Outra cliente tinha uma árvore de carvalho alta e robusta como seu guia. Ela era firme, forte e uma âncora para seu padrão inconsistente e volúvel de vida. Quando ela se lembrou de usar a árvore como sua influência estabilizadora, teve êxito.

A SOLIDÃO COMO UM MENTOR

Sente-se sob as estrelas uma noite. Assista a patos descendo um rio. Veja a beleza de uma planta que cresce. Ande com uma criança e observe-a absorver mundo.

"Aquietai-vos. A quietude revela os segredos da eternidade."

– Lao Tzu

A solidão pode vir nos momentos de silêncio da sua alma e falar com você como se Deus e você fossem um. Deixe a solidão alimentá-la.

PERMITA-SE SER GUIADA

> *"Entregue sua vida aos cuidados de Deus."*
> – Alcoólicos Anônimos

Essa declaração nos dá a perspectiva de que não estamos no comando dos acontecimentos do mundo. Permita-se ser guiada. Liberte-se e permita que o seu poder superior a abençoe.

Permita a divindade em sua vida de alguma forma. Isso cura e reconforta.

> *"Ninguém pode nos salvar além de nós mesmos. Ninguém pode e ninguém deve. Nós mesmos devemos trilhar o caminho."*
> – Buda

> *"Minha religião é muito simples. Minha religião é a bondade."*
> – Dalai Lama

Capítulo 39
O Ato de Servir

*Os presentes para nós mesmos se vão quando
nós nos vamos. Os presentes para os outros
permanecem como nosso legado.*

Servir ao próximo é uma das ferramentas mais poderosas no processo de nos tornarmos plenos. Doe abundantemente, e isso vai voltar para você com cem vezes mais força.

*"Uma coisa eu sei: os únicos entre vocês
que serão realmente felizes são aqueles que
procuraram e descobriram como servir."*
– Albert Schweitzer

Eu amo servir. Eu tenho o prazer de trabalhar com crianças e gosto de passar tempo com os idosos. Vários dias por semana, eu ajudo as pessoas mais velhas na igreja. Essas pessoas são uma grande inspiração para mim. Elas vêm em cadeiras de rodas, ou com andadores e bengalas, para servir. Às vezes, elas têm problemas de audição ou de visão, mas elas vêm. Suas vidas são ricas e completas, porque elas doam aos outros.

"A melhor maneira de encontrar a si mesmo é perder-se servindo aos outros."

– Mahatma Gandhi

Trabalhe com aqueles ao seu redor para criar algo maravilhoso. Ajude em um sopão para os desabrigados em sua comunidade. Passe um tempo servindo àqueles que foram vítimas de um desastre. Seja voluntária nas escolas. Leia para os idosos em um asilo. Encontre uma forma de retribuir a abundância com a qual você foi abençoada.

"Já é tempo que a ideia de sucesso seja substituída pela ideia de serviço."

– Albert Einstein

Encontre um grupo humanitário que atue em países do terceiro mundo ou em áreas pobres ao redor do mundo. Doe seu tempo, conhecimento ou dinheiro para um projeto. A igreja à qual eu pertenço pede aos jovens que passem dois anos de suas vidas em serviço aos outros. Quando eles retornam, todos dizem que foram os melhores dois anos de suas vidas. Médicos levam óculos de grau para a África e fazem cirurgias dentais na América Latina. Há humanitários em todas as áreas do mundo. Eu tenho uma prima que acabou de se aposentar e está indo para a África, para servir no Corpo da Paz. Ela está muito animada.

"Se nós cultivarmos o hábito de servir deliberadamente, nosso desejo de servir vai crescer consistentemente mais forte e fazer não apenas a nossa felicidade, mas a do mundo."

– Mahatma Gandhi

Encontre uma maneira de servir. Ajude um amigo, ouça o problema de alguém, cumprimente um vizinho, receba o jornal de alguém, asse biscoitos para o seu pai, ajude em uma igreja, agradeça a um professor depois da aula, sorria para alguém. Sirva à sua família, seus amigos, sua igreja, sua comunidade, sua nação, ou ao mundo. Sirva às crianças do mundo, porque elas nos conduzirão amanhã. Os presentes que você receberá de volta serão muito maiores do que a pequena contribuição que você dá.

Quando você doa em abundância, o amor volta para você cem vezes maior. Os presentes que você recebe por servir são muito maiores do que o pequeno presente dado.

"A boa vontade em relação aos outros é pensamento construtivo. Quanto mais desse pensamento você atrair para si, mais vida você vai ter".

– Prentice Mulford

Capítulo 40
Amor

O amor é a essência de cada coisa boa na vida e a base de cada religião.

> *"A vida em abundância vem apenas através de um grande amor."*
> – Elbert Hubbard

O QUE É O AMOR?

O dicionário define o amor como uma forte afeição pelos outros. Desenvolver o amor requer humildade, fé, disciplina e coragem. O amor é uma atitude que vem do nosso pensamento. Nós nos enganamos ao pensar que devemos encontrar alguém que nos ame, ou buscar aquele objeto perfeito – aquela bela mulher ou aquele belo homem – para amar. Muitas pessoas chamam a atração de "amor", mas a atração é fácil, rápida e não dura. O amor verdadeiro exige firmeza e coragem.

Eu sei, por experiência própria, que não fui amada até aprender a amar. Isso não tinha absolutamente nada a ver com a outra pessoa em minha vida. Tratava-se de mim mesma aprendendo a arte de amar.

Eu sou amada conforme aprendo a amar.

Todo mundo procura o par perfeito com exatamente os mesmos interesses, hobbies, religião, posição política e visões culturais. Uma guirlanda de margaridas é maravilhosa, mas quão mais bonito é um buquê que tem uma variedade de flores, no qual podemos apreciar cada flor pela sua singularidade?

> *"O amor é uma condição em que a felicidade de outra pessoa é essencial para a sua própria."*
> *– Robert A. Heinlein*

Um casal acendeu cada um uma vela quando eles começaram seu casamento. Ambos mantiveram a sua chama acesa alta até o ponto culminante da cerimônia, onde juntos eles acenderam uma única vela e apagaram suas velas individuais.

Que símbolo triste! Nós não desistimos da nossa individualidade quando entramos em um relacionamento. A nossa singularidade nos ajudará a nutrir um casamento para que resista aos testes do tempo. Ele será construído sobre o fundamento de duas entidades separadas se juntando para criar uma família como nenhuma outra. Nosso individualismo nutrirá o novo vínculo de carinho.

Cada um de nós vem com a própria personalidade. Com certeza, todos nós temos que nos disciplinar e modificar para viver no mundo. Mas será que nós conseguimos também manter nosso senso de individualidade dentro do contexto de um relacionamento de amor? Essa é uma tarefa na qual eu vou trabalhar para o resto da minha vida.

AMOR DE FAMÍLIA

Quando uma criança entra em uma casa, ela precisa ser amada. Os pais podem assegurar a vida e as vontades dela. Assistir ao desenvolvimento da personalidade de uma criança é como ver uma bela rosa se abrir. Nós ficamos maravilhados com cada pétala que é revelada. A criança estabelece sua visão de si mesma conforme seu conceito próprio se desenvolve. Ela se vê como você a vê – no contexto da sua visão.

> *"Trate um homem como ele é, e ele permanecerá como é. Trate um homem como ele pode e deve ser, e ele vai se tornar o que ele pode e deve ser."*
> – *Goethe*

Minha avó plantou uma pereira que produzia o fruto mais doce. Quando eu era criança, costumava subir os galhos para comer até não poder mais. Mas a árvore ficou velha e lenhosa, e teve de ser cortada. Então, minha mãe plantou outra pereira.

Eu cresci e me casei, e os meus filhos agora amam as peras da árvore da avó deles, assim como eu quando era menina. Minha mãe desidrata as peras em seu desidratador de frutas elétrico no outono e envia pacotes pequenos para os netos, que vivem em lugares diferentes do país. Agora, eles estão crescidos e têm suas próprias famílias. Os netos guardam as peras secas no freezer e pegam uma ou duas para um lanche quando querem se sentir conectados com a sua avó. Ou eles dividem as peras com seus próprios filhos, enquanto compartilham memórias dela.

Em nossa família, peras passaram a significar amor. Pequenos atos nos conectam uns com os outros. O que o amor significa na sua família? No que a sua família acredita?

As pessoas adotadas muitas vezes se sentem dolorosamente conscientes da falta de conexão. As clientes com as quais trabalhei resolveram esse problema de várias formas. Uma delas fez uma pesquisa exaustiva para encontrar sua família biológica. Ela os encontrou e desenvolveu um relacionamento de carinho com eles. Outra cliente se cercou de bons amigos, que se tornaram sua família. Outra se casou com alguém que tinha uma grande família amorosa e os adotou como sua família.

No verão passado, nossa família fez os caminhos que os nossos antepassados trilharam nas Ilhas Fox, ao largo da costa de Maine. Foi uma experiência transformadora para nós. A família do passado tornou-se assustadoramente real para nós. Eu sinto como se conhecesse essas pessoas. Eu sou parte delas, e elas são parte de mim.

> *"O amor não é primariamente um relacionamento com uma pessoa específica; é uma atitude, uma orientação de caráter, que determina o parentesco da pessoa com o mundo como um todo, não em relação a um objeto de amor."*
>
> – Fromm

AMOR FRATERNAL

Se eu me importo com as pessoas ao meu redor? Se eu me preocupo com os outros? Conforme eu me encontro em uma atitude de amor em direção aos outros, sentir aquele amor por mim mesma é inevitável.

Jeff Chapman, em seu livro *As cinco linguagens do amor*, dá diretrizes específicas para a nossa comunicação com os outros. Conforme nós usamos palavras de afirmação e criamos empatia com as outras pessoas, nós as atraímos. Passar momentos de qualidade com aqueles que nos rodeiam e focar nos acontecimentos diários fortalece nossos relacionamentos. Receber presentes de outras pessoas e servir aos outros aumenta o amor.

Não estamos todos conectados como uma família humana? Toda semana, eu visito os doentes no hospital com uma curta mensagem de conforto. Uma vez, eu vi uma senhora que não tinha família. Uma vizinha querida estava sentada com ela. A vizinha havia encontrado sua amiga caída no chão da cozinha e a levou para o hospital. Esse pequeno ato de carinho não foi notado por ninguém nesta vida além delas duas. Os sinos não tocaram. Nenhum discurso foi feito, mas o mundo recebeu a iluminação daquele amor da mesma forma. Ambas sabiam disso, por causa da luz que sentiam por dentro.

"Nós não podemos todos fazer grandes coisas, mas podemos fazer pequenas coisas com um grande amor."
– Madre Teresa

O AMOR É UMA ATITUDE

O amor é um pensamento definido pelo carinho e pela bondade. O amor deve ser praticado todos os dias, assim como um artista pratica o piano. O amor precisa de paciência para se desenvolver. É preciso superar tendências egoístas e aproximar-se dos outros. O amor significa ouvir os outros e ser sensível às suas necessidades. Amor é ter fé nos outros, nos seus dons e na bondade.

"Se você quer ser amado, seja amável."
– Ovídio

O amor é a essência de todas as coisas boas na vida.

A borboleta está finalmente livre de sua prisão na crisálida. Ela voa livremente para dar e receber luz, amor e beleza. Essas bênçãos vêm de formas infinitas. Ela é plenamente abençoada.

Que você, como a borboleta, encontre a beleza e as bênçãos na vida à medida que se libertar. Procure pela luz e pela vida – tudo está ao seu redor e é seu.

Você está livre!

Conclusão

As borboletas-monarca vivem no extremo norte do Canadá e migram todo ano para o sul da Califórnia e o México. Elas sempre sabem para onde ir. Essas criações delicadas se alimentam de grandes quantidades de néctar para sustentar seus corpos durante o longo voo e pousam agrupadas nas árvores ao longo do caminho. A sua expectativa de vida lhes permite fazer essa viagem apenas uma vez, mas elas encontram seu caminho com sucesso e confiança.

Ao estudar essa espécie tão fascinante – tão aparentemente frágil –, eu percebo que elas são tudo, menos isso. Sua ética de trabalho é inigualável, viajando até 4 mil quilômetros durante a sua migração. Sua capacidade de cuidar de si é admirável, pois elas se certificam de beber quantidades abundantes de néctar para seu sustento durante sua jornada. Elas evitam ventos fortes e chuva, que danificariam seus corpos delicados, e elas pousam agrupadas quando estão cansadas. Sua comunicação é incomparável, pois elas têm uma capacidade inata de passar seu conhecimento para as gerações que ainda não nasceram de sua espécie magnífica.

Essas belezas vibrantes estabelecem um alto patamar quando se trata de recriar-se. Eu nunca passo por uma dessas criaturas encantadoras sem contemplar seu exemplo incomparável. Elas me inspiram a me tornar maior do que eu sou – trazendo beleza ao mundo da minha maneira pequena. Siga as borboletas-monarca e o seu exemplo na sua jornada em busca da liberdade.

Bibliografia

Bandura, Albert. Social Learning Theory. Englewood Cliffs, NJ: Prentice Hall, 1976.

Bandura, Albert. Self-Efficacy in Changing Societies. Cambridge, United Kingdom: Cambridge University Press, 1995.

Beattie, Melody. The Language of Letting Go. Hazelden, 1990.

Beck, Aaron. Cognitive Therapy of Depression. New York: Guilford Press, 1979.

Bernstein, Albert J. Emotional Vampires, Dealing with People Who Drain

You Dry. New York: McGraw-Hill, 2002.

Bradshaw, John. Bradshaw On: The Family, A New Way of Creating Solid Self-Esteem. Deerfield Beach, FL: Health Communications, Inc., 1988.

_____. Creating Love: The Next Great Stage of Growth. Westminster, MD: Bantam Books, 1992.

Burns, David. Feeling Good, The New Mood Therapy. New York: Harper Collins, 1999.

Byrne, Rhonda. The Secret. New York: Atria Books, Beyond Words Publishing, 2006.

Chapman, Gary. The Five Love Languages: The Secret to Love that Lasts. Chicago, IL: Northfield Publishing, 1992.

Cleary, Thomas. The Essential Confucius. New York: Harper Collins, 1992.

Cline, Foster W. and Jim Fay. Parenting with Love and Logic. Bedford, OH: Pinion Press, 1990.

Cloud, Henry. Integrity. New York: Harper Collins, 2006.

Dass, Ram. Journey of Awakening: A Meditator's Guidebook. Westminster, MD: Bantam Books, 2004.

Emerson, Ralph Waldo. The Essential Writings of Ralph Waldo Emerson. New York: Modern Library, 2000.

Emmons, Robert A. Thanks!: How the New Science of Gratitude Can Make You Happier. New York: Houghton Mifflin, 2007.

_____ and Michael E. McCullough. "Counting Blessings Versus Burdens Experimental Studies of Gratitude and Subjective Well-Being in Daily Life." Journal of Personality and Social Psychology 84, no.2 (2003): 377-89. doi:10.1037/0022-3514.84.2.377.

Eckhart, Meister, and Oliver Davies. Selected Writings. New York: Penguin Classics, 1994.

Erikson, Erik H. Childhood and Society. New York: W. W. Norton & Company, Inc., 1950.

Fromm, Erich. The Art of Loving. New York: Harper Collins, 2006.

Gandhi, Mahatma. The Words of Gandhi. Edited by Richard Attenborough. New York: Newmarket Press, 2000.

Harbin, Thomas H. Beyond Anger, a Guide for Men. New York: Marlowand Company, 2000.

Harman, Amanda. Butterflies (Nature's Children). Danbury, CT: Grolier Educational, 1999.

Hemfelt, Robert, Frank Minirth, and Paul Meier. Love is a Choice. Nashville, TN: Thomas Nelson, 1989.

Hicks, Esther, and Jerry Hicks. The Amazing Power of Deliberate Intent. Carlsbad, CA: Hay House, Inc., 2006.

Knight, Rod. Animals of the World: Monarchs and Other Butterflies. Chicago, IL: World Book Inc., 2006.

Kornfield, Jack, The Art of Forgiveness, Lovingkindness, and Peace. New York: Bantam Books, 2002.

Margolis, Char and Victoria St. George. Discover Your Inner Wisdom Using Intuition, Logic, and Common Sense to Make Your Best Choices. New York: Simon & Schuster Inc., 2008.

Meyer, Laurine Morrison. Sacred Home. St. Paul, MN: Llewellyn Publications, 2004.

Miller, Gustavus Hindman. 10,000 Dreams Interpreted: A Dictionary of Dreams. Edited by Hans Holzer. New York: Barnes and Noble Books,

Moore, Thomas. Dark Nights of the Soul, A Guide to Finding your Way Through Life's Ordeals. New York: Gotham Books, 2004.

Norville, Deborah. Thank You Power. Nashville, TN: Thomas Nelson, 2007.

Phelan, Thomas W. 1-2-3 Magic: Effective Discipline for Children 2-12. Glen Ellyn, IL: Parent Magic, Inc., 2004.

Potter, Ned. "'No-Cussing' Club Attracts Followers—and Thousands of Hate Messages." ABC News. Last modified January 16, 2009. http://abcnews.go.com/Technology/story?id=6665969#UZZqsaLvt8E.

Richardson, Cheryl. The Unmistakable Touch of Grace. New York: Free Press, 2005.

Sears, Martha, and William Sears. The Discipline Book: How to Have a Better-Behaved Child. New York: Little, Brown and Company, 1995.

Sumner, Holly. The Meditation Source Book: Meditation for Mortals. Los Angeles: Lowell House, 1999.

Thornton, Mark. Meditation in a New York Minute: Super Calm for the Super Busy. Boulder, CO: Sounds True, 2004.

Tolle, Eckhart. A New Earth Awakening to Your Life's Purpose. New York: Penguin Books, 2006.

Vitale, Joe. The Key: The Missing Secret for Attracting Anything You Want. Hoboken, NJ: John Wiley and Sons, 2007.

Citações

A Quotes. WordPress. Last modified 2013. http://www.aquotes.net/.

About.com. "Quotatons." About.com. Last modified 2013. http://quotations.about.com/.

Bartlett, John. The Shakespeare Phrase Book Part One. Cambridge, United Kingdom: University Press, 1880.

Benedict, Ruth. The Chrysanthemum and the Sword: Patterns of Japanese Culture. New York: Mariner Books, 2005.

Blue Health Advantage. "Preparing to Exercise." Wellness Councils of America. Last modified 2006. http://www.bluehealthadvantagene.com/individuals/health-library/brochures-and-guides/preparing-to-exercise/.

Brainy Quote. BookRags Media Network. Last modified 2013. http://www.brainyquote.com/.

Creativity for the Soul. "Gardens for the Soul & Design." Gardens for the Soul. Last modified 2006. http://www.creativityforthesoul.com/gardens.htm.

Das, Subharnoy. "Gandhi on God & Religion." About.com. Last modified 2013. http://hinduism.about.com/od/history/a/gandhiquotes.htm.

Denton, Bill. CrossTies Devotionals. Lulu Enterprises, Inc., 2003.

DragonflyAndromeda. "Follow your heart and your dreams will come true." deviantART. Last modified 2013.

http://dragonflyandromeda.deviantart.com/art/Follow-your-heart-and--your-dreams-will-come-true-341793340.

Emmons, Robert A. Gratitude Works!: A 21-Day Program for Creating Emotional Prosperity. San Francisco: Jossey-Bass, 2013.

Feldman, Christina. The Buddhist Path to Simplicity: Spiritual Practice in Everyday Life. United Kingdom: HarperCollins, 2013.

Fisher, Mark. The Instant Millionaire: A Tale of Wisdom and Wealth. Novato, CA: New World Library, 1990.

Forgas, Joseph P., Joel Cooper, and William D. Crano., eds. The Psychology of Attitudes and Attitude Change. New York: Taylor & Francis Group, 2010.

Garner, Mary Cox. The Hidden Souls of Words: Keys to Transformation through the Power of Words. New York: SelectBooks, Inc., 2004.

Gibran, Kahlil. Tears and Laughter. Translated by Anthony Rizcallah Ferris. New York: Open Road Integrated, 2011.

Good Reads. Goodreads Inc. Last modified 2013. http://www.goodreads.com/.

Goodman, Joel. Laffirmations: 1,001 Ways to Add Humor to Your Life and Work. Saratoga Springs, NY: Health Communications, Inc., 1995.

Hill, Napoleon. The Law of Success. Mineola, NY: Courier Dover Publications, 2012.

Howard, Roland. "You Never Miss the Water, Till the Well Runs Dry." International Lyrics Playground. Last modified 2007.

http://lyricsplayground.com/alpha/songs/y/younevermissthewater.shtml.

Hutchins, Paul. The Secret Doorway: Beyond Imagination. Cape Coral, FL: Imagination Publishing, 2009.

Internet Sacred Text Archive. John Bruno Hare. Last modified 2010.

http://www.sacred-texts.com/tao/.

Jackson-Morris, Carla. Just Hold On: Overcoming Private Emotions of Fear. Xlibris Corporation, 2010.

Keen, Sam. The Board of Wisdom. Last modified 2013.

http://boardofwisdom.com/togo/Quotes/ShowQuote?msgid=20/.

Kelly, Bob. Worth Repeating: More Than 5,000 Classic and Contemporary Quotes. Grand Rapids, MI: Kregal Publications, 2003.

Lincoln, Abraham. "About Lincoln." Word Press. Last modified 2013. http://abrahamlincolnthemovie.com/no-man-stands-so-tall-as-whenhe-stoops-to-help-a-child-abraham-lincoln/.

Loewenberg, Lauri. Dream on It: Unlock Your Dreams, Change Your Life. New York: St. Martin's Press, 2011.

Markham, Dr. Laura. "It's Never Too Late to Have a Happy Childhood." Aha! Parenting (blog). Last modified 2013.

http://www.ahaparenting.com/_blog/Parenting_Blog/post/It's_Never_Too_Late_to_Have_a_Happy_Childhood/.

Mieder, Wolfgang, Stewart A. Kingsbury, and Kelsie B. Harder, eds. A Dictionary of American Proverbs. New York: Oxford University Press, Inc., 1992.

Moore, Thomas. Dark Nights of the Soul: A Guide to Finding Your Way Through Life's Ordeals. New York: Penguin, 2004.

Muhammad. "Quotations From The Prophet Muhammad." Yogananda. Last modified 2010. http://forum.yogananda.net/index.php?/topic/18467--quotations-from-the-prophet-muhammad-pbuh/.

Muhammad. "The Infallibles." Al-Islam. Last modified 2013. http://www.al-islam.org/masoom/sayings/prophsayings.html.

Mulford, Prentice. Kentucky New Era, December 9, 2003. http://news.google.com/newspapers?nid=266&dat=20031125&id=KPYrAAAAIBAJ&sjid=AG0FAAAAIBAJ&pg=5873,5268299.

Notable Quotes. Last modified 2013. http://www.notable-quotes.com/.

Public Quotes. Last modified 2013. http://publicquotes.com/.

Quotations Book. Last modified 2013. http://quotationsbook.com/.

Quote Away. Last modified 2013. http://quoteaway.com/.

Reina, Dennis and Michelle Reina. Rebuilding Trust in the Workplace: Seven Steps to Renew Confidence, Commitment, and Energy. San Francisco: Berrett-Koehler, 2010.

Rowling, J. K. Harry Potter and the Chamber of Secrets. New York: Arthur A. Levine Books, 1999.

Search Quotes. Last modified 2013. http://www.searchquotes.com/.

Sheep Dressed Like Wolves. Last modified 2013.

http://www.sheepdressedlikewolves.com/theriots/.

Shelton, Charles M. The Gratitude Factor: Enhancing Your Life Through Grateful Living. Mahwah, NJ: Hidden Spring, 2010.

Shiromany, A. A., ed. The Spirit of Tibet, Universal Heritage: Selected Speeches and Writings of HH The Dalai Lama XIV. Bombay: Allied Publishers Limited, 1995.

Stanford. "Alfred North Whitehead." Stanford Encyclopedia of Philosophy. Last modified 2010. http://plato.stanford.edu/entries/whitehead/.

The Quotations Page. QuotationsPage.com and Michael Moncur. Last modified 2013. http://www.quotationspage.com/.

The Secret. Production Limited Liability Company. Last modified 2013. http://thesecret.tv/.

The Wisdom Fund. "Sayings: Learning—Prayer." The Wisdom Fund. Last modified 2013. http://www.twf.org/Sayings/Sayings4.html.

Think Exist. Last modified 2013. http://thinkexist.com/.

Wikipedia. "Serenity Prayer." Wikimedia Foundation, Inc. Last modified 3 May 2013. http://en.wikipedia.org/wiki/Serenity_Prayer.

Winfrey, Oprah. "Gratitude Elevates Your Life to a Higher Frequency."

Huffington Post. November 22, 2012. http://www.huffingtonpost.com/oprah-winfrey/oprah-gratitude-thanksgiving_b_2171573.html.

Witty Profiles. "Proverb Quote #6614362." Witty Profiles. Last modified 2013. http://www.wittyprofiles.com/q/6614362.

Ziglar, Zig. "A Quote by Zig Ziglar on Happiness, Journeys, and Success."

Stream of Consciousness. Last modified 2013.

http://blog.gaiam.com/quotes/authors/zig-ziglar/42119.

Zuck, Roy B. The Speaker's Quote Book. Grand Rapids, MI: Kregel Publications, 2009.

Leia Magnitudde

Autoconhecimento

Através dos olhos do outro
Karen Noe

Como médium, Karen Noe frequentemente recebe mensagens de arrependimento – entes queridos falecidos comunicam-se dizendo que agora entendem que deveriam ter dito ou feito coisas de formas diferentes quando ainda estavam na Terra. Neste livro, a autora nos mostra que não é preciso morrer para iniciar uma revisão de vida. Devemos fazê-la agora mesmo, antes que seja tarde demais. Escrevendo diferentes tipos de cartas podemos enxergar melhor como afetamos a todos que passam por nosso caminho. Assim, Karen nos traz sua jornada pessoal, mostrando como a sua própria vida se transformou depois que ela passou a escrever cartas aos seus entes queridos. Esta obra é um guia que vai lhe mostrar como escrever essas cartas.

Arquétipos – quem é você?
Caroline Myss

Nenhum de nós nasce sabendo quem é ou por que somos do jeito que somos. Temos de procurar por esse conhecimento de maneira intensa. Uma vez que a curiosidade sobre si mesma é acionada, você inicia uma busca pelo autoconhecimento. Você é muito mais do que a sua personalidade, seus hábitos e suas realizações. Você é um ser infinitamente complexo, com histórias, crenças e sonhos – e ambições de proporções cósmicas. Não perca tempo subestimando a si mesmo. Use a energia do seu arquétipo para expressar o verdadeiro motivo de sua existência. Viver nunca significou não correr riscos. A vida deve ser vivida em sua plenitude.

Leia Magnitudde

Romances imperdíveis!

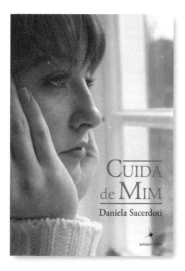

Cuida de mim
Daniela Sacerdoti

A vida de Eilidh Lawson está passando por uma séria crise. Após anos de tratamentos fracassados para engravidar, da traição de seu marido e de lidar com sua família egoísta, Eilidh entra em uma depressão profunda e fica sem chão. Desesperada e sem forças, ela busca amparo e conforto em uma pequena vila ao Norte da Escócia, onde reencontra pessoas queridas e uma vida que havia ficado para trás. Quando tudo parece perdido, Eilidh redescobre o amor pelo ser humano e por si própria e, então, coisas estranhas e forças sobrenaturais começam a aparecer. Com a ajuda de uma alma amiga, alguém que se foi, mas que mesmo assim quer ajudá-la a lutar contra os egos e os medos, Eilidh encontra seu verdadeiro amor.

Meu querido jardineiro
Denise Hildreth

O governador Gray London e Mackenzie, sua esposa, realizam o sonho de ter uma filha, Maddie, após lutarem por dez anos. Mas uma tragédia leva a pequena Maddie e desencadeia uma etapa de sofrimento profundo para Mackenzie. Quem poderia imaginar que uma luz surgiria do Jardim, ou melhor, do jardineiro? Jeremiah Williams, jardineiro por mais de vinte e cinco anos no Palácio do Governo do Tennessee, descobre que seu dom vai muito além de plantar sementes e cuidar de árvores. Trata-se de cuidar de corações. Com o mesmo carinho e amor que cuida das plantas, ele começa a cultivar e quebrar a parede dura em que se transformou o coração de Mackenzie, com o poder do amor e das mensagens passadas por Deus.

Leia Magnitudde

Mundo animal

Seu cachorro é o seu espelho
Kevin Behan

Em Seu cachorro é seu espelho, o famoso treinador de cães Kevin Behan propõe um radical e inédito modelo para a compreensão do comportamento canino. Com ideias originais e uma escrita cativante, o livro está destinado a mudar completamente a maneira de se ver o melhor amigo do homem. O autor usa toda a sua experiência para forçar-nos a uma reflexão de quem realmente somos, o que os cães representam em nossa vida, e por que estamos sempre tão atraídos um pelo outro. Fugindo das teorias tradicionais, que há anos tentam explicar as ações dos cachorros, Behan traz à tona a ideia de que as atitudes caninas são movidas por nossas emoções. O cão não responde ao seu dono com base no que ele pensa, diz ou faz. O cão responde àquilo que o dono sente. Este livro abre a porta para uma compreensão entre as espécies e, talvez, para uma nova compreensão de nós mesmos.